金 / 海 / 府 / 使

김해부사 이야기

최학삼 · 김우락

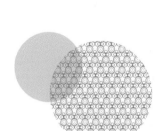

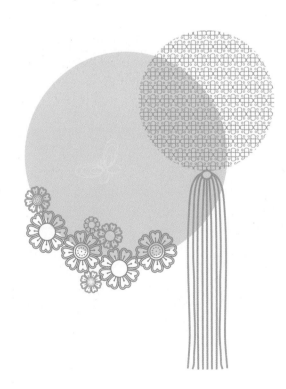

박영사

어느 동네에 가서 학문을 논하지 말라, 어느 동네에 가서 주먹 이
야기를 하지 말라는 말이 있다. 김해에 가서는 가야(금관가야) 이야기를
함부로 해서는 안 된다. 김해문화원과 인연이 되어 김해 시민들을 대상
으로 김해문화유산답사 강의를 해 본 경험이 있다. 나름 준비를 해서
봉황대, 분산성, 나비공원 비림에서 몇몇 시민들과 답사를 하면서 그
곳에 대한 이야기와 관련 내용을 강의하는데, 내가 답사해 보지 않았던
곳, 내가 미처 몰랐던 사실까지 시민들이 이미 가 보았거나 알고 있는
경우가 있었다. 등골이 오싹해졌던 그 순간을 잊을 수 없을 것 같다.
이러한 경험은 정말로 내가 아직 김해 사람이 되지 못했구나 하는 깨
달음과 함께 함부로 김해에서 가야 이야기를 해서는 안 되겠다는 마음
을 먹도록 했다. 한 사례를 더 이야기 하자면 분산성을 미리 답사할 때
산불감시초소에 근무하시는 분에게 저 밑에 보이는 기와 건물이 송담서
원이 맞지요? 라고 여쭤본 적이 있다. 돌아오는 대답이 그쪽에 있는
송담서원은 새로 지은 건물이고 관련 있는 표충사(表忠祠)는 원래 진례
에 있었는데 지금의 송담서원을 새로 지을 때 옮겨왔고, 사충단은 연화
사(蓮花寺) 옆에 있었는데 지금의 송담서원 터로 옮겨와서 송담서원을
새로 지을 때 사충단각을 지었다는 것이었다. 그때의 충격으로 인한 먹
먹함이란 앞서의 것보다 더 컸다. 정 김해에 대하여 말하고 싶으면 깊
이 있게 공부한 후에 아주 나중에 조심스럽게 해야겠다는 다짐을 계속
해서 하고 있다. 이러한 다짐을 기초로 해서 김해에 대해 좀 더 공부한
다는 생각으로 본서를 집필해 보기로 했다. 몇 명의 독자가 있을지 모
르겠으나 잘못된 부분이나 부족한 부분이 있으면 언제든 지적해 주시기

를 기대한다.

막연히 김해라는 지역을 생각했을 때 가장 먼저 떠오르는 내용은 금관가야의 도읍지, 김해평야, 김해공항 등일 것이다. 금관가야는 가야연맹의 맹주로서 김수로왕과 그 다음 9명의 왕이 다스리다가 532년에 신라에 병합되었다. 그렇다면 신라 및 통일신라시대, 고려시대, 조선시대, 대한제국, 일제강점기를 거치는 과정에서 김해를 다스린 사람들은 누구였을까? 그 사람들의 관직명은 무엇이었고, 역사적 업적을 이루어 사람들에게 칭송 받았던 사람과 그렇지 못했던 사람은 누구였을까? 라는 궁금증이 생길 수 있다. 이러한 궁금증이 본서의 출발점이다.

김해를 다스린 지방관의 관직명은 금관가야가 신라에 병합된 이후부터 검토되어야 할 것이며, 고려시대와 조선시대, 대한제국, 일제강점기의 역사도 검토해 봐야 할 것이다. 이러한 검토를 위해 「김해읍지」, 「김해지리지」, 「김해인물지」, 「조선환여승람(김해)」를 비롯한 서적과 「고려사」, 「고려사절요」, 「조선왕조실록」, 「신증동국여지승람」 등의 사료를 참고했다.

다음으로 역사적 업적이 많고 백성들에게 선정을 베푼 김해의 지방관과 그 반대인 지방관의 관련 기록 역시 앞에서 언급된 서적과 사료 등을 참고로 하여 검토하였다. 또한 김해를 다스린 지방관의 명칭은 일부의 시기를 제외하고는 대부분 도호부사, 즉 부사였으므로 본서의 제목도 김해부사 이야기로 정했다.

본서의 구성은 다음과 같다. 1장에서는 신라, 고려, 조선 시대 때 김해를 다스린 지방관의 관직명에 대하여 검토하였다. 2장에서는 신라, 고려, 조선 시대 때 김해를 다스린 주요 지방관 및 인물의 환적(宦績)에 대하여 검토하였다. 3장에서는 마지막 김해부사, 그리고 김해군수와 김해시장에 대하여 검토하였다. 4장에서는 김해부(府)의 아사 및 장대 등을 건립 및 중건하고 관리한 김해부사에 대하여 검토하였다. 5장에서는 김해부(府)의 조세창고 및 군기고 등을 창건 및 중건한 김해부사에 대하여 검토하였다. 6장에서는 왕릉(왕비릉), 객관, 형옥을 중건하고 관리한 김해부사에 대하여 검토하였다. 7장에서는 김해읍성의 4대문을 중건 및 재건한 김해부사에 대하여 검토하였다. 8장 및 9장에서는 김해를 다스린 지방관들 중 「조선환여승람(김해)」에 청백(淸白) 및 충신(忠臣)으로 기록되어 있는 인물에 대하여 검토하였다. 10장에서는 불미스러운 일로 파직 및 처벌받은 김해부사에 대하여 검토하였다. 11장에서는 재임 중 승진한 김해부사에 대하여 검토하였다. 12장에서는 잉임(仍任)된 김해부사에 대하여 검토하였다. 13장에서는 권농(勸農)에 힘썼던 김해부사에 대하여 검토하였다. 부록에서는 「김해인물지」 역대지방관록의 내용을 한글로 번역 및 수정·보완하였다.

본서가 출간되기까지 바쁘신 와중에도 공동저술에 참여해 주신 김우락 교수님, 주옥같은 조언을 많이 해 주신 아산(亞山) 송우진 선생님·팔보(八甫) 송춘복 선생님·농계(農溪) 정봉영 선생님·정만진 선생님, 박영사 안상준 대표님·박세기 부장님·정성혁 대리님·정수정 위원님께 진심으로 감사함을 전한다. 마지막으로 COVID-19의 유행으로 인해 일상의 생활이 힘든 지금 모두의 건강과 행복을 기원한다.

2021년 3월
신어산 기슭에서 박 위 부사와 정현석 부사의 혼이 담겨 있는
분산성을 바라보며
대표 저자 **최학삼**

차례

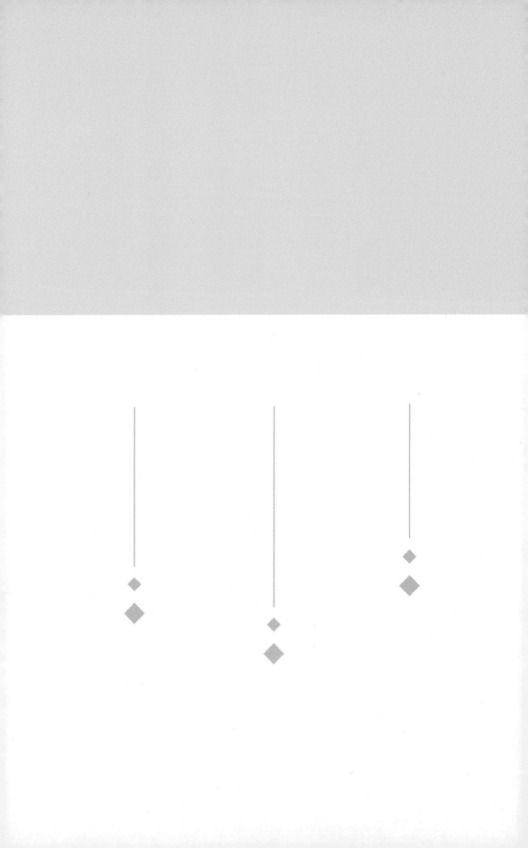

제1장

김해를 다스린 지방관의 관직명

김해부사 이야기

1. 신라시대

신라시대 때 김해를 다스린 지방관의 관련 기록을 먼저 살펴보고 자 한다.

금관가야의 10대 구형왕(또는 구해왕) 12년(서기 532년) 신라에 투항 하니(법흥왕 19년) 신라가 왕을 예대(禮待)하고 본국으로써 식읍을 삼게 했다. 이곳은 금관군으로 고쳐져 태수(太守)가 다스리게 되었다. 통일 후 문무왕 20년(680년) 5월 금관소경으로 승격되어 사신(仕臣), 혹은 대 윤(大尹), 사대(仕大) 등이 다스렸고, 다시 경덕왕 16년(757년) 김해소경 으로 개칭하니 김해라는 이름이 처음으로 생겼다.[1]

위의 내용에서 알 수 있는 것은 금관가야가 신라에 병합된 이후 김해를 다스린 지방관의 관직명은 태수였고, 통일신라시대에는 사신 혹 은 대윤, 사대였다는 것을 알 수 있다. 또한 통일신라시대 경덕왕 16년 (757년)부터 김해라는 명칭이 처음 사용되었다는 것도 알 수 있다.

후삼국시대에는 지방 호족세력이었던 김인광, 소충자, 소율희가 김 해를 다스렸다. 소충자와 소율희는 형제지간으로 김인광을 이어서 김해 를 다스렸다.

「국역 김해읍지」[2] 환적(宦績)[3] 조 신라 편에 김인광, 충지(소충자)의 이름이 기록되어 있다.

---

1 이병태, 2002, 「김해지리지(국역판)」, 김해문화원, p.22.
2 이병태(2002)의 「국역 김해읍지」를 말한다. 이하 본문에서 동일하다.
3 관직에 있을 때의 행적을 말한다.

2. 고려시대

태조 23년(940년) 김해부(金海府)로 낮추고, 다시 임해현(臨海縣)으로 강등하여 배안사를 두었다가, 얼마 뒤 임해군으로 승격되었다.

광종 22년(971년) 다시 김해부로 고치고, 성종 14년(995년) 10도를 정할 때 영동도에 속하고 4도호부의 하나인 안동대도호부로 승격되었다가 현종 3년(1012년) 금주(金州)로 개칭하여 방어사(防禦使)를 두었다.

이곳에는 동남해의 국방을 맡은 동남해선병도부서사(東南海船兵都部署使)의 본영이 세 차례 설치되었는데, 1차는 문종 32년(1078년)부터 명종 20년(1190년), 2차는 신종 5년(1202년)부터 충렬왕 19년(1293년), 3차는 공민왕 17년(1368년)부터 우왕 4년(1378년)간이었다.

원종 12년(1271년) 삼별초의 난에 호응해서 일어난 밀주(密州)[4]의 민란을 금주방어사 김 훤이 평정한 공으로 금녕도호부로 승격되었다. 충렬왕 초의 여·원연합군의 일본원정 때 거점으로서 원의 진변만호부가 금주에 있었다. 충렬왕 19년(1293년) 이곳의 정리(丁吏)인 임대와 영리(營吏) 허반, 김언이 경상도안렴사 유호를 살해한 사건 때문에 한때 현(縣)으로 강등되었다.[5] 충렬왕 34년(1308년) 금주목(金州牧)으로 올라 충선왕 2년(1310년)에 김해부(金海府)로 개칭되어 부사(府使)가 다스리게 되었다. 고려 때 금주의 영현(領縣)으로는 함안군 및 의안군과 합포, 칠원, 구산의 3현이 있었고, 특수부락으로 수다부곡(대동면 수안리), 제을미향(장유면 삼문리), 성화예향(녹산면 산양리), 달음포향(대동면 월당리), 감물야향(상동면 대감리) 등이 속했다.[6]

위의 내용을 검토해 보면, 고려시대 때 김해를 맡아 다스린 지방

---

4 현재의 밀양을 말한다.
5 「신증동국여지승람」과 「조선환여승람(김해)」에는 이 사건이 충렬왕 2년(1276년)에 일어난 것으로 기록하고 있다. 이 사건의 전말은 「고려사절요」에서 참고하여 별도의 지면에 소개하고자 한다.
6 이병태, 2002, 「김해지리지(국역판)」, 김해문화원, p.23.

관의 관직명은 배안사, 방어사, 도호부사, 현령, 목사, 부사였다는 것을 알 수 있다.

※ 금녕도호부(金寧都護府)가 현(縣)으로 강등된 이유

유호를 살해한 임대 등을 처벌하다

계사 19년(1293년)원 지원 30년

봄 정월. 경상도안렴사(慶尙道按廉使) 유 호(劉顥)가 정리(丁吏) 임대(林大)에게 살해당하였다. 이보다 앞서 유 호가 임대의 백금 2근을 몰수하였으므로 임대가 심히 그를 원망하였다. 유 호가 감영 창고에 저장된 물품들을 검열하려고 하던 때에 이르러, 감영의 아전인 허 반(許頒)과 김 언(金彦)이 함께 모의하기를, "창고 안의 물품들이 만약 예전과 같지 않다면 반드시 우리들에게 죄를 줄 것이니, 장차 어찌해야 하는가."라고 하였다. (이에) 허 반이 김 언을 시켜 임 대에게 알리고 그를 꾀어내면서 말하자 임 대가 이르기를, "내가 장차 도모하겠다."라고 하고 그날 밤에 유 호를 찔러 죽였다. 총랑(摠郞) 김원구(金元具)를 보내어 가서 그들을 국문하게 하였는데, 김원구가 일찍이 사명(使命)을 받들었을 때에 김 언이 수종하던 아전(陪吏)이었으므로 이때에 김원구가 은밀히 불러들여 화와 복으로 유인하니 김 언이 사실대로 고하였다. 이에 임대·김 언·허 반 등 4인을 참수하였다.[7]

3. 조선시대

태조 2년(1393년) 11월 각도의 수관(首官)을 정할 때 경상도의 5수관의 하나가 되었고, 태종 13년(1413년) 10월 정식으로 김해도호부가 되었다. 이때의 속현은 웅천·완포 2현과 대산·천읍의 두 부곡이 있었다. 세조 2년(1456년) 3월 판관(判官)을 두고, 3년(1457년) 10월 좌우중익(左右中翼)을 폐하고 창원진에 속했다가, 5년(1459년) 7월 김해진관(金海鎭管)을 설치하고, 창원부·함안군 및 거제·칠원·진해·고성·웅천의 5

---

7 「고려사절요」 권21, 충렬왕 19년(1293년) 1월, 국사편찬위원회.

현이 소속되었다. 이때 김해도호부사는 별중영장(別中營將)을 겸임하였다.[8]

　위의 내용을 검토해 보면, 조선시대 때 김해를 맡아 다스린 지방관의 관직명은 도호부사, 즉 부사였다는 것을 알 수 있다. 조선시대 때 김해부사의 관직품계는 종3품이었다.

　1895년 5월부터는 지방관제 개편으로 인해 김해군이 되었고, 일제강점기와 그 이후까지 군수가 김해를 다스리다가 대한민국에 와서는 김해군수가 있었고, 현재의 김해시장이 있는 것이다.

8　이병태, 2002, 「김해지리지(국역판)」, 김해문화원, p.23.

제2장

김해를 다스린 지방관들의 환적(宦績)

김해부사 이야기

본서는 물론 신라시대 때부터 김해를 다스렸던 지방관에 대하여 살펴보겠지만, 가장 중점을 두는 내용은 고려시대 말기부터의 김해부사에 관한 내용이다.

앞장에서 신라시대, 고려시대, 조선시대 때 김해를 다스렸던 지방관의 관직명을 알아보았다. 본 장에서는 각 시대에 김해를 다스렸던 지방관들의 환적(宦績)에 대하여 알아본다.

1. 신라시대

앞장에서 전술한 바와 같이 신라에 병합된 이후 김해를 다스린 지방관의 관직명은 태수였고, 통일신라시대에는 사신, 사대였다. 후삼국시대에는 호족세력이었던 김인광, 소충자(충지), 소율희(김율희)가 김해를 다스렸다. 소충자와 소율희는 형제지간으로 김인광을 이어서 김해를 다스렸다. 「국역 김해읍지」에는 환적(宦績) 조 신라 편에 김인광, 충지의 이름만이 기록되어 있다. 「조선환여승람(김해)」에서는 이 두 사람에 대하여 다음과 같이 기록하고 있다.

1) 김인광(金仁匡)
2) 충지(忠至)

이상(以上)의 두 사람은 신라조(新羅朝)에 본군에 병이(竝莅)하여 청렴한 정사를 하였다.9 병이는 함께 부임(赴任)하다는 의미이다.

---

9 「조선환여승람(김해)」, 2005, 김해문화원 · 가야문화연구회, p.119.

「김해인물지」에는 충지에 대하여 다음과 같이 기록되어 있다.

신라 말의 지방호족, 관계(官階)가 잡간(迊干(蘇判))에 이르고 금관고성을 공취(攻取)하여 성주장군이 되었다. 부하인 아간(阿干) 영규가 음사(淫祀)를 하다가 압사(壓死)하자 수로왕의 진경(眞景)을 그려서 봉안하고 조석으로 받들다가 진경의 눈에서 피눈물이 떨어져 땅에 거의 한 말이 고이니 왕묘(王廟)에 나아가 진경을 불사르고 왕의 진계(眞係)인 규림(圭林)에게 제사를 받들게 하였다.10

3) 김율희
4) 이언모

「김해인물지」 역대지방관록에서는 통일신라시대 진성여왕 때 지방호족인 김율희와 통일신라 말기 김인광은 진례성제군사(進禮城諸軍事), 통일신라 말기 충지는 금관성주장군, 경순왕 때(천성2년, 927년) 금주사마(金州司馬) 이언모가 기록되어 있다.

2. 고려시대

1) 송언기 금주현령

「국역 김해읍지」 환적(宦績) 조 고려(高麗)에서 제일 처음 등장하는 인물은 송언기(宋彦琦)이다. 다음은 「고려사」에 나오는 송언기 관련 기록이다.

송언기

송언기(宋彦琦)는 진주(鎭州) 사람이다. 부친 송순(宋恂)은 예법을 안다고 이름이 났었다. 관직은 중서시랑평장사(中書侍郎平章事)까지 이르렀으며, 비록 벼슬에서 물러났지만[懸車] 나라의 전례(典禮)는 모두 그에게 자문을 구하였

---

10 이병태, 「김해인물지」, 2002, 김해문화원, p.15.

다. 송언기는 어려서부터 문장에 능하여 동년배 사이에서 유명하였다. 고종(高宗) 때 등제하여 금주(金州) 수령으로 나갔는데, 다스림이 청렴하고 공평한 데다 능숙하게 일을 처리하였으므로, 간활한 토호들이 종적을 감추었다. (고과에서) 최고의 성적을 받아 소환되어 도병마록사(都兵馬錄事)가 되었고, 점차 승진하여 감찰어사(監察御史)가 되어 우창(右倉)을 감독하였다. 마침 흉년이 들어 쌀을 판다는 공고가 있자 청탁하는 사람들이 많았으나 송언기는 한결같이 공정하여 나누어주는 것이 매우 균등하였으므로 당시 사람들이 어진 어사라고 칭송하였다.[11]

위의 내용에서 송언기가 금주 수령으로 나갔다는 것을 알 수 있다. 그렇다면 그 당시 수령의 정식명칭은 무엇이었을까? 「김해인물지」에서는 고종 때 금주현령(金州縣令)으로 기록되어 있다. (김해가) 고려시대 태조 23년(940년) 김해소경(金海小京)에서 김해부(金海府)로 강등되고, 다시 임해현(臨海縣)으로 강등되었는데 바로 이 시기에 송언기가 금주현령으로 재임하게 된 것이다.

「국역 김해읍지」에서 송언기에 대한 내용은 다스림이 청렴하고 공평한 데다 능숙하게 일을 처리하였으므로, 간활한 토호들이 종적을 감추었다고 기록되어 있다(爲政廉平奸豪斂跡).

2) 한 강 금주방어사

다음은 「고려사절요」에 기록되어 있는 금주방어사 한 강(韓 康)에 대한 내용이다.

1303년 2월 미상(음)

한 강이 사망하다

봄 2월. 첨의중찬(僉議中贊)으로 치사(致仕)한 한 강(韓 康)이 사망하였다. 한 강은 일찍이 금주방어부사(金州防禦副使)가 되었는데, 금주의 조세(田賦)가

---

11 「고려사」, 권102, 열전 권제15 제신諸臣, 국사편찬위원회.

항상 액수를 충족하지 못하여 수령들이 이로 인해 파면되는 경우가 많았으나, 한 강이 도착하여 둔전 중 폐기된 곳을 다스려 미곡 2,000여 석을 얻자 아전들이 화목해지고 민(民)들은 편안해졌다.[12]

다음은 「고려사」에 기록되어 있는 금주방어사 한 강에 대한 내용이다.

한 강

한 강(韓 康)은 초명(初名)이 한 경(韓 璟)이며 청주(淸州)사람으로, 불교를 몹시 좋아하였다. 고종(高宗) 때에 과거에 급제하여 여러 관직을 거쳐 감찰어사(監察御使)가 되어 금주(金州) 수령으로 나갔다. 이보다 앞서 (금주는) 세금(田賦)이 항상 정해진 액수를 채우지 못하여 수령 가운데 좌천당한 이가 많았는데, 한 강은 처음 부임하자 둔전(屯田) 가운데 폐해진 것을 정리하여 곡식 2,000여 석을 거두었으므로 아전은 (함부로 거두는 것을) 중지하였고, 백성은 편안해졌다.[13]

「국역 김해읍지」에도 금주방어사 한 강에 대하여 "이보다 앞서 (금주는) 세금(田賦)이 항상 정해진 액수를 채우지 못하여 수령 가운데 좌천당한 이가 많았는데, 한 강은 처음 부임하자 둔전(屯田) 가운데 폐해진 것을 정리하여 곡식 2,000여 석을 거두었으므로 아전은 (함부로 거두는 것을) 중지하였고, 백성은 편안해졌다. (고과에서) 최고 점수를 받았으므로(最) 불려 올려와 예부낭중(禮部郎中)이 되었다"[14]로 기록되어 있다.

위에서 충렬왕 29년(1303년) 2월 「고려사절요」의 기록은 한 강이 사망한 시점의 내용이다. 한 강은 고종(재위기간: 1213년~1259년) 때 금주방어사로 재임했다.

---

12 「고려사절요」 권22, 국사편찬위원회.
13 「고려사」 권107, 열전 권제20 제신(諸臣), 국사편찬위원회.
14 이병태, 2001, 「국역 김해읍지」, 김해문화원, p.112.

3) 최득평(崔得枰) 금주방어사

다음은 「고려사」에 나와 있는 최득평의 아들 최 재에 관련된 내용인데 여기에 최득평 금주방어사의 내용이 포함되어 있다.

최 재

최 재(崔 宰)의 자(字)는 재지(宰之)이고, 완산(完山) 사람이다. 아버지 최득평(崔得枰)은 청렴결백하며 스스로 조심하여 사람들로부터 존경을 받았고, 관직은 선부전서(選部典書)에 이르렀다. 최재는 충숙왕(忠肅王) 때 과거에 급제하여 여러 번 옮겨 중부령(中部令)이 되었고, 지서주사(知瑞州事)로 나가게 되었으나 어머니 상(喪)을 당하여 부임하지 못하였다. (중략) 우왕(禑王) 3년(1377)에 밀직부사상의(密直副使商議)에 임명되었으나 굳이 사양하고 물러나기를 바라니 다시 완산군으로 봉해졌다. (우왕) 4년(1378)에 죽었다. (최 재는) 성품이 강직하여 흔들리지 않았으므로 세상 사람들이 중히 여겼다. 아들은 최사미(崔思美) · 최덕성(崔德成) · 최유경(崔有慶)이다.[15]

「국역 김해읍지」에서도 최득평(崔得枰)은 청렴결백하며 스스로 조심하여 사람들로부터 존경을 받았고, 관직은 선부전서(選部典書)에 이르렀다고 기록되어 있다.

「김해인물지」 역대지방관록에서 최득평은 고려 고종(재위기간: 1213년~1259년) 때 금주방어사로 기록되어 있다.

4) 이우 금주방어사

군수(郡守)가 되었는데 유애(遺愛)가 있다. 유애는 유품(遺品)을 말한다.[16] 「국역 김해읍지」에서는 군수(郡守)라는 표현 대신 수령(守)으로 기록되어 있다(爲守有遺愛). 「신증동국여지승람」에는 수령이었을 때 인애(仁愛)하는 정사를 남겼다[17]로 기록되어 있다. 「김해인물지」 역대지방관

---

15 「고려사」 권111, 열전 권제24 제신(諸臣), 국사편찬위원회.
16 「조선환여승람(김해)」, 2005, 김해문화원 · 가야문화연구회. p.120.

록에는 고려 고종 때 금주방어사로 기록되어 있다.

다음은 「고려사」에 기록되어 있는 이 암 관련 내용인데 여기에서 할아버지 이존비, 아버지 이 우의 내용이 나온다.

이 암

이 암(李 嵒)의 자(字)는 고운(古雲)이고, 초명(初名)은 군해(君侅)였다. 할아버지 이존비(李尊庇)의 초명은 이인성(李仁成)으로, 일찍이 아버지를 여의고 그의 외삼촌인 백문절(白文節)에게서 배웠다. (중략) 판밀직사사 감찰대부 세자원빈(判密直司事 監察大夫 世子元賓)으로 지내다가 죽었는데, 세자가 이를 듣고 눈물을 흘리며 탄식하기를, "이존비는 바르고 곧은 사람인데 어찌 이와 같이 일찍 죽었는가?"라고 하였다. (이 암의) 아버지는 이 우(李 瑀)이며 철원군(鐵原君)이다.[18]

5) 김 훤(金 晅) 금주방어사, 금녕도호부사

재임기간: 1270년~1271년

다음은 「고려사절요」에 나타난 금주방어사 김 훤에 관한 내용이다.

1271년 1월 미상(음)

삼별초군에 내응하려 한 밀성인들을 진압하다.

밀성군(密城郡) 사람 방보(方甫) · 계년(桂年) · 박평(朴平) · 박공(朴公) · 박경순(朴慶純) · 경기(慶祺) 등이 고을사람들을 불러 모아 장차 진도(珍島)의 적[19]에게 응하고자 부사(副使) 이 이(李 頤)를 살해하였으며, 마침내 공국병마사(攻國兵馬使)라고 칭하면서 군현에 첩문을 보내고 그 일당을 파견하여 청도감무(淸道監務)를 살해하였다. 청도 사람들이 거짓으로 항복하는 체하다가 술을 먹여 이들을 취하게 한 후 섬멸하였다. 이때 밀성 사람 조 천(趙 阡)이 일선

---

17 「신증동국여지승람」 제32권, 경상도, 김해도호부, 명환(名宦), 한국고전번역원.
18 「고려사」 권111 열전 권제24 제신(諸臣), 국사편찬위원회.
19 삼별초를 말한다.

현령(一善縣令)이 되었는데, 적들이 조 천을 불러 함께 모반할 것을 약속하였다. 조 천이 이들을 따랐다가 이윽고 그 일당이 청도에서 섬멸되었다는 소식을 듣고는 반드시 패할 것임을 알아채고 이내 고을사람 손 일(孫 逸)과 함께 적의 괴수를 살해할 것을 도모하였다. 안찰사(按察使) 이 오(李 敖)가 금주방어사(金州防禦使) 김 훤(金暄) 등과 더불어 병사를 이끌고 갑자기 이르니 조 천 등이 방보 등을 참수하고 항복함으로써 적이 마침내 평정되었다.[20]

위와 같은 금주방어사 김 훤의 내용은 「국역 김해읍지」 및 「신증동국여지승람」에 좀 더 자세히 기술되어 있다. 그 내용은 다음과 같다.

방어사(防禦使)로 있었는데 그때에 밀성(密城) 사람이 그 고을 원을 죽이고 삼별초(三別抄)와 호응하여 이웃 고을에 첩문(牒文)을 보내니, 모두 바람 따라 쏠리듯 하였다. 김 훤이 정병(精兵)을 출동시켜서 먼저 적의 진로를 끊고 경주판관(慶州判官) 엄수안(嚴守安)을 불러와서 군대를 훈련하였으며, 안렴사(按廉使) 이숙진(李淑眞)에게 적을 토벌할 계책을 하게 하였는데, 숙진이 겁내어서 술승(術僧)을 불러 길흉을 점치며 일부러 머뭇거리는 것이었다. 김 훤이 손에 칼을 쥐고 그 중을 치니 숙진이 두려워서 그 계책대로 따랐다. 적이 이 소식을 듣고 저들의 괴수를 베어서 항복하였다. 삼별초가 군사를 나누어서 경상도 방면으로 향하고자 하였는데, 금주(金州)가 변방에 있으므로 적의 침공을 먼저 받았다. 김 훤이 계책으로 항전하여 적이 들어오지 못하니 온 도가 그의 덕분에 편안하였다. 논공(論功)할 때에 본주(本州)를 금녕부(金寧府)로 승격하고, 김 훤은 예부낭중(禮部郎中)으로 임명되었으며, 그대로 도호(都護)로 삼아서 진수(鎭守)하게 하였다.[21][22]

위의 내용을 검토해 보면 밀성인들이 삼별초와 호응하려고 했던 반란을 진압한 공으로 금주(金州)는 금녕도호부(金寧都護府)로 승격되었고, 김 훤 금주방어사는 예부낭중 및 금녕도호부사가 된다. 그러나 충

---

20 「고려사절요」 권19, 국사편찬위원회.
21 이병태, 2001, 「국역 김해읍지」, 김해문화원, pp.111-112.
22 「신증동국여지승람」 제32권, 경상도, 김해도호부, 명환(名宦), 한국고전번역원.

렬왕 19년(1293년)에 경상도안렴사 유호의 살해사건이 발생하여 금녕도 호부는 현(縣)으로 강등되게 된다. 그 이후에 충렬왕 34년(1308년)에 다시 금주목(金州牧)으로 승격되고, 충선왕 2년(1310년)에 김해부(金海府)로 개칭되어 부사(府使)가 다스리게 된다. 고려시대 말까지 김해의 지방관 관직명 변화에는 이와 같이 복잡한 과정이 있었다.

6) 이언중(李彦仲) 목사

이언중은 「국역 김해읍지」에서 목사를 지냈다(爲牧使). 「김해인물지」 역대지방관록에서는 금주목사(金州牧使)로 기록되어 있다. (김해가) 금녕도 호부에서 충렬왕 19년(1293년) 경상도안렴사 유호의 살해사건으로 인해 현(縣)으로 강등되었다가 충렬왕 34년(1308년) 금주목(金州牧)으로 승격되 었으며 충선왕 2년(1310년)에 김해부로 개칭되기 전, 바로 이 시기에 이 언중 목사가 금주목사로 재임한 것이다. 아쉽게도 「고려사」나 「고려사절 요」 등의 사료에서는 이언중 목사에 대한 기록을 찾아볼 수 없었다.

7) 전 신(全 信) 부사

밀직사를 지낸 전 승(全 昇)의 아들이다. 1311년 김해부사, 1321년 복주목사(福州牧使) 등을 역임했다. 「국역 김해읍지」에서는 부사가 되었는 데 백성들이 오래도록 그리워하였다고 기록되어 있다(爲府使民久而思之).

8) 윤선좌 김해장서기(金海掌書記)

「국역 김해읍지」 환적(宦績) 조에 윤선좌는 장서기(掌書記)가 되었다 는 기록만이 있다. 장서기는 고려시대 때 지방의 7품 관직을 말한다. 문하시중 윤관(尹瓘)의 7대손이며, 1288년(충렬왕 14년) 9월 과거에 장원 으로 급제, 김해장서기(金海掌書記)가 되었다.

9) 안 축 금주사록

「국역 김해읍지」에서 안 축은 사록(司錄)을 지냈다로 기록되어 있다. 다음은 「고려사」에 기록되어 있는 안 축 관련 내용이다.

안 축

안 축(安 軸)은 자가 당지(當之)이며 복주(福州) 흥녕현(興寧縣) 사람이다. 아버지 안 석(安 碩)은 현리(縣吏)로서 과거에 급제하였으나, 은거하고 벼슬에 나아가지 않았다. 안 축은 태어나면서부터 매우 영리하여 학문에 힘썼으며 문장을 잘 지었는데 과거에 급제하여 금주사록(金州司錄)으로 임명되었다가 사한(史翰)으로 뽑히어 보임되었으며, 사헌규정(司憲糾正)에 제수되었다. 충숙왕(忠肅王) 11년(1324)에 원(元)의 제과(制科)에 급제하여 요양로 개주판관(遼陽路 盖州判官)에 임명되었다.(중략)

(안 축은) 마음가짐이 공정하였고 근검으로 집안을 다스렸다. 일찍이 말하기를 "나는 평소에 칭송받을 만한 일이 없지만 네 번 법관[士師]이 되어 민 중에서 억울하게 노비가 된 자는 반드시 조사해서 양민(良民)으로 되돌려 주었다."라고 하였다. (아버지) 안 석(安 碩)이 일찍 죽었는데 안 축은 두 동생인 안 보(安 輔)와 안 집(安 輯)을 가르쳐서 모두 과거에 급제시켰으므로 안보와 안집은 안 축을 아버지처럼 섬겼다. 아들은 안종기(安宗基)와 안종원(安宗源)이다.[23]

「김해인물지」 역대지방관록에는 충숙왕 때 금주사록으로 기록되어 있다.

10) 이 암(李 嵒) 부사

군수(郡守)가 되었는데 청렴한 정사를 하였다.[24] 「국역 김해읍지」에는 위수(爲守)라는 내용만 기록되어 있다. 「김해인물지」 역대지방관록에는 충선왕 때 김해부사로 기록되어 있다. 이 암은 앞서 기술한 이 우의

---

23 「고려사」 권109, 열전 권제22 제신(諸臣), 국사편찬위원회.
24 「조선환여승람(김해)」, 2005, 김해문화원 · 가야문화연구회, p.120.

아들이다.

11) 문익점(文益漸) 김해부 사록

재임기간: 1360년

우리에게 원나라에서 붓통 속에 목화씨를 넣어 고려에 도입한 것으로 유명한 문익점 바로 그 인물이다.

자(字)는 일신(日新), 호(號)는 삼우당(三憂堂), 초명(初名)은 익첨(益瞻)이다. 진주(晉州) 강성현(江城縣, 지금의 경남 산청)에서 태어났다. 1360년(공민왕 9년) 문과에 급제하여 김해부 사록(金海府司錄)으로 임명되어 일한 적 있다. 다음은 조선시대 「태조실록」에 기록되어 있는 문익점 관련 내용이다.

전 좌사의대부(左司議大夫) 문익점(文益漸)이 졸(卒)하였다. 익점(益漸)은 진주(晉州) 강성현(江城縣) 사람이다. 아버지 문숙선(文淑宣)은 과거(科擧)에 올랐으나 벼슬하지 않았다. 익점은 가업(家業)을 계승하여 글을 읽어 공민왕 경자년(1360년)에 과거에 올라 김해부 사록(金海府司錄)에 임명되었으며, 계묘년에 순유 박사(諄諭博士)로써 좌정언(左正言)에 승진되었다. 계품사(計稟使)인 좌시중(左侍中) 이공수(李公遂)의 서장관(書狀官)이 되어 원(元)나라 조정에 갔다가, 장차 돌아오려고 할 때에 길가의 목면(木綿) 나무를 보고 그 씨 10여 개를 따서 주머니에 넣어 가져왔다. 갑진년에 진주(晉州)에 도착하여 그 씨 반으로써 본 고을 사람 전객 영(典客令)으로 치사(致仕)한 정천익(鄭天益)에게 이를 심어 기르게 하였더니, 다만 한 개만이 살게 되었다. 천익(天益)이 가을이 되어 씨를 따니 백여 개나 되었다. 해마다 더 심어서 정미년 봄에 이르러서는 그 종자를 나누어 향리(鄕里)에 주면서 권장하여 심어 기르게 하였는데, 익점 자신이 심은 것은 모두 꽃이 피지 아니하였다. 중국(胡)의 중 홍원(弘願)이 천익의 집에 이르러 목면(木綿)을 보고는 너무 기뻐 울면서 말하였다.

"오늘날 다시 본토(本土)의 물건을 볼 줄은 생각하지 못했습니다."

천익은 그를 머물게 하여 며칠 동안을 대접한 후에 이내 실 뽑고 베 짜는 기술을 물으니, 홍원이 그 상세한 것을 자세히 말하여 주고 또 기구까지 만들어 주었다. 천익이 그 집 여종에게 가르쳐서 베를 짜서 1필을 만드니, 이웃 마을에서 전하여 서로 배워 알아서 한 고을에 보급되고, 10년이 되지 않아서 또 한 나라에 보급되었다. 이 사실이 알려지니 홍무(洪武) 을묘년(1375년)에 익점을 불러 전의주부(典儀注簿)로 삼았는데, 벼슬이 여러 번 승진되어 좌사의 대부(左司議大夫)에 이르렀다가 졸(卒)하니, 나이 70세였다.[25]

위의 기록 중에 재미있는 내용이 있다. 문익점이 원나라에서 돌아올 때 목화씨를 붓통이 아니라 주머니에 넣어 가져왔다는 내용이다. 목화씨를 숨기기 위해 붓통에 넣었는지 아니면 주머니 깊숙한 곳에 넣었는지를 따져 보는 일이 중요한 것은 아닐 것이다. 목화가 문익점에 의해 우리나라에 처음으로 도입됐다는 그 자체가 중요한 일인 것이다.

12) 정국경 부사
「김해인물지」 역대지방관록에 공민왕 때 김해부사로 기록되어 있다.

13) 심효생 부사
「김해인물지」 역대지방관록에 우왕 때 김해부사로 기록되어 있다.

14) 장중양 부사
「김해인물지」 역대지방관록에 고려 말기 김해부사로 기록되어 있다.

15) 박 위(朴 葳) 부사
홍무 기묘년에 군으로 와서 여러 번 군공이 있었으며 분산성기(盆山城記)를 전념(專念)하여 읽었다. 홍무 기묘년은 1399년이다.[26]

---

25 「태조실록」 태조 7년(1398년) 6월 13일, 국사편찬위원회.

재임기간: 고려 우왕 1년(1375년) 김해부사에 부임했다.

본관은 밀양(密陽). 우달치(迂達赤)로 등용되었다가 김해부사 재임 시절에 왜구를 격퇴하였다.

다음은 박 위가 김해부사일 때 왜구를 격퇴한 것을 「고려사절요」에 기록한 내용이다.

1377년 4월 미상(음)

박 위가 황산강 어귀에서 왜구를 격퇴하다

김해부사(金海府使) 박 위(朴 葳)가 황산강(黃山江) 어귀에서 왜구를 공격하여 29명의 목을 베었다. 적 가운데 강에 몸을 던져 죽은 자 또한 많았다.[27]

1377년 5월 미상(음)

박 위가 황산강에서 왜구를 격퇴하다

김해부사(金海府使) 박 위(朴 葳)가 황산강(黃山江)에서 왜구를 공격하여 패배시켰다. 처음에 왜선 50척이 먼저 김해의 남쪽 포구[28]에 이르러 방을 붙여서 뒤에 오는 적에게 보여 이르기를 "우리들이 마침 바람의 이로움을 만났으니, 황산강을 거슬러 올라가서 바로 밀성(密城)을 공격하자."라고 하였다. 박 위가 정탐하여 이를 알고는 강의 양쪽 언덕에 복병을 두고 수군 30척을 거느리고 그들을 기다렸다. 적이 과연 방을 보았기에 큰 배 한 척이 먼저 강어귀로 들어왔다. (이에) 복병이 나가고, 박 위 또한 돌진하여서 가로막고 공격하니, 적이 낭패하여 스스로 칼로 찌르거나 물에 빠져 거의 다 죽었다. 강주원수(江州元帥) 배극렴(裵克廉)이 또 왜구와 더불어 싸우는데, 적의 괴수인 패가대만호(霸家臺萬戶)가 보병으로 하여금 좌우를 호위하게 하고 말을 달려 앞으로 나오다가 말이 진창에서 돌아 멈추었으므로, 우리 군사가 맞서 공격하여 그의 목을 베었다.[29]

26 「조선환여승람(김해)」, 2005, 김해문화원·가야문화연구회, p.120.
27 「고려사절요」 권30, 우왕(禑王) 3년(1377년) 4월.
28 지금의 김해시 화목동 남포(南浦)를 말한다.
29 「고려사절요」 권30, 우왕(禑王) 3년(1377년) 5월.

그 이후에 박 위는 1388년(우왕 14년) 요동정벌(遼東征伐) 때 이성계와 함께 위화도에서 회군을 했고, 최 영 장군을 제거하는 데도 함께 참여했다. 1389년(창왕 1년)에 경상도도순문사(慶尙道都巡問使)로 전함 100여 척을 이끌고 대마도(對馬島)를 공격하여 적선 300여 척을 불태워 크게 이겼다. 1389년(공양왕 1년) 판자혜부사(判慈惠府事)가 되어 이성계와 함께 창왕(昌王)을 폐하고 공양왕(恭讓王)을 추대한 공으로 지문하부사가 되고 충의군에 봉해졌으며, 공신이 되었다. 1390년(공양왕 2년) 김종연(金宗衍)의 옥사에 연루되어 풍주에 유배되었으나 곧 사면되어 회군공신(回軍功臣)이 되고, 조선시대 초에 참찬문하부사를 거쳐 양광도절도사가 되어 왜구를 물리쳤다. 이때 밀성의 소경 이흥무의 옥사에 연루되어 구금되었다. 대간과 형조에서 대역죄로 논의되었으나 태조 이성계의 호의로 석방되어 서북면도순문사로 나갔다가, 사헌부의 거듭되는 탄핵으로 파직되었다.[30]

위의 내용에서 가장 흥미를 일으키는 내용은 박 위 장군이 대마도를 정벌했다는 내용이다. 흔히 대마도 정벌하면 조선시대 세종조의 이종무 장군을 떠올릴 수 있는데 고려 말 박 위 장군이 대마도 정벌을 이미 했었다는 사실을 알 수 있다.

박 위는 김해부사 시절에 김해읍성(세종 16년(1434년) 처음으로 석축으로 쌓음) 및 분산성을 고쳐 쌓았고, 그 이후에도 부산 동래성(1387년), 울산 신학성도 축성하였다고 한다. 해안지역의 지방관으로 일하면서 왜구를 막기 위해 해안요지에 집중적으로 축성한 것으로 예상된다.

한편, 분산성의 정식명칭은 분산에 있는 산성, 즉 분산산성(盆山山城)인데 흔히들 분산성이라고 하는 것이다. 분산성은 고려 말 김해부사 박 위가 왜구의 침입에 대비해 옛 산성을 돌로 쌓은 것인데 테뫼식 산성이다. 테뫼식 산성은 산 정상에 띠를 두르듯이 축조한 산성을 말한

---

30 한국민족문화대백과사전, 한국학중앙연구원.

다. 김해지역에서는 분산성 외에도 주촌면 양동산성, 생림면(무척산) 마현산성 또한 테뫼식 산성이다.

분산성 내에는 충의각이라는 전각이 있다. 충의각 내에 분산성을 쌓는 데 노력한 사람들의 기록을 적은 4기의 비석이 있다. 왼쪽의 두 기는 흥선대원군 만세불망비(興宣大院君 萬世不忘碑)다. 김해부사 정현석이 분산성을 보수한 후 이를 허가해 준 흥선대원군의 뜻을 기리기 위해 세웠다고 한다. 세 번째 비석은 고려 말에 분산성을 보수한 박 위부사의 업적과 내용을 기록한 정몽주의 분산성기(盆山城記)가 적혀 있는 정국군 박 위 축성사적비(靖國君 朴葳 築城史蹟碑)다. 네 번째 비석은 조선 말기에 분산성을 다시 보수하여 쌓은 정현석 부사의 업적을 기리기 위해 세운 김해부사 정현석 영세불망비(金海府使 鄭顯奭 永世不忘碑)다

우왕 1년(1375년) 포은 정몽주가 김해로 유배를 왔을 때 박 위는 김해부사로 부임한다. 이때 박 위는 왜구의 침략에 대비하여 분산성을 고쳐 쌓았는데 이를 지켜본 정몽주는 김해부 사람인 통헌대부(通憲大夫) 배원룡의 청도 있고 해서 그 내용을 분산성기(盆山城記)에 적었다. 다음은 정몽주가 기록한 분산성기의 주요 내용이다.

정몽주의 분산성기(盆山城記)

정몽주(鄭夢周)의 기문(記文)에 "옛날 선왕(先王)[31]께서 남쪽 지방을 순행(巡行)하시면서 상주(尙州)에 머무르셨다. 그때 나는 부름을 받아 한림(翰林)으로 있었는데, 박후위(朴侯葳)를 여관에서 처음 알게 되어 상종하다가 좋아하였다. 이로부터 10여 년 동안 어깨를 나란히 하여 선왕을 섬기며 그의 재능에 탄복하였다. 지금 임금[32]께서 즉위하신 다음 해에 내가 죄를 입어 남방에 유배를 갔는데, 그해 겨울에 왜적이 김해(金海)를 함락시켰다. 사람들이 모두 말하기를, '김해는 왜와의 요충지대이다. 지금은 이미 함락된 데다가 전쟁 뒤 끝이니, 비록 지혜가 있는 자라 하더라도 아마 다스리기 어려울 것이다.' 하

---

31 공민왕을 말한다.
32 우왕을 말한다.

였다. 얼마 뒤에 박후가 수령이 되어 나갔다는 것을 듣고 사람들을 돌아보며, '나는 박후가 반드시 이곳을 처리할 수 있을 것임을 안다.' 하였다. 박후가 고을에 처음 이르러서는 이내 능히 밤낮으로 정력을 쏟고 사려를 다해, 계획을 세워서 왕은(王恩)이 미치도록 하였다. 얼고 굶주리던 자를 배부르고 따뜻하게 하고 신음하던 자를 은덕을 칭송하게 하며, 불타고 재가 된 것을 장대하고 아름답게 하고 깨어지고 무너진 것을 굳고 치밀하게 하여서, 한 달 동안에 온갖 황폐했던 것이 새로워졌다. 박후는 그래도 마음이 차지 않아 얼굴빛에 근심스러움을 띠면서, '이 어찌 족히 잘 다스린 것이겠는가. 근일 왜적에게 함락된 뒤에 남편은 처자를 잃어 울고, 자식은 부모의 죽음에 곡을 하여서 우는 소리가 서로 이어지고 있다. 지금 기회를 놓치고 도모하지 아니하면 이 뒤에 다시 이런 꼴이 될 것이니 나는 이 점을 마음 아파한다.' 하였다. 이에 대중들에게 말하기를, '왜적의 형세가 나날이 성해져서 바다에서 백리 거리가 되는 곳도 오히려 왜적의 침해를 당하는데, 하물며 이런 바닷가 고을이겠는가. 이 고을은 물이 그 경계를 두르고 있으니 참으로 사지(死地)이다. 그러니 만약 험한 곳에 변고를 대비하는 설비를 하지 않아서는 될 수 없다.' 하였다. 이리하여 영을 내려 옛 산성을 수축하여 넓고 크게 하였다. 돌을 포개어 견고하게 하고 산세를 인해서 높게 하였다. 공역(工役)을 마친 뒤에 밑에서 바라보니 성벽이 천 길 깎아질러 서서 비록 한 사람에게 문을 지키게 해도 만 명이 성문을 열 수 없을 만하였다. 부(府) 사람 통헌대부(通憲大夫) 배원룡(裵元龍) 공이 나에게 편지를 보내와서 청하기를, '산성을 수축한 것은 만세(萬世)의 이로움이다. 우리 박후를 아는 사람으로서 자네 만한 이가 없으므로 감히 기문을 청한다.' 하였다. 내가 생각건대, 험한 곳에 변고를 대비하는 설비를 하는 것은 나라를 지키는 도이다. 예로부터 제왕(帝王)이 이런 설비를 이용하여 다스리지 않는 이가 없었다. 「맹자(孟子)」에 이르기를, '천운[天時]이 아무리 좋아도 지형(地形)이 좋은 것만 못하고, 지형이 좋아도 사람의 화합만 못하다.' 하였으니, 대개 경중(輕重)과 대소(大小)의 차이를 말한 것일 뿐이지, 그 중에 하나만 필요하고 둘은 없어도 좋다는 것은 아니었다. 아, 조종(祖宗)께서 창시하신 방법이 또한 주밀하였다. 내가 일찍이 삭방(朔方)에서 좌막(佐幕)으로서 동북쪽 변방가를 살피러 다닌 적이 있었다. 옛 산성이 산천을 가로질러 처음부터 끝까지 천 리는 되는데, 그 사이에 요해 지역과 순찰하고 지키기 위해 주둔한 곳이 천이요 백이었으니, 당시에 왜적을 방어하기 위해 계획한 자취를 대개 볼 수 있었다. 지난날 거란·금 나라·원(元) 나라와 국경이 맞닿은 적이 되어 몇 해나 항전하면서 옛것을 잃지 않고 지금에 이르는 것이 어찌 우연히 그렇게 된 것이겠는가. 지금 국가에서 군사를 움직인 지 20여 년인데 성과 진 터, 해자(垓字)는 곳곳이 헐고 무너져 있으니 태평하여 근심 없는 시대와 다름이 없으니, 대저 지금 계책을 꾀하는 신하와 슬기로운 장수가 계획에 실수한 것이 없건마는 어찌 성과 해자가 도적을 방어하는 것인지 모른단 말인가. 도리어 버려두고 하지 않으니, 그들의 뜻은 장차 긴 창과 억센 활을 가지고 적과 전쟁을 벌여 평평하고 널따란 들판에서 베어 죽이고 모조리 무찔러 마음에 유쾌하게 하며, 저 험한 곳에 적을 방어하는 설비를 하여 나라를 지키는 일은 졸렬한 계책이라고 여긴단 말인가. 왜구가 도둑질하는 것은 소규모로되 국가의 재력은 고갈되니, 이에 매번 군사가 나가도 매양 패한다. 전날의 긴 창과 억센 활을 가지고 마음을 유쾌하게 하려던 계획이 도리어 적에게 웃음거리만 될 뿐이니 아, 애석하여라. 거란·금나라·원나라 같은 적도 두려워하지 않았으니 어쩌면 그리도 장하였던가. 그런데 지금은 무엇 때문에 도리어 이 좀도둑에게 곤란을 당하는가. 박후의 거조는 대개 이것을 분하게 여긴 것이리라. 김해 백성은 평소에 사변이 없으면 산성에서 내려와 밭을 갈고 바다에 들어가 고기 잡다가, 봉수(烽燧)를 보게 되면 처자를 거느리고 성에 들어갈 것이니, 베개를 높게 베고 누워도 좋을 것이다. 험한 곳에 방비를 설치하여 스스로 단단하게 하는 것을 누가 졸렬한 계획이라 하는가. 내 장차 옛 가야터를 찾으려 하니, 마땅히 새로운 성 위에서 술잔을 들며 박후가 정치에 공적을 이룬 것을 축하하리라."하였다.[33]

위의 분산성기 내용에서 알 수 있는 것은 정몽주가 김해로 유배를 온 시기는 우왕이 즉위한 다음 해, 즉 우왕 1년(1375년)이며 얼마 후 박위가 김해부사로 온 시기도 1375년이었다. 앞의 「고려사절요」 기록에 나와 있듯이 1377년에 김해부사 박 위가 낙동강에서 왜구를 격퇴시켰고 그 이후에 분산성을 쌓아 왜구의 재차 침입에 대비하였을 것이다. 「김해지리지(국역판)」,[34]에도 우왕 3년(1377) 김해부사 박 위가 부의 진산(鎭山)인 분산에 산성을 쌓아 왜구에 대비했으며, 부인(府人)인 통헌대부(通憲大夫) 배원룡의 청으로 정몽주가 지은 분산성기가 읍지에 전하고 있다고 기록되어 있다. 그러므로 박 위 부사가 1375년 부임한 이후에

33 「신증동국여지승람」 제32권, 경상도, 김해도호부, 성곽, 한국고전번역원.
34 이병태(2002)의 「김해지리지(국역판)」을 말한다. 이하 본문에서 동일하다.

사성이었던 분산성을 돌로 고쳐 쌓기 시작해서 1377년에 완공시킨 것으로 보아야 할 것이다. 박 위 부사가 부임하기 전에 왜구가 김해를 함락시킨 적이 있었고, 그 이후 박 위 부사가 부임하여 1377년에 다시 침입한 왜구를 낙동강에서 격퇴시켰으며, 또한 분산성도 그 시기에 완공시킨 것으로 보인다.

박 위 장군 영정, 밀양시 신남서원 소장
ⓒ 오태환

분산성 내의 충의각

박 위 장군을 향사(享祀)하고 있는 신남서원과 경보당

신남서원·경보당 (莘南書院·景報堂)

신남서원은 1822년(순조22)에 창건하여 박위(朴葳)와 그의 아들 소총재(小冢齋)박기(朴훼)에게 향사(享祀)를 올리는 서원이다. 박위 장군의 본관은 밀양이며, 고려 말에 왜구를 격퇴하고 대마도를 정벌하였으며, 위화도회군에도 참여하였다. 조선 초에는 양광도절도사(楊廣道節度使), 서북면도순문사(西北面都巡問使) 등을 지냈다. 1994년 우리 손으로 건조한 잠수함의 이름이 장군의 이름을 딴 박위함(朴葳艦)이다. 창건 당시 묘우(廟宇)는 상모사(向慕祠)라 하고 강당은 경보당(景報堂)이라 하였다. 대원군 때 서원철폐령에 따라 사당은 헐어냈으나 강당은 경보당(景報堂)으로 이름을 바꾸어 재실(齋室)로 삼고 후손들이 박위 부자의 향사를 받들었다. 1981년 후손들과 고을 유림들이 서원을 복원하면서 상모사를 다시 지었다.

Gyeongbodang of Sinnam seoweon

Gyeongsangnam-do Cultural Material No. 256
Gyeongsangnam-do, Miryang-si, Muan-myeon, Panjeong-ro

This private school was built in 1822 to hold memorial services for General Bak Wi and his son, Bak Gi [pen name : Sochongjae]. Bak Wi was born in Miryang, defeated the Japanese pirates at the end of the Goryeo Period, conquered Daema Island, and participated in Wihwadoheogun [the Withdrawal of the Army Troops from Wihwa Island, by which the Joseon Period began]. At the beginning of the Joseon Period, he served in several military positions. The submarine made in Korea in 1994, Bagwiham, was named after him. When the school was first built, the shrine was called 'Sangmosa' and the lecture hall 'Gyeongbondang.' The former was destroyed by Daeweongun's Private School Removal Act, and the latter became a memorial hall for him and his son. Sangmosa was rebuilt when the private school was restored by his descendants and the local Confucian scholars in 1981.

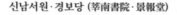

신남서원, 경보당 안내문

※ 이종무(李從茂) 장군

본관은 장수(長水)이고 시호는 양후(良厚)이다. 1381년(우왕 7년) 아버지와 함께 왜구를 격퇴한 공으로 정용호군(精勇護軍)이 되고 1397년(태조 6년) 옹진만호(甕津萬戶) 때 왜구가 침입, 성을 포위하자 이를 격퇴하여 첨절제사(僉節制使)에 올랐다. 1400년(정종 2년) 상장군으로 제2차 왕자의 난에 공을 세워 이듬해 좌명공신(佐命功臣) 4등으로 통원군(通原君)에 봉해졌다.

1406년(태종 6년) 좌군총제(左軍摠制), 1408년 남양수원등처조전절제사(南陽水原等處助戰節制使)·중군도총제(中軍都摠制) 등을 거쳐 이 해 장천군(長川君)에 개봉(改封)되었다. 1409년 안주도병마사(安州都兵馬使), 1411년 안주절제사(安州節制使), 1412년 별시위좌이번절제사(別侍衛左二番節制使)로 정조사(正朝使)가 되어 중국 명(明)나라에 다녀왔다.

1413년 동북면도안무사 겸 병마절도사를 거쳐 영길도도안무사(永吉道都安撫使)가 되고, 1417년 좌참찬을 거쳐 판우군도총제(判右軍都摠制)·의용위절제사(義勇衛節制使)를 지내고 1419년(세종 1년) 삼군도체찰사(三軍都體察使)로 숭록대부(崇祿大夫)에 승진했다. 그해 전함 227척을 거느리고 대마도(對馬島)를 정벌한 후 돌아와 찬성사(贊成事)가 되었으나 불충한 김 훈(金 訓) 등을 정벌군에 편입시켰다는 탄핵을 받고 삭직되었다.

상원(祥原)에 귀양 갔다가 이듬해 복직되어 풀려났고, 1421년 부원군(府院君)이 되었다. 1422년에는 사은사(謝恩使)로 명나라에 다녀왔다. 이때 동행한 정희원(鄭希遠)의 불경한 행동을 직계(直啓)하지 않아 1423년 과천(果川)에 귀양간 후 이듬해 풀려나와 복관되었다.[35]

※ 김해 장군차의 유래

예전의 다전동(茶田洞, 차밭골)이었던 동상동과 대성동 일대의 분산 기슭에서 자생하는 김해 장군차는 가락국 때 허왕후가 인도 아유타국에서 혼수품으로 가져온 차 씨앗에서 유래 되었다고 한다. 또 김해 장군차가 장군차라는 이름을 갖게 된 것은 고려시대 충렬왕이 장군차라는 이름을 붙였기 때문이라고 한다. 「신증동국여지승람」에 의하면 고려 충렬왕이 일본 정벌을 위해 떠날 군사들을 격려하기 위해 김해 금강사에 들렀다가 이 곳 차나무의 차 맛과 향이 좋아 가히 장군감이라고 해서 장군차로 명명했다고 한다.

김해 장군차의 명칭 유래를 뒷받침 할 수 있는 자료로 박영식 (2020)의 연구에 있는 다음과 같은 내용을 소개하고자 한다.

김해 금강사의 산다수에 장군 사호를 내린 충렬왕의 이야기는 「신증동국여지 승람」에 처음 나타나고 있다. 불우 조에 "금강사는 부 북쪽 대사리에 있다. 고려 충렬왕이 합포에 행차할 때, 여기에 와서 놀았다. 불훼루가 있다(金剛社在府北大寺里 高麗忠烈王行合浦時來遊于此有不毁樓)"라고 기재하고 있다. 이어서 "하륜의 기(記)[36]에, 김해는 옛 가락(駕洛, 伽倻)이다. … 좋은 경치도 남방에서 첫째인데, 그중에서도 금강사 작은 마루가 제일이다. 사(社)에 산다 수가 있어, 온 뜰을 덮었으나, 전조 충렬왕이 보련(寶輦)을 여기에 멈추고 장 군이라 칭호를 내렸으므로 부로들은 이 일을 미담으로 서로 전해 온다. 내가 소년시절 객이 되어 왔더니, 그 때는 중춘(仲春)이었고 산다화가 활짝 피어

---

35 두산백과.
36 불훼루기(不毀樓記)를 말한다. 불훼루는 조선 태종 때 관찰사 안 순(安 純)이 현맹인 김해부사에게 명하여 승도의 힘으로 불훼루를 쌓게 하였다고 한다.

있었다. (何崙記 金海古之駕洛伽倻也…金剛社之小軒 爲第一 社有山茶樹 蔭于一庭 前朝忠烈王 駐輦于此 賜號將軍 父老相傳以爲美談 余昔少年爲容 時方仲春 山茶盛開)"라고 기재하고 있다.

또 사가정(四佳亭)[37] 서거정(徐居正, 1420년~1488년)의 시[38]를 수록하였는데 "말 가는 대로 따라서 이름난 구역 다 지나고 분성(盆城) 북쪽에 절을 찾았네, 금관(金官)은 옛 나라, 건곤(乾坤)이 늙었고, 옥련(玉輦)이 놀았다던 세월도 아득하다. 시조왕릉(始祖王陵) 그윽한데 산이 적적하고, 장군나무 늙었는데 풀은 무성하다.(歷盡名區信馬蹄 盆城城北訪招提 金官故國乾坤老 玉輦曾遊歲月迷 始祖陵深山寂寂 將軍樹老草萋萋)"라고 수록하고 있다.[39]

한편, 금강사 뒤쪽의 분산에 오래된 장군차 나무는 십수년 전 산불이 났을 때 아쉽게도 불탔다고 한다. 그래도 금강사 주변과 분산 기슭에는 장군차 나무가 자라고 있다.

김해 금강사 입구

---

37 서거정의 호(號)이다.
38 금강사시(金剛社詩)를 말한다.
39 박영식, 2020. "김해 장군차의 사적(史蹟)에 관한 연구", 「한국차학회지」 제26권 제1호: p.11.

금강사 입구의 김해 장군차

김해 장군차 서식지(분산 기슭)

한편, 필자는 김해시 생림면 안양리 무척산 선곡(仙谷)에 있는 선곡
다원(김해 장군차 시범농장)을 방문한 적이 있다. 다원의 선생님께서 직접
우려주시는 장군차를 마셔 보는 행운과 감사함이 있었으며, 차(茶)에 대
한 문외한인 필자도 장군차의 깊고 부드러운 맛과 향을 느낄 수 있었
다. 또한 선생님의 이야기를 듣고 있으면 김해 장군차에 대한 그의 깊
은 애정을 알 수 있다.

김해 장군차 시범농장인 선곡다원 전경(김해시 생림면 안양리)

김해 장군차(선곡다원)

대나무 숲속의 김해 장군차(선곡다원)

선곡다원의 사계

3. 조선시대

　　조선시대 김해부사의 관직 정칙명칭은 김해도호부사였으며 관직품
계는 종3품(從三品)이었고, 종2품 경상도 관찰사(감사)의 지휘를 받았다.
관찰사의 지휘를 받는 부사(경상도의 김해부사, 밀양부사 등) 관직보다 더
높은 외관직 품계는 정3품 목사(진주목사 등), 대도호부사(안동대도호부사,
창원대도호부사 등)가 있었고, 부사 관직보다 더 낮은 외관직 품계는 종4
품 군수(합천군수, 함양군수 등), 종5품 현령(고성현령 등), 종6품 현감(사천
현감 등)이 있었다. 본 장에서는 조선시대 때 김해를 다스렸던 김해부사
들의 환적(宦績)을 검토해 볼 것이다.

　　김해문화원 바로 옆 나비공원 비림에 조선시대 정현석 김해부사를
포함한 16기의 선정비(공덕비)가 함께 관리되고 있다.

비림(碑林)

　　비림 안내문에 있는 비명(碑名)을 오른쪽부터 열거해 보면 다음과 같다.

부사통정대부이형만생사당비(영조 33년(1757년)) 세움
병마절도사정익휼군(인조 20년(1642년)) 세움

부사통정대부이(홍0000비)(숙종 21년(1695년))[40] 전임

황호유애거사비(숙종 32년(1706년)) 전임

영장황호휼군거사비부사겸임[41](숙종 32년(1706년)) 세움

부사통정대부유엄휼민거사비(헌종 10년(1844년)) 세움

부사가선대부조집만세불망비(헌종 12년(1846년)) 세움

부사김한익불망비(철종 원년(1850년)) 세움

부사통정대부영세불망비(철종 10년(1859년))세움

부사통정대부김성선정거사비(현종 7년(1666년)) 세움

부사통정대부정현석영세불망비(고종 11년(1874년)) 세움

부사통정대부변국한유애선정비(고종 13년(1876년)) 세움

부사정숙조선정비(고종 14년(1877년)) 세움

군수이용교영세불망비(광무 5년(1901년))세움

안내문에는 비림 정면에서 왼쪽에 있는 박동상 부사, 정광제 부사[42]의 비명은 현재 없는 상태이다.

비림 안내문

김해문화원에서는 2003년부터 매년 음력 9월 9일 이 곳에서 김해부사의 선정에 감사하는 제례를 올리고 있다고 한다. 하지만 아직까지도 김해세무서(옛 김해군청(김해시청 제2청사)) 등 많은 곳에 김해부사 선정비 등 관련 비석이 흩어져 있는 실정이다.

---

40 「김해지리지(국역판)」에는 숙종 22년(1696년)으로 기록되어 있다.

41 「김해지리지(국역판)」에서는 순조 32년(1832년)의 읍지에 의하면 김해부 관원 정원 설명에서 부사겸중영장(종3품)과 영장(정3품)이 있다고 했다.

42 정광제 부사의 선정비는 비림 외에도 김해시청 옆 팔각정 경내(부사가선대부정공광제만세불망비)와 김해시 신문동 장유중학교 내(부사정광제청덕영뢰비)에도 있다.

다음의 사진은 역대 김해부사 중에서 고려 말의 박 위 부사와 더불어 가장 업적이 많다고 할 수 있는 정현석 부사의 영세불망비이다. 앞에서 기술된 박 위 부사 관련 내용에서 나왔듯이 정현석 부사의 분산성 재축성 업적을 기리는 영세불망비는 분산성 내 충의각에서 보존되고 있다. 또한 합천군 삼가면에도 삼가현감을 지냈던 정현석 현감의 거사불망비가 있으며, 울산광역시 북구 신흥사 입구에도 울산부사를 지냈던 정현석 부사의 불망비가 있다. 정현석 부사의 내용은 후술할 것이다.

비림의 정현석부사영세불망비

조선시대의 김해부사에 관하여는 특이사항이 있고 기록에서 업적을 찾을 수 있는 인물에 관하여 검토해 보고자 한다.

전 리(田 理) 부사

「김해인물지」역대지방관록에서 조선시대 김해부사 중 제일 먼저 기록되어 있으며 정종 때 김해부사였다.

안 순(安 純) 부사

「김해인물지」역대지방관록에서 김해판관(判官)으로 기록되어 있다.

1) 김해의 상징이었던 함허정 및 연자루와 관련 있는 김해부사
(1) 함허정

최윤신(崔潤身) 부사

최윤신 부사에 대한 기록으로는 함허정(涵虛亭)이라는 정자를 건축했다는 것과 청렴하고 간결하게 백성들을 다스렸다는 내용이 있다. 함허정 관련기록은 「국역 김해읍지」와 「김해지리지(국역판)」에 상세하게 나와 있다. 먼저 「국역 김해읍지」에서는 공해(公廨) 조에 연자루의 북쪽에 있는데 부사 최윤신(崔潤身)이 세우고, 호계(虎溪)의 물을 끌어서 연못을 만들고 그 가운데 정자를 지었는데 매우 맑고 깨끗하다. 만력 을묘(乙卯年, 1615년)에 부사 조계명(曺發明)이 중창하고 정묘(丁卯年, 1687년)에 부사 이행익(李行益)이 중수했다고 기록되어 있다.[43] 최윤신은 「국역 김해읍지」환적(宦績) 조 보유(補遺)에 홍치(弘治, 명나라의 연호) 무오(戊午年, 1498년)에 함허정을 처음 건축하였고, 청렴하고 간결하게 다스렸다고

---

43 이병태, 2001, 「국역 김해읍지」, 김해문화원, p.122.

기록되어 있다.[44]

「김해지리지(국역판)」함허정 관련 내용에서는 연산군 3년(1497년) 부사 최윤신이 신축하고 좌의정을 지낸 어세겸에게 청하여 함허라고 이름 지었다[45]고 하는데, 「국역 김해읍지」의 1498년과는 1년의 차이가 있다. 함허의 의미는 '하늘이 빠진 연못'[46]또는 '물에 비친 하늘이다'[47]라고 한다.

명종 2년(1547년) 김수문 부사가 함허정을 다시 재건하고 연지(蓮池)를 파서 부사가 빈객과 함께 연유하는 자리로 삼았다고 기록되어 있다.[48] 또한, 함허정은 임진왜란 때에도 건재하였으나 정조 원년(1777년) 퇴압(頹壓)된 것을 순조 원년(1801년) 부사 심능필이 옛터에서 고쳐 세웠다. 김한익 부사(재임기간: 1845년 2월~1846년 7월)도 함허정을 재임기간 중에 중수하였으며, 정재용 부사(재임기간: 1859년 2월~1861년 8월)도 재임기간 중에 함허정을 보수하였다. 일제강점기에 이동은이 김해불교 포교당(연화사)으로 했다가 1970년 11월 화재로 소실되고, 1975년 4월 연화사를 중수하였다. 방지(方池)만 지금 남아있다[49]고 한다.

다음은 함허정을 신축, 중건, 재건한 부사들의 내용이다.

최윤신 부사 – 함허정 건축

재임기간: (1497년, 또는 1498년 전후)

---

44 이병태, 2001, 「국역 김해읍지」, 김해문화원, p.88.
45 이병태, 2002, 「김해지리지(국역판)」, 김해문화원, p.55.
46 한상규, 2020, "김해정신문화의 종사 남명 유풍", 「김해문화」, 김해문화원, p.52.
47 송희복, 2020, "남명 조식의 시문에 나타난 김해의 지역적 성격, 「제2회 김해남명문화제학술대회발표논문집」, 김해남명정신문화연구원, p.16.
48 이병태, 2002, 「김해지리지(국역판)」, 김해문화원, p.65.
49 이병태, 2002, 「김해지리지(국역판)」, 김해문화원, p.55.

김수문 부사 - 함허정 중건

재임기간: 1547년 전후

조계명 부사 - 함허정 중창

재임기간: 1615년 5월~1618년 9월)

이행익 부사 - 함허정 중수

재임기간: 1686년 12월~1688년 11월

정조 원년(1777년)에 퇴압(頹壓)

심능필 부사 - 함허정 재건

재임기간: 1800년~1801년 전후

김한익 부사 - 함허정 중수

재임기간: 1845년 2월~1846년 7월

정재용 부사 - 함허정 보수

재임기간: 1859년 2월~1861년 8월

정현석 부사 - 함허정 중수(단청)50

재임기간: 1870년 6월~1873년 12월

---

50 단청(丹靑)은 궁궐이나 절 등의 벽, 기둥, 천장 등에 여러 가지 색깔로 그림이나 무늬를 그리는 것을 말한다. 또는 그 그림이나 무늬를 말한다.

우연의 일치일까? 풍류를 즐기기 위해 함허정이라는 정자가 지어진 시기가 1498년, 즉 연산군 4년으로 무오사화가 일어난 해이다. 폭정과 과도한 풍류를 즐긴 연산군이 왕위에서 쫓겨난 상황이 머릿속에 스쳐 지나간다.

함허정이 있던 연화사 대웅전

(2) 연자루(燕子樓)

함허정을 이야기할 때 빼놓을 수 없는 것이 연자루라는 누각이다. 「국역 김해읍지」에서 연자루는 "가락국 시대부터 국도(國都)를 흐르는 호계가에 세워진 누각이었다. 구형왕 9년(531년) 겨울에 이 누각이 명동(鳴動)하니 장안 사람들이 모두 놀라서 임자년 국망(國亡)을 예언하는 것이라 하여 왕명으로 훼철(毁撤)하였다고 전한다. 그 뒤 어느 때에 재건되었는가에 대하여는 알 길이 없지마는 남도의 유명한 누각으로서 밀양의 영남루, 진주의 촉석루와 함께 대표적인 명승이었으며, 고려시대의 주열, 김득배, 왕강, 정몽주 등과 조선시대의 이행, 맹사성, 김감, 맹석흠, 맹세형, 맹위서 등의 제영(題詠)51이 읍지에 실려 있다. 숙종 3년

(1677년) 부사 변국한이 중건하였고 동 13년(1687년) 이행익, 44년(1718년) 김중구, 헌종 11년(1845년) 김한익, 고종 7년(1870년) 정현석, 고종 13년(1876년) 정숙조 등의 각 부사가 중수하여 300여년의 유서(由緖)를 이어 내려오다가, 일제강점기에 와서 1932년 음력 8월 17일 철거되고 건물 일부는 서울 방면으로 매각되었다고 하니 우리 고장의 가장 큰 자랑거리인 이 누각이 없어진 것이 못내 아쉬운 일이 아닐 수 없다."[52]라고 기록되어 있다.

다음은 연자루를 중건, 중수한 부사들의 내용이다.

변국한 부사 - 연자루 중건
재임기간: 1676년 3월~1677년 5월

이행익 부사 - 연자루 중수
재임기간: 1686년 12월~1688년 11월

김중구 부사 - 연자루 중수
재임기간: 1717년 9월~1718년 12월

김한익 부사 - 연자루 중수
재임기간: 1845년 2월~1846년 7월

정현석 부사 - 연자루 중수(단청)
재임기간: 1870년 6월~1873년 12월

---

51 제목을 붙여 시를 읊는 것을 말한다.
52 이병태, 2002, 「김해지리지(국역판)」, 김해문화원, p.55.

정숙조 부사 - 연자루 중수

재임기간: 1876년 5월~1878년 6월

일제강점기 때 철거되기 전의 연자루 ⓒ 국립김해박물관

2) 이언적(李彦迪) 부사

재임기간: 1541년

우리에게 조선 중기 중종 때의 문신이자 대학자로 알려져 있는 성
리학자 회재(晦齋) 이언적(1491~1553), 바로 그 인물이다. 이언적의 본관
은 여주이고 호는 회재(晦齋) 또는 자계옹(紫溪翁)이며 자(字)는 복고(復
古)이다. 원래 이름은 적(迪)이었으나 중종 임금의 명으로 언적(彦迪)으로
개명했다고 한다.

이언적은 여러 관직을 거치다가 종1품 고위 관직인 의정부 좌찬성
과 우찬성을 역임하기도 했으며, 1568년(선조 1년) 영의정에 추증되었

다. 이언적의 관직 생활 중 1541년에 김해부사로 임명되기도 했다.「김해인물지」역대지방관록에서는 간원(諫院)의 상계로 곧 한성판윤이 되었다로 기록되어 있다. 이언적 부사가 김해부사로 1541년에 임명되었다가 실제로 얼마 동안 재임했는지, 또 정확히 언제 한성판윤이 되었는지는 확인하기 어려우나 김해부사로 삼는다는 다음과 같은「중종실록」의 기록이 있다.

이기 · 정순붕 등에게 관직을 제수하다

이조판서 성세창(成世昌) 등에게 전교하기를,

"지금 김해부사(金海府使)의 망(望)을 보니 이언적(李彦迪)이 으뜸이다. 이 사람은 육조의 참판에 합당하며 의당 조정에 있어야 할 사람이다. 외직에 보하여 어버이를 봉양하게 하면 그 사람에게는 좋은 일이지만, 모르긴 하나 조정에서 외직이 그에게 타당하다 하여 주의했단 말인가."

하였는데, 세창(世昌) 등이 회계(回啓)하기를,

"이 사람이 정사(呈辭)[53]하고 내려갔고 상께서도 근처의 수령으로 제수하라고 명하였으므로, 곧 주의한 것입니다. 그리고 어제 여러 재상들이 '이 사람은 끝내 그 어버이 때문에 조정에 있기가 어려워서 부득이 내려간 것인데, 또 빠른 시일에 올라오기는 어려울 것이니 그의 집 근처의 수령에 궐원(闕員)이 있으면 주의하는 것이 좋겠다.'하므로 주의한 것입니다."하니, 전교하였다.

"알았다 이기(李芑)를 의정부 우참찬에, 정순붕(鄭順朋)을 한성부 우윤에, 이언적을 김해부사에 제수하라."

사신은 논한다. 언적(彦迪)은 독실히 배우고 힘써 행하여, 임금을 섬김에 충성을 다하였고, 언론(言論)이 정대(正大)하였다. 세창이 갑자기 그를 외직에 보임하면서, 조정에 있기가 어려울 것이라고 한 말은 매우 잘못된 것이다.[54]

---

53 정사(呈辭)는 벼슬아치가 원서(願書)를 관청에 제출하는 것을 말한다. 원서는 지원하거나 청원하는 내용을 적은 서류를 말한다.
54「중종실록」중종 36년(1541년) 8월 11일, 국사편찬위원회.

이언적 부사는 어릴 때 외숙인 손중돈(孫仲暾)에게 글을 배웠다고 하는데 손중돈55 또한 연산군 때 김해부사로 재임한 인물이다.

한편, 이언적의 손자 중에 이의온이라는 인물이 있다. 이의온이라는 인물은 이순신 장군과도 인연이 있다. 이와 관련된 내용은 다음과 같다. "이의온(1577~1636년): 본관은 여주(驪州), 자는 율연(栗然), 호는 오의정(五宜亭)이다. 회재(晦齋) 이언적(李彦迪)의 다섯 째 손자이며 승정원좌승지(承政院左承智) 이응인(李應仁)의 아들로, 임진왜란이 일어나자 19세의 어린 나이로 참전하여 창녕 화왕산 전투에서 활약하였으며, 이후 충무공(忠武公) 이순신(李舜臣)의 보좌관으로 있으면서 해로통행첩을 제안하여 군량미 확보에 공을 세웠다. 이순신이 그의 공로를 조정에 보고하여 조정에서 군자감직장(軍資監直長)을 제수하였으나 사양하였고, 임진왜란이 끝난 후에는 낙향하여 살다가 1636년에 생을 마쳤다."56 57 58

3) 서예원(徐禮元) 부사

재임기간: 1591년 1월~1592년 4월

임진왜란 초기 김해성 전투 중에 김해부사 서예원은 전투 중 도망간 초계군수 이유검59을 잡겠다고 김해성을 나갔다고 한다. 그 후로 서예원 부사는 김해성으로 돌아오지 않았다. 의병들과 백성들만을 김해성에 그대로 두고 부사인 본인은 성을 나가버린 것이다. 작전상 퇴각이었

55 손중돈 김해부사에 대하여 「조선환여승람(김해)」 청백(淸白) 조에서는 "정사를 행하는데 청렴하고 공평하여 관리들은 두려워하고 백성들은 흠모하였다."로 기록되어 있다. (「조선환여승람(김해)」, 2005, 김해문화원 · 가야문화연구회, p.121.)

56 최학삼, 2017, "경세가(輕世家) 이순신의 통제영 경영에 관한 연구", 「김해대학교 논문집」 제5호, p.142.

57 최학삼, 2020, 「조선을 이끈 경세가들」, 박영사, pp.140-141.

58 최학삼, 2016, "이순신의 둔전경영과 해로통행첩 시행에 관한 연구", 「조세사학연구」 제2호, p.133.

59 김해성의 구원요청에 고맙게도 구원병을 이끌고 온 지방관은 초계군수 이유검 외에도 의령현감 오응창, 합천군수 이 숙이 있었으나 그들은 전투의 대세가 기울어지자 김해성을 나가버린 것이다.

을까? 아니면 왜군이 김해성을 포위하고 있어서 다시 들어오지 못했던 것일까? 그것도 아니면 안 되겠다 싶어 무책임하게 도망간 것일까?

이러한 서예원 부사의 행적을 추정해 보면 도망을 쳤는지 퇴각을 했는지를 따지기보다 서예원 부사가 좀 더 민첩하게 움직여 백성들과 군사들을 분산성으로 이끌 생각을 하지는 못했을까? 그렇다면 좀 더 오랜 시간 항전하여 왜군의 북상을 조금이나마 더 늦추었을 것으로 짐작된다.

김해성을 나간 서예원 부사의 그 후 행적을 찾아보면 김해 강창(강동)에서 일단 배를 타고 진주 쪽으로 갔다가 그 이후에 고령 의병장 김면 휘하에서 백의종군(서예원의 2번째 백의종군)하게 된다. 그 후에는 제1차 진주성 전투 때 김시민 목사를 도우기도 했으나 김시민 목사가 사망하자 초유사 김성일의 추천으로 진주목사가 된다.

계사년(1593년) 제2차 진주성 전투 전의 진주성 내 상황은 의병과 관군 수에 비해 지나치게 많은 지휘관(김천일, 최경회, 황진, 서예원, 고종후, 이종인 등)이 있었다. 그렇기 때문에 서로의 의견이 잘 일치되지 않아 지휘체계가 어지러웠다고 할 수 있었을 것이다. 제1차 진주성 전투 때는 김시민 목사의 강력한 지휘로 인해 백성과 군사들이 똘똘 뭉쳐 승리할 수 있었다. 제2차 진주성 전투 때 처음에는 충청병사 황진이 진주성의 대표 수성장을 맡아 분전했으나 전사하고 말았다. 그를 이어 수성장이 된 서예원 목사는 진주성을 잘 지휘했을까? 결과는 우리가 알고 있듯이 진주성은 함락되고 6만에 가까운 백성과 군사들은 모두 희생되었다. 진주성이 함락되기 직전 서예원 목사는 도망을 나가 숲에 숨어 있다가 왜군들에게 전사했다는 설도 있고, 진주성에서 끝까지 싸우다가 장렬히 전사했다는 설도 있다.

김해부사 시절 전투 중에 김해성을 나가버리고 진주목사 시절 전사한 서예원에 대한 후세의 평가는 어떻게 되고 있을까도 궁금해진다.

그에 대한 평가는 김해성과 진주성을 버리고 도망갔다는 것 때문에 대부분의 사람들이 몹시 부정적으로 내릴 수도 있을 것이다. 한편으로는 서예원이 진주성에서 장렬히 싸우다가 전사했다면 그에 대한 평가를 긍정적으로 내릴 수도 있을 것이다. 김해성에서의 과오를 씻고자 진주성에서는 지휘력이 좋지 못하다는 평가도 있었으나 끝까지 항전했을 것으로 예상할 수도 있기 때문이다. 실제로 서예원이 부정적인 평가만 받은 것은 아니다. 강원도 횡성에는 제2차 진주성 전투 때 장렬히 싸우다가 사망한 진주목사 서예원과 그의 부인, 아들, 며느리, 사위, 딸 등 일가족 6명의 충효를 기리기 위하여 세워진 육절려각이 있다. 이 육절려각은 서예원 목사만 진주성에서 싸우다가 전사한 것이 아니라 그의 부인, 아들, 며느리, 사위, 딸도 왜군에 저항하다가 순절하였으므로 이러한 충효를 기리기 위하여 조정에서 정려(旌閭)를 내렸는데 이 정려를 보관하고 있는 재실이다. 정려는 충신(忠臣)·효자(孝子)·열녀(烈女)에 대해 그들이 사는 마을 입구나 대문 앞에 붉은 문을 세워 표창하는 것을 말한다. 참고로 이천 서씨인 서예원의 선대 조상 중에는 고려시대 때 거란족 소손녕과의 담판으로 강동6주를 획득한 그 유명한 서희(徐熙)도 있다. 또한 서예원은 1678년(숙종 4년)에 태의명족여판서(泰議名族閭判書), 1817년에 통정대부병조참의(通政大夫兵曹參議)를 추증받기도 했다.

한편, 제1차 진주성 전투 후 사망한 김시민 목사의 사망 소식을 몰랐던 왜군은 제2차 진주성 전투가 끝나자 서예원 목사의 시신을 수습하였는데 그 시신이 김시민 목사의 시신인 줄 알고 "목을 베어서 '조선의 맹장, 목사'라는 이름으로 도요토미 히데요시(풍신수길)에게 보냈다"[60]는 설도 있다. 제1차 진주성 전투의 패배로 풍신수길이 얼마나 복수하고 싶었는지를 보여 주는 내용이다.

---

60 「역사스페셜 6 전술과 전략 그리고 전쟁, 베일을 벗다」, 2011, 효형출판, p.353.

서예원 일가족의 육절려각 ⓒ 한국민족문화대백과사전, 한국학중앙연구원

서예원 일가족의 육절려각 내부 ⓒ 한국민족문화대백과사전, 한국학중앙연구원

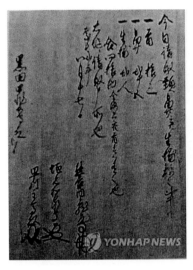

부산시 한일문화연구소 김문길 (66) 소장이 구로다 마사나가(黑田政長 임진왜란 때 진주성을 공격한 왜장) 가문이 소장한 문서 속에서 발견한 주인장. 주인장에는 '금일(今日) 청취한 머리, 코, 또는 생포한 숫자. 首(수) 拾三(13), 鼻(비) 貳拾五(25), 生捕(생포) 貳人(2명) 위 건을 확실히 보냈습니다. 慶長貳年(1593년) 8月 (월)17日(일)'이란 내용이 적혀 있다.

임진왜란 때 日에 진주 목사 머리 보낸
문서 ⓒ 연합뉴스

한일문화研 김문길 소장, 왜장 가문서 찾아

부산시 한일문화연구소 김문길(66) 소장은 임진왜란 당시 왜군이 진주 목사 서예원(徐禮元 미상~1593) 장군의 머리를 일본에 보냈다는 문서(주인장 朱印狀)를 발견했다고 4일 주장했다.

김 소장은 최근 한일문화연구를 위해 일본 기타큐슈(北九州)를 방문했으며 이곳에 있는 구로다 마사나가(黑田政長 임진왜란 때 진주성을 공격한 왜장) 가문이 소장한 문서 속에서 주인장을 찾았다고 밝혔다.

주인장에는 '금일(今日) 청취한 머리, 코, 또는 생포한 숫자. 首(수) 拾三(13), 鼻(비) 貳拾五(25), 生捕(생포) 貳人(2명) 위 건을 확실히 보냈습니다. 慶長貳年(1593년) 8月(월)17日(일)'이란 내용이 적혀 있다.

주인장에는 서예원 장군이란 글은 없지만 1907년 일본 도쿄대학교 호시노 히사시 교수가 발표한 '진주성 싸움에서 승리한 왜군은 서예원 성주의 머리를 상자에 넣어 일본으로 보내 도요토미 대불전 앞에 묻었다.'란 논문 내용을 볼 때 주인장 내용 중 수(首)에 서예원 장군이 포함됐다는 것이 김 소장의 주장이다.

특히, 김 소장은 지금까지 왜군이 귀를 베어 갔다는 문서는 발견됐지만, 머리에 관한 문서는 이번이 처음이며 서예원 장군이 1593년 5월 29일 순국한 기록과 당시 조선에서 일본으로 가는 선박 편이 3개월 정도 소요되는 사실을 생각하면 서예원 장군이 확실하다고 설명했다.

그는 서예원 장군의 머리는 교토(京都) 귀 무덤에 묻힌 사실을 관련 문서로 확인했다고 덧붙였다.

서예원 장군은 1591년(선조 24년) 김해 부사로 부임했으며 임진왜란이 일어나자 왜군과 공방전을 벌이다가 패주했다. 제1차 진주성싸움에서 김시민 목사를 도와 왜적과 항전했고 1593년 진주 목사로 부임했으나 제2차 진주성싸움에서 순국했다.

김 소장은 "정부에서 서예원 장군의 머리 무덤에 대한 환국 절차를 밟아야 한다."고 말했다.[61]

4) 김해부사보다 더 높은 벼슬을 추증 받은 임진왜란 최초의 의병장

임진왜란 당시의 의병장으로는 경상도의 곽재우와 정인홍, 충청도의 조헌, 전라도의 고경명과 김천일, 함경도의 정문부 등과 묘향산의 서산대사와 금강산의 사명대사 등이 있다. 그중에서도 곽재우 장군이 가장 먼저 의병을 일으킨 의병장이라고 사람들에게 많이 인식되어져 있다.

하지만 임진왜란 당시 의병의 효시는 김해에서 시작되었다. 김해부사 서예원이 김해성과 백성들을 버리고 도망간 김해성 전투에서 의병을 끌어모아 끝까지 싸우다 장렬히 순국한 김해 출신의 사충신 송 빈(宋賓), 김득기(金得器), 이대형(李大亨), 유 식(柳湜) 4명의 의병장이 그 주인공이다. 「김해인물지」에 기록되어 있는 사충신 관련 내용은 다음과 같다.

송 빈(宋 賓): 1542~1592

김해 하계리(진영)에서 태어났다. 8세부터 공부를 시작하여 곧 문리에 통달하였다. 전부터 웅천현감과 친면이 있어 찾아 갔더니 때마침 왜선이 침범하므로 현감이 크게 놀라 성문을 닫고 막으려고 하니 그가 "허허실실"은 병가의 상사다. 지금 이것은 한 때의 도적질에 불과하므로 인심을 혼란케 할 수 없다. 성문을 열어 놓고 움직이지 않으면 적이 반드시 의심하고 물러갈 것이

61 연합뉴스, 2011년 2월 4일 기사.

다"고 하므로 현감도 그의 말이 옳다고 그대로 한즉 과연 적이 들어오지 못하고 물러갔다.

선조 25년(1592년) 4월 임진왜란이 일어나니 부사 서예원이 그가 고을의 명망 있는 선비이므로 함께 의논하자고 청했다. 그는 팔성사(八聖寺, 진례면 신안리)에서 독서 중인 장자 정백에게 집에 가서 모를 모시고 아우와 함께 집안을 잘 다스리라고 하면서 소매를 붙잡고 따라오는 아들을 뿌리치고 김해성에 들어갔다. 부사가 크게 기뻐하고 그에게 중군의 소임을 맡기면서 장졸을 모아 놓고 사수하기를 맹세하였다. 이에 이대형, 김득기, 유 식과 함께 성문을 나누어 지키게 하고 이인지(李獜祉)는 군량조달을 맡도록 해서 성의 사수를 꾀하였다. 며칠 뒤 적이 성을 포위하거늘 그가 밤에 수백명을 이끌고 나가서 적 수백 명을 죽인 뒤 죽도(가락면)까지 추적하였다. 갑자기 적선이 내습하므로 성에 들어가서 지키는데 부사가 성문을 열고 달아나려고 하는 것을 제지했으나, 초계군수 이유검이 서문을 지키다 먼저 달아나고 부사도 강창(강동)에서 배를 타고 진주 쪽으로 달아났다. 19일 밤에 적이 보리를 베어 성밑에 높이 쌓고 참호를 메워서 넘어 쳐들어왔다. 20일에 성의 주장(主將)은 달아나고 사졸(士卒)은 와해되었을 때 죽음을 다하여 독전(督戰)한 끝에 만신창이가 되어 일찍이 부(송창)가 이름을 새긴 바위(서상동 지석묘)에서 적이 투항하라고 하는 것을 크게 꾸짖고 역전(力戰)하다가 순절(殉節)하였다. 부하인 양업손이 전사자의 시체 가운데 숨어 있다가 뒤에 빠져나와서 당시의 모양을 전하니 평란된 뒤에 선조 33년(1600년) 공조참의를 추증하였다. 순조 33년(1833년) 표충사(진례)에 치제(致祭)하고, 무송에 송담사를 세우고 3충신을 향사다가 고종 8년(1871년) 사충단을 모아 향사하고 12년(1875년) 이조참판을 가증하였다.

이대형(李大亨): 1543~1592

자(字) 봉래(奉來) 호 관천(觀川)

김해 활천리에서 태어났다. 어릴때부터 큰 뜻을 품고 독서에 힘쓰니 고을의 공론으로 천거되었으나 채용(採用)되지 못했으므로 과거(科擧)공부를 중단하고 활천리에서 관천거사라고 자호(自號)하여 두문불출하고 어버이를 봉영하였다. 임진왜란(1592년)이 일어나자 그의 나이 50세였으나 부사 서예원과는 인척간이 되므로 편지를 보내어 입성할 것을 청하니 싸움에 나가려고 하였다. 그의 두 아들이 소매를 잡고 같이 가기를 청했으나 이를 뿌리치고 장정 백여 명을 이끌고 입성하니 부사가 크게 기뻐하여 송 빈, 김득기, 유 식과 함께 성을 지킬 것을 부탁하였다. 4월 17일 적이 성 가까이 까지 와서 세 겹으로 포위하고 북문에 물을 또아 넣으니 외로운 성에 군사는 약하다 먼저 도주하여 버렸다. 19일 밤에는 왜적이 허수아비를 무수히 만들어 성안으로 던지고 혼란시켜서 쳐들어 오려고 했으나 그들이 잔병을 수습하고 성문을 굳게 당아 종일 하였다. 그러나 적은 들판에 익은 보리를 베어서 성호(城濠)를 메우고 성벽과 같은 높이로 쌓아서 이를 밟고 성안으로 난입해 들어오니 20일에 세 충신과 함께 싸우다가 순절하였다. 부곡민(部曲民)인 양업손이 죽은 것처럼 누워 숨어 있다가 밤중에 적이 깊이 잠든 틈을 타서 탈출해 나와서 그들의 분전한 시종을 전하였다. 이 일이 조정에 알려지고 선조 33년(1600년) 장례원판결사(장례원판결사)를 추증하였고 숙종 42년 진례면의 송담사에 세 충신을 향사하였다. 뒤에 표충사로 명명(命名)하고 다시 송담서원으로 고쳤으며, 고종 8년(1871년) 사충단을 세워 향사하고 고종 17년(1880) 호조참판을 가증하였다.

김득기(金得器): 1549~1592

자(字) 구오(俱五)

김해 거인리(居仁里, 외동)에서 태어났다. 일찍이 무과에 급제했으나 입신출세할 때가 아니라고 향리로 돌아와서 지성으로 어버이를 섬기며 유유자적(悠悠自適)한 생활을 하던 중 임진왜란이 일어나 왜적이 김해성으로 쳐들어오자 비분강개하고 17세가 되는 육대독자가 옷자락을 붙잡고 만류하는 것을 도포 한 벌과 한 줌의 머리카락을 잘라 주며 병중의 아내 신씨를 작별하고 입성하니 부사 서예원이 크게 기뻐하고 동문의 수비를 맡겼다. 이에 송 빈, 이대형, 유 식의 세 충신과 더불어 부사가 떠난 뒤에도 병졸과 군중을 독전하고 구원 없는 외로운 성을 굳게 지키다가 4월 19일 밤에 왜적이 허수아비를 만들어 무수히 성중으로 던져 넣어 교란책을 감행하다가 20일에는 보리를 베어다가 성벽과 가지런히 쌓아 올리고 밤을 타서 일제히 쳐들어오니 백병전을 벌인 끝에 장렬히 순절하였다. 그때 나이 44세였으며, 그 사실이 조정에 알려져 선조 33년(1600년) 첨지중추부사(僉知中樞府事)를 추증하였다. 처음 진례면 무송의 송담사에 향사하다가 표충사 송담서원으로 고치고, 고종 8년(1871년) 사충단을 모아서 향사하고 호조참판을 가증하였다.

유 식(柳湜): 1552~1592

자(字) 낙서(樂棲)

하동면 산산(대동면 예안리 마산)리에서 태어났다. 명문(名門)에 태어나 어릴 때부터 학문(學問)에 몰두하다가 세상의 어지러움을 보고 벼슬 길에 나갈 뜻을 버리고 강개한 뜻을 품고 살았다. 임진왜란이 일어나 왜군이 월당진(대동면 월촌리)을 건너 쳐들어온 것을 보고 "우리 집안이 대대로 국은을 입어왔는데 어찌 앉아서 망하기를 기다리겠는가?"하고 가인(家人)과 더불어 집안 노복(奴僕)을 이끌고 김해성에 들어갔다. 이때 부사 서예원은 이미 진주로 떠난 뒤라 송 빈, 이대형, 김득기 세 분과 함께 사졸을 위무하고 "주장은 비록 떠나갔으나 우리 네 사람이 한마음으로 보국하고자 한다"고 하였다. 적이 호계의 상류를 막았으므로 성중에 물이 없어 모두 갈증을 면치 못하고 항복하자는 말까지 하는 자가 있었다. 이에 그가 항복하자는 자를 참(斬)하니 군중이 숙연해졌다. 이에 그는 객관의 계단 앞의 땅을 파니 샘물이 솟아나온지라, 그 물을 들어 적에게 보이니 '적이 신과 같이 능한 사람이 반드시 성중에 있을 것이다'고 하였다. 4월 20일에 적이 보리를 베고 성벽높이로 쌓아올린 뒤 그것을 밟고 성중으로 난입해 왔으므로 그가 칼을 빼어 적 수백명을 베었으니 중과부적으로 세 충신과 함께 전패(殿牌) 아래로 가서 통곡하면서 북향배궐(北向拜闕) 한 뒤 적을 꾸짖고 순절하였다. 선조 33년(1600년) 통정대부 병조참의를 추증하고, 고종 8년(1871년) 사충단을 쌓아 향사하고 고종 21년(1884년) 이조참판을 가증하였다. 처 김씨도 부(夫)의 순절을 듣고 따라서 죽으니 감사가 포전(褒典)을 계청(啓請)하였다.

위와 같은 사충신의 활약을 검토해 보면 임진왜란이 일어나서 부산진성과 동래성이 1592년 4월 14일과 15일, 각각 하루 만에 함락되고 말았는데62 김해성은 주장이 성을 나가버린 상황에서도 4월 17일부터 20일까지 무려 4일이나 버텼다는 것이다. 사충신과 김해 백성들이 처

---

62 4월 14일 부산진성을 함락시킨 왜군은 4월 15일 동래성을 공격하여 함락시켰다. 이민 웅(2020)에 의하면 부산진성을 함락시킨 왜군은 동래성 외에도 서평포와 다대포도 공격하였다고 한다. 서평포는 전투 없이 무혈점령당한 것으로 보이고, 다대포진성은 4월 14일에 왜군의 공격이 있었으나 막아냈으며 15일에 함락되었고 다대포첨사 윤흥신도 전사하였다고 한다. 한편, 정만진(2017)은 그의 책에서 "1592년 4월 16일, 다대포첨사 윤흥신이 전사했다"로 기록하고 있다.

절하게 싸우다가 순절하거나 포로가 되는 상황을 상상해보면 절로 고개가 숙여진다.

오랜 시간이 지난 후 사충신을 기리기 위해 고종 8년(1871년) 김해부사 정현석(鄭顯奭)의 상소로 사충단(四忠壇)이 건립되었으며,[63] 1995년 4월 20일 사충신의 제향일을 기해 현재의 동상동 161번지로 이전하여 송담서원(松潭書院)과 표충사(表忠祠)를 복원하였다. 그런데 이와 같은 사충단, 송담서원, 표충사가 현재 위치에 오기까지는 많은 곡절과 과정이 있었다. 다음은 「송담서원지」와 「송담서원약지」에 기록되어 있는 사충단, 송담서원, 표충사의 연혁을 요약한 내용이다.

숙종 33년(1707년): 충무공의 후예 부사 이봉상[64]이 송 빈 공의 사당을 지어 봉향할 것을 조정에 상소하다.

숙종 34년(1708년): 부사 이봉상 공(公)이 발의하고 향유림(鄕儒林)의 협력으로 숙종 42년(1716년)에 주촌면 양동리 가곡에 표충사를 세워 매년 2월 8일 송 빈 선생의 향사를 올리다. 당시 포산(苞山) 곽재일(郭在一)의 상량문과 진주목사 이규년(李奎年)의 봉안문(奉安文)이 있다.

영조 18년(1741년): 표충사가 1708년(戊子年: 무자년)에 세워졌으나 집사자(執事者)가 조정에 무자년(戊子年)을 무술년(戊戌年)으로 잘못 혼동 보고하는 바람에 훼철대상에 포함되어 훼철되었다.

정조 8년(1784년): 경상도 유림들의 표충사 재건 상소로 진례면 신안리 무송에 복설(復設)되었다. 이때부터 이대형, 김득기를 더하여 삼충(三忠)을 향사하고 사호(祠號)를 송담사(松潭祠)라 하였다.

---

63 이때 유 식(柳 湜)도 추가로 배향하여 사충신을 기리게 된 것이다.
64 「국역 김해읍지」에 의하면 이봉상 김해부사의 재임기간은 1708년(무자년) 3월 6일부터 1709년(기축년) 2월 22일까지다.

순조 원년(1801년): 순조의 서원 훼철령에 의해 2번째 훼철되었다.

순조 24년(1824년): 밀양 안경제 등 25읍 148명을 비롯하여 도내(道內) 유림들의 20년에 걸친 복원 상소로 순조의 윤허를 얻어 다시 복설되고 사호(祠號)를 올려 송담서원, 송담사라 하였다.

순조 33년(1833년): 왕이 송담사를 다시 표충사로 사호(賜號)하고 제문(祭文)을 지어 제물(祭物)과 함께 예조정랑 이건우를 특사로 왕을 대신하여 제사를 지내게 하였다.(중략)

고종 5년(1868년): 송담서원, 표충사가 흥선대원군이 서원 훼철령에 의해 3번째 훼철되었다. 동년에 삼충실기(三忠實記)가 간행되었다.

고종 8년(1871년): 훼철 후 3년간 선산 성언술, 창녕 조창현 등 90여인의 경상좌우도 유림들이 대대적으로 통문을 돌리며 복설운동을 한 결과 고종의 윤허를 얻어 동래와 진주의 예에 따라 부사 정현석이 유 식(柳 湜) 공(公)을 더하여 사충신(四忠臣)을 위한 사충단(四忠壇)을 설단하고 향사를 받드는 절차를 정해 사충단의 연혁을 설명한 금관충렬단(金官忠烈壇) 절목(節目)을 찬정(撰定)하였다.(중략)

1910년: 경술국치 이후 1946년까지 36년간 일본의 탄압으로 향사를 받들지 못하였다.

1946년: 사충신의 애국애족 정신을 널리 선양하고 오래도록 전승하며 향상봉행을 이하여 거군적(擧郡的)으로 김해 사충단 표충회를 결성하고 매년 순절일인 음력(陰曆) 4월 20일 향사를 받들었다.

1952년: 4월 20일 김해 표충회 주관 사충신의 창의순국(倡義殉國) 360주년 기념식을 관민일치로 성대하게 거행하였다.(중략)

1978년: 12월 사충단을 김해시 동상동 228번지로 이전하였다.(중략)

1983년: 7월 20일 경상남도 문화재자료 제29호로 지정되었다.

1990년: 12월 20일 경상남도 기념물 제99호로 지정되었다.

1995년: 5월 성역화사업 추진으로 시비, 도비, 국비의 보조로 사충단을 현재 위치인 동상동 161번지로 이전하고 동시에 송담서원, 표충사를 복원하였다.[65]

위와 같은 사충단, 송담서원, 표충사의 연혁이 있으며, 최종적으로 고종 12년(1875년) 송 빈은 가선대부 이조참판, 이대형은 가선대부 호조참판, 김득기는 가선대부 호조참판, 유 식은 가선대부 이조참판으로 추증되었다. 참판은 종2품 관직으로 현재의 차관을 말한다. 김해부사(종3품)보다 두 단계나 더 높은 품계의 벼슬을 추증받은 것이다. 다음은 「송담서원지」 및 「송담서원약지」에 실려 있는 사충신의 참판 추증(追贈) 교지와 송담서원, 사충단, 김해 표충사 등 사충신 관련 사진이다.

65 「송담서원지」, 2018, 김해사충단표충회, pp.38~42; 「송담서원약지」, 2016, 김해사충단표충회, pp.31~34.

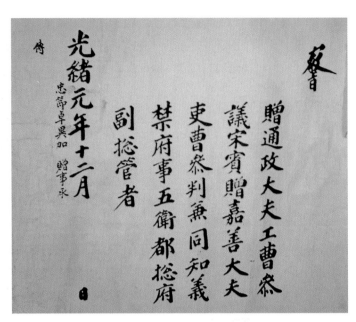

증 가선대부 이조참판 송 빈 교지

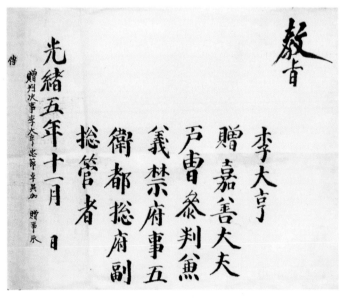

증 가선대부 호조참판 이대형 교지

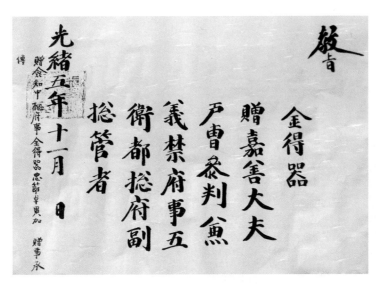

증 가선대부 호조참판 김득기 교지

증 가선대부 이조참판 유 식 교지

● 송담서원

송담서원 전경

사충단과 송담서원 입구

사충단각(四忠壇閣)

사충단비(四忠壇碑)

김해 표충사

한편 김해시 삼방동에는 관천재라는 재령 이씨의 재실이 있다. 앞의 내용에서 기술된 것처럼 사충신 중 한 사람인 이대형이 김해성에서 사망하자 아들 이우두가 아버지의 사망 소식을 듣고 김해성에 들어갔다가 본인도 왜군에게 죽임을 당했다. 후에 이대형의 질녀 이씨 또한 왜군에게 저항하다가 못에 몸을 던져 자결했다. 재령 이씨 가문의 충신(이대형의 충정), 효자(이우두의 효행), 열녀(질녀인 이씨의 열행)가 모두 이곳 활천리(삼방동의 옛 이름)에서 나와 선조 임금이 삼강(三綱)의 꽃다운 인물이 배출되었다고 하여 삼방(三芳)리 라는 마을 이름을 하사했다고 한다. 관천은 이대형의 호(號)이다.

김해시 삼방동의 관천재

　다음 사진은 사충신 중의 한 사람인 송 빈이 순절한 장소인 송공
순절암이다. 송공순절암에는 정현석 김해부사가 기록한 송공순절암기
(宋公殉節巖記)가 새겨져 있는데 이와 관련된 내용은 정현석 부사에 대한
내용을 검토하는 부분에서 기술할 것이다.

송공순절암

우리는 흔히 임진왜란 당시 최초의 의병장은 1592년 4월 22일에 창의한 홍의장군 곽재우라고 알고 있을 것이다. 그러나 앞의 내용에서 알 수 있듯이 임진왜란 최초의 의병장은 곽재우 장군이 아니라 김해의 사충신 송 빈, 김득기, 이대형, 유 식이었다. 이들 사충신은 4월 20일 김해성이 왜군에게 함락될 때 이미 사망했다. 김해성 전투는 4월 17일에 시작되어 20일에 끝났다. 사충신은 4월 17일부터 4일간이나 김해성을 수성하다가 사망한 것이다. 김해부사 서예원은 김해성 전투가 일어나자 사충신과 함께 적극적으로 김해성 수성전에 나섰으나 김해성을 구원하러 온 초계군수 이유검이 4월 19일 성을 나가버리자[66] 이유검을 잡으러 나간다는 구실로 성을 나갔다가 자신도 돌아오지 않았다. 졸지에 김해성의 최고지휘관이 없어져 버린 것이다. 바로 그 때 백성들로부터 김해성의 수성장으로 추천받은 사람이 사충신이었다. 사충신은 각기 읍성의 4대문을 맡아 수성에 나섰으나 결국 왜군에게 함락되고 그들은 장렬히 전사하게 된다. 그리고 살아남은 백성들은 대부분 왜군의 포로가 되었을 것이다.

다음은 사충신의 한 사람인 유 식이 팠다는 우물, 즉 유공정 비(碑) 및 관련 사진이다. 그런데 유공정 문화쉼터에 복원된 유공정이 어딘지 모르게 초라해 보인다. 복원된 유공정인지 아니면 필요에 의해서 만들어진 우물인지 구분하기 힘든 것 같다.

유공정 안내문

---

66 앞서도 살펴봤듯이 김해성을 구원하러 온 지방관은 초계군수 이유검 외에도 의령현감 오응창, 합천군수 이 숙이 있었으나 그들은 전투의 대세가 기울어지자 김해성을 나가 버린 것이다.

유공정 비(碑)

유공정 비 뒷면

복원된 유공정

결빙방지 처리된 유공정

※ 금관충렬단 절목

정현석 김해부사는 고종 8년(1871년)에 사충단을 건립하고 향사를
받드는 절차를 정해 사충단의 연혁을 설명한 금관충렬단(金官忠烈壇) 절
목(節目)을 제정하였다. 다음은 한글로 번역된 금관충렬단 절목이다.

신미(辛未) 5월 일 금관충렬단 절목

우(右: 이하)의 절목으로 영원히 준행할 절목(규례)으로 삼는다.

옛날 왜적의 난리에(임진왜란) 연해의 여러 고을이 가장 많이 뱀과 독사의
침략을 받았는데 의에 분발하여 입절하여 죽은 사람이 다 조정의 민측한 예
전을 받았었다. 그리하여 부사(주관)가 군인 장교를 거느리고 그 땅에 나아가
제단을 설치하고 제사 드리기를 해마다 상례로 하여 동래의 송공단, 진양의
충렬단과 같이 했을 따름이다.

(중략)

아아, 매섭도다! 섬 오랑캐가 모두 와서 침략함이여! 적은 하늘에 닿아 바
다를 뒤덮을 형세를 가졌으니, 한 모서리 외로운 성이 나라를 지킬 탄환이
되기에 너무나 작은데, 4공(公)이 맨손으로 그들과 대항하여 오래 끌수록 형
세와 힘이 다하여 북향 통고하며 조용히 죽음의 땅에 나아갔도다!

(중략)

아아, 매섭도다! 이제 동래와 진주의 예에 의하여 분성대 남쪽에 사충단을 설치하여 경비(름)를 들여 제사를 돕고 성이 함락된 날짜 4월 20일에 그 행적에 상응하는 제향절차를 이하에(후) 열기하여 영구히 준행할 법식으로 할 것(事).

좌수 허(수결), 중곤 조(수결), 부향 유(수결)
별감 조(수결)
행수군관 박덕권, 고상우, 오 의
본청병교 김상곤
토포병교 탁용환, 호장 배찬억, 이방 배만도
호장 배찬규, 형방 김의찬, 병방 김학곤
예방 박정무, 공방 배예도, 승발 김문우

부사(府使) 압수결(押手決)

1. 제수는 본전(本錢) 200냥을 수성전(부(府)의 경비)으로부터 받아 4분(分)의 이식(利息)을 붙여 매년 4월 초 10일 즈음 거두어 들이며, 80냥을 중곤소(中軍所)로부터 받아 제물을 정밀히 갖추어 동월 20일 유시(酉時)에 행례(行禮)할 것.
1. 기일에 앞선 오일에 제관을 차출하며, 이틀 동안(2일간) 치제(齊戒)할 것. 초헌관(부사), 아헌관(좌수), 종헌관(중군), 집례

대축(大祝)

전사관(典祀官)
사준 1인, 봉작 4인
찬창 2인, 알자 1인
봉향 1인, 봉로 1인

    (만약 부사가 사고(事故)가 있으면 천총이 종헌관이 되며 좌수가 초헌, 중군이 아헌이 된다. 헌관은 군복을 입고 칼을 차며, 채찍을 잡으며, 집례 이하 천파총·수교·병교·지각관은 시임(현재의) 장관으로 차출하며, 함께 군복을 입고 칼 차고 채찍을 잡아 대열을 만들며, 초관·별총·별장은 각기 거느리는 분대(分隊)를 거느리고 차례로 늘어선다.)

1. 단상에 네 칸의 장막을 설치 관이전(관이영전(貫耳令前): 전쟁에서 군율을 범한 사형수의 두 귀에 화살을 꿰어 여럿에게 보이던 일), 인기(認旗: 주장(主將)이 호령하고 지휘하는데 쓰는 깃발), 참도(斬刀: 목 베는 칼), 순령기(巡令旗: 대장(大將)의 명령을 전달하는 깃발), 청도기(淸道旗: 행진할 때 앞에서 길을 치우는 깃발), 금고기(金鼓旗: 군중에서 취타수의 좌작진퇴(坐作進退)를 지휘하는 깃발), 취고수(吹鼓手: 북치는 군사), 세악수(細樂手: 군중에서 장구, 북피리, 저, 깡깡이로 편성한 악공군), 군뢰(사령(使令)) 등을 갖출 것.

지방식(紙榜式)

증통정대부공조참의송공신위(선우)

증통정대부공조참의유공신위

증통정대부장예원판결사이공신위

증절충장군첨지중추부사김공신위[67]

축문식(祝文式)

유세차 간지 4월 간지삭 20일 간지에 부사(府使) 모(某)는 임진년 순절하신 제공의 신위에 대하여 감히 밝게 고하나이다.

엎드려 생각건대, 지난 만력 임진년간에 섬 오랑캐가 창궐하니, 높고 높은 금관성에 누가 돼지처럼 충돌하는 왜적을 막으리오?

증공조참의 송공은 죽도까지 적병을 오살(진살)하고, 산산에서 적의 예봉을 치며, 손가락을 깨물고 혀를 잘랐으니, 충신의 아름다움이 장순 안고경에 짝합니다.

증병조참의 류공은 낙오정에서 평소에 기른 절의와 장수 가문의 빛나는 자손으로 성을 등지고 힘껏 싸워 왜적이 놀라 두려워했습니다.

증장예원판결사 이공은 아들과 이별하여 소매를 끊고 장정을 모집하여 성을 타고 피를 발라 대중과 맹서하니, 장사들이 명령에 죽었습니다.

증첨지중추부사 김공은 무관의 옷을 입고, 선비의 행실로 어버이에게 효도하고 나라에 충성하며, 도포 한 벌 머리털 한 줌으로 불산의 북에 부장하였

---

67 정현석 부사가 금관충렬단 절목을 제정한 시기는 사충단을 건립한 고종 8년(1871년) 5월이다. 사충신이 각각 이조참판과 호조참판을 추증받은 시기는 고종 12년(1875년)이기 때문에 여기에서는 선조 33년(1600년)에 추증 받았던 관직명을 지방식으로 한 것이다.

습니다.

아아, 4공의 충의는 일월을 꿰뚫고, 은총의 전례가 북궐에서 내렸으니, 하늘처럼 높은 제단이 엄숙하고 엄숙하며, 영기가 펄펄 날리며 매년 신령스러운 날짜에 공경히 제사를 드리오니 높이 드시옵소서.

제물식(祭物式)

사위(四位)를 각각 한 탁상에 설치한다.

병(떡) 사기(四器), 시저(匙箸) 사건(四件), 반(飯: 밥) 사기, 당감갱(식혜(국)) 사기, 육적(고기 적) 사기(그릇마다 80꼬지씩 모두 320꼬지), 숙육(익은 고기) 사근(四斤)(관에서 봉함), 어염(생선 절임) 사미(네 마리), 포(마른고기) 팔조(8가지를 관에서 봉함), 대구어 사미, 채(菜: 채소) 사기, 장(醬) 사기, 침채(沉菜) 4기, 청주 십이잔, 조(棗: 대추) 사승(四 되), 율(栗: 밤) 사승, 건시(곶감) 12꼬지, 나무(땔감), 숯, 향 일봉(一封),황촉 4쌍, 축문지 2장(관에서 봉함), 백지 10장, 시생(豕牲: 돼지) 4구(네 마리)

매위진설도

(중략)

1. 유시 초각에 지각관이 신위전에 들어가 꿇어앉아 군물을 아뢰며 앞에 배치하며 들어가 금고에게 아뢰면 두 번 대취타를 불고 3번 취타하며 군악연주를 그친다. 이하의 집례홀기(행사순서)에 나타난다.

집례홀기

○알자가 모든 집사자를 인솔하여 들어가서 나아가 신위에 절함 ○모두 절하며 각기 자리에 섬 ○알자가 헌관을 인솔하여 들어가 신위에 절함 ○초헌관을 이끌고 신위 앞에 나아가 제물을 점검하여 봄 ○이끌고 원위치에 돌아옴 ○헌관이 모두 재배함 ○초헌의 예를 행함 ○음악(제례악)이 일어남 ○알자가 헌관을 이끌고 세숫대야에 나아 섬 ○손을 씻고 닦음 ○신위 앞에 나아감 ○꿇어앉음 ○세 번 향을 올림 ○잔을 잡고 잔을 드림 ○엎드렸다가 일어나 자리에 조금 물러나와 꿇어앉음 ○음악이 중지함 ○축관이 축문을 읽음 ○인자가 다시 원위치로 돌아감 ○헌관이 두 번 절함 ○아헌의 예를 행함 ○음악이 일어남 ○알자가 종헌관을 이끌고 세숫대야 있는 곳으로 나아감 ○대야에 손을 씻음. ○신위 앞에 나아감 ○꿇어앉음 ○잔을 잡고 잔을 드림 ○이끌고

다시 원위치에 돌아감 ○음악이 중지함 ○헌관이 재배함 ○종헌의 예를 행함 ○음악이 일어남 ○알자가 헌관을 이끌고 세숫대야 자리에 나아가 섬 ○대야에 손을 씻음 ○신위 앞으로 나아감 ○꿇어앉음 ○잔을 잡고 잔을 드림 ○이끌고 원위치에 돌아옴 ○음악이 중지함 ○헌관이 재배함 ○축관이 제기를 걷음 ○헌관이 모두 재배함 ○알자가 헌관을 이끌고 나아가 바라보며 지방 축문을 불사름 ○'불살랐습니다.'고 말함 ○알자가 헌관의 왼쪽에 나아가 '예필'이라고 말함 ○물러나옴 ○본손이 재배함 ○모든 집사가 다 재배하고 나옴 ○지각관이 금고에게 아뢰면 두 번 대취타를 연주하고, 군물 앞에서 3번 취타하고 물러나옴.

1. 음복에 행하는 것은 헌관 이하가 각기 처소에 돌아가서 행한다.
아헌관과 삼헌관은 대축과 더불어 제물을 나누며, 나머지는 각각의 처소에 보내는데, 그 두령을 불러와 인원수를 헤아려 나누어 줄 것.
(다음은 각 부서의 인원과 음복하는 장소이다.)
사(使: 부사(府使)) 통인(通引) 20, 기생 15, 관노 20, 관비 10(이상은 함허정에서)
향소 3, 중군 1 본손(本孫) 30, 제장관 25(이상은 연자루에서)
작대리(作隊吏: 작청68의 아전) 50은(객사의 서대청에서)
별군관 51은(객사의 동대청에서)
군뢰 25, 사령 25, 육리동임 6, 세악수 6, 기수군 6, 교군 4(연자루 아래에서)
단직 1, 군기고자 1
이상의 인원에게 분배할 제물로 떡(병) 15기, 술 13동이, 육적 300꼬지를 분배하여 줌.
1. 제수전 80냥은 중군소로부터 보급을 받아 나누어 제물과 바꾸어 익힐 것.

설시제(設是齊)

떡(병): 매기(每器) 시장 되(승)로 4승, 매승에 2전씩, 15기 60승
반: 매기에 1승 5홉, 4기 6승, 합계 쌀 66승, 값으로 치면 13냥 2전
두: 10승, 값으로 2냥

---

68 작청(作廳)은 아전이 일을 보던 청사(廳舍)를 말한다.

우: 일쌍(1짝, 2마리), 값으로 20냥

감갱: 4가지, 값으로 2전

어염: 절인 생선 4마리, 값으로 8전

대구어: 4마리, 값으로 1냥 2전

채: 4기, 값으로 3전

침채: 4기, 값으로 1전

장: 4기, 값으로 1전

조(대추): 4승, 값으로 6전

율(밤): 4승, 값으로 6전

건시(곶감): 12꼬지, 값으로 1냥 2전

시생(돼지): 4마리, 값으로 8냥

청주: 12잔, 탁주: 13동이, 합계한 값으로 13냥

관상: 2냥

제관: 15명에게 매인당 5전씩 지불하여 합계 7냥 5전

중군소: 제물 익히고 진설한 값으로 4냥을 지불함.

단직: 단직이에게 매년례로 2냥식 행하.

군기고자: 매년례로 2전씩 행하.

이상 80냥으로 합계함.

제수전 각면 분급질

상동면 전 6냥 전곡(典穀) 김우탁

하동면 전 15냥 전곡 안처곤

덕도면 전 3냥 전곡 김종원

활천면 전 9냥 전곡 장명상

좌부면 전 7냥 전곡 탁용한

가락면 전 4냥 전곡 박광신

우부면 전 17냥 전곡 박기현

칠산면 전 6냥 전곡 김정곤

주촌면 전 15냥 전곡 홍길원

유등야면 전 15냥 전곡 허 춘

대야면 전 7냥 전곡 김덕현

녹산면 전 6냥 전곡 김호일

율리면 전 7냥 전곡 조인식

진례면 전 11냥 전곡 임지묵

하계면 전 8냥 전곡 이영근

대산면 전 6냥 전곡 권대종

중북면 전 13냥 전곡 김종신

하북면 전 13냥 전곡 김시하

생림면 전 13냥 전곡 김기석

명지면 전19냥 전곡 박형식

이상 합계 전 200냥임.[69]

5) 함안에서 달려온 의병장 이 령

앞에서 임진왜란 최초의 의병장인 김해의 사충신에 대하여 검토해 보았는데 추가적으로 검토할 인물이 한 사람 더 있다. 김해의 사충신들은 임진왜란이 일어나자 각기 김해성으로 장정들을 이끌고 들어왔을 것이다. 그 이후에 왜군이 들이닥쳐 전투에 임했으나 최고지휘관인 서예원 김해부사가 성을 나가버리자 김해성 수성전의 책임자가 된 것이며 4월 20일 모두 장렬히 전사했다. 이러한 김해의 사충신과 비슷한 시기에 의병을 이끌고 김해성으로 달려온 또 다른 의병장인 함안 출신의 이 령이라는 인물이 있었다. 임진왜란이 일어난 직후 부산진성과 동래성이 각각 4월 14일과 15일에 함락되었고,[70] 그 이후에 왜군들은 방향을 나누어 밀양, 울산, 김해 등으로 진출했다. 김해로 방향을 잡은 왜군 제3대는 다대포에서 배를 타고 죽도를 거쳐 낙동강을 거슬러 올라와 김해로 쳐들어왔을 것이다. 분산성 봉수대의 봉화가 이미 올랐을 것

---

69 「송담서원지」, 2018, 김해사충단표충회, pp.155-165; 「송담서원약지」, 2016, 김해사충단 표충회, pp.39-44; 「우리 고장 김해를 지킨 사충신 이야기」, 2017, 김해시, pp.166-175.
70 앞에서 살펴본 바에 의하면 4월 15일 또는 16일에 다대포진성도 함락되었다.

이고 김해성에서는 주변 지역에 구원군을 요청하였을 것이다. 왜군들이 쳐들어 왔다는 소식을 듣고 곧바로 함안에서 의병 100여 명을 이끌고 김해성으로 달려온 의병장이 바로 이 령이다.[71] 그렇다면 이 령이 창의(倡義), 즉 의병을 일으킨 시기와 의병을 이끌고 김해성으로 들어온 시기는 정확히 언제였을까? 김해의 사충신들인 송 빈과 이대형은 서예원 부사의 구원요청을 받고 각각 4월 14일 또는 15일 쯤에 김해성으로 의병들을 이끌고 들어갔다. 김득기 또한 송 빈과 이대형이 의병을 이끌고 김해성으로 들어갔다는 소식을 듣고 난 후 의병들을 이끌고 들어갔다.

이 령의 경우에는 김해성 전투 참전과 관련한 자료[72]인 '충순당(忠順堂) 안내'를 사진으로 제시하였는데 그 내용 중에 '동래성이 함락되었다는 소식을 들은 공(公)은 평민으로서 전국 최초로 100여명의 의병을 모집해 김해성으로 달려가 참전하였다'로 기록된 부분이 있다. 동래성은 4월 15일 함락되었다. 이 령이 동래성의 함락 소식을 듣고 의병을 모집하였으니 4월 15일 또는 16일에 창의했을 것이며, 함안에서 김해성까지의 거리를 고려해 보면 아무리 빨라도 4월 16일 또는 17일에 김해성에 도착했을 것이다.[73] 그러므로 창의는 김해의 사충신과 비슷한 시기가 될 수 있으며, 의병을 이끌고 김해성에 도착한 시기는 거리 문제로 인해 조금 늦게 도착한 것으로 봐야 할 것이다. 어찌 되었건 간에 4월 17일 김해성 전투가 벌어졌고 김해성을 구원하러 왔던 지방관들인 초계군수 이유검, 의령현감 오응창,[74] 합천군수 이 숙과 김해부사 서예

---

71 김강식(2019)은 '이때 함안에서 김해성전투에 함께 참여했던 '이 숙, 이만성, 박진영, 신 초, 박제인, 아들 이명화도 더불어 김해성에서 왜적을 무찔렀으나 중과부적으로 후퇴하였다'로 기록하면서 함안에서 이 령과 함께 김해성으로 달려온 인물에 대하여 소개하고 있다.

72 「김해읍지」, 「함안읍지」, 「성재선생문집」 등이 있다.

73 김강식(2019)도 이 령이 '4월 17일에 100여 명의 의병을 이끌고 김해성에 당도하였다'로 기록하고 있다.(김강식, 2019, "임진왜란기 忠順堂 李伶의 의병 활동과 기억화", 「역사와 경계」, 110, p.133–134.)

74 김강식(2019)은 '의령현감 오응창은 김해성을 구하러 병력 100여 명을 싣고 남강을 도하하다가 배가 침몰하여 병력과 함께 행방불명이 되기도 하였다'로 기록하고 있다.(김강식, 2019, "임진왜란기 忠順堂 李伶의 의병 활동과 기억화", 「역사와 경계」110, p.133.)

원이 4월 19일에 김해성을 나가버리는 사태가 벌어진다. 그래서 거의 의병들과 백성들만이 김해성의 수성전에 나서게 되었다. 결국 4월 20일에 김해성이 왜군에게 함락될 때 김해의 사충신은 물론 이 령도 장렬히 전사했다. 굳이 임진왜란 최초의 의병장을 김해의 사충신이냐 아니면 이 령이냐를 따지는 것에는 큰 의미가 없을 것으로 보인다. 또 다르게 생각해 보면 사충신과 이 령 장군 외에도 김해 인근 지역에서 충의로 의병을 이끌고 김해성으로 들어왔으나 기록에 남지 않은 의병장도 있지 않았을까? 또한, 백척간두의 짧은 시간이었지만 부산진성, 동래성에, 다대포진성에도 의병을 이끌고 와서 전투에 참전했던 의병과 의병장이 있지 않았을까 라는 생각도 해 본다. 다음은 「김해인물지」에 기록되어 있는 이 령에 관한 내용이다.

이 령(李伶): 1551~1592

자(字) 여윤(汝允) 호(號) 충순당(忠順堂)

함안군 검암리에서 태어났다. 10세 때 벽에 충순(忠順)이라고 써서 벽에 붙여 놓고 충순당을 호(號)로 삼았다. 13세 때 부가 죽자 죽만 마시고 3년을 지냈으며, 모상(母喪)에는 3년을 시묘하였다. 임진왜란이 일어나 동래가 함락되었음을 듣고 분연히 일어나 평민의 몸으로 김해진으로 바로 내려오니 부사가 크게 기뻐하고 동문을 지키도록 하였다. 적을 맞아 싸워서 많은 적을 죽이니 적이 조금 후퇴했다가 다시 크게 밀려왔다. 주장인 부사 서예원은 달아나고 부하가 그에게 달아나기를 권했으나 "나라를 위해 의를 일으켰는데 성을 버리고 살기를 바라는 것은 내 차마 하지 못한다"하고 싸울 때에 피묻은 적삼을 아들 명화(明憘)에게 주어 선영에 묻으라고 하면서 역전 끝에 순절하였다.

오랜 뒤에 그의 아내가 아들과 함께 와서 시체를 찾았으나 찾지 못했으므로 수로왕릉에 가서 빌었더니 꿈에 신인(神人)이 나타나서 "왜적이 그를 죽이고 시체를 불살랐다"고 가르쳐줌으로 집으로 돌아갔다. 뒤에 인조 18년(1640년) 통훈대부 사헌부감찰을 추증하고, 뒤에 다시 통정대부 이조참의를 가증했으며, 고종 6년(1869)년 복호의 은전이 내렸다.(읍지, 함안읍지, 성재집) 검암 천변에 표충으로 정려하고 별묘(別廟)를 성인사(成仁祠)라고 한다.

이 령도 김해의 사충신과 같이 공을 인정받아 통훈대부 사헌부감찰, 통정대부 승정원좌승지 겸 경연참찬관, 통정대부 이조참의 등의 벼슬을 추증 받았다. 다음은 이 령의 교지 및 관련 사진이다.

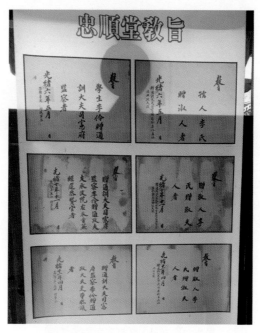

이 령의 통정대부 이조참의 등 추증 교지

위 교지는 임진왜란(1592년)이 일어났을때 평민으로서 전국 최초로 100여명의 의병을 모집하여 김해성으로 달려가 싸우시다가 전사(戰死)하신 충순당(忠順堂) 이령(李伶) 의병장의 충성(忠誠)을 높이 평가하여 고종17년(1880년)에 통훈대부사헌부감찰 고종21년(1884년)에 통정대부승정원 좌승지겸경연참찬관 고종22년(1885년)에는 통정대부이조참의 벼슬에 내려진 사령장이다.

2012년 1월

星山廣平李氏 忠順堂宗中

이 령의 교지 안내문

충순당

이 령의 임진왜란 참전 안내문(충순당 안내)

이 령을 향사하고 있는 성인사

이충순당사적비

6) 대(代)를 이은 충신과 효행

앞에서 임진왜란 최초의 의병장이라고 할 수 있는 김해의 사충신과 이 령에 대하여 알아보았다. 하지만 그들만이 아니라 그들의 형제, 자손, 친척들도 임진왜란 당시에 의병으로 참전하여 나라에 충성했거나 남겨진 부모와 가족들을 잘 봉양하여 효를 이행한 사람들도 있을 것이다. 다음은 이러한 내용과 관련하여 「김해인물지」에 기록되어 있는 내용이다.

송정백(宋廷伯): 1568~1628

송정백은 사충신의 한 사람인 송 빈의 큰아들이다. 김해 하계리에서 태어났다. 자(字)는 공보(公輔) 호(號)는 청암(晴庵)이다.

선조 25년(1592년) 곽재우(郭再祐)와 함께 창의하여 화왕산성에 들어가서 함께 싸웠다. 지행이 고결(高潔)하고 의리가 밝아 1606년 성균관 진사가 되어 선조가 전정(殿庭)에 불러들이고 대학 1부를 하사(下賜)하였다. 광해군 때 정인홍이 자주 불렀으나 나아가지 않고 율리(栗里)에 거주하면서 종신토록 나아가지 않다가 광해군 10년 61세로 사망하였다.

송정남(宋廷男): 1576~1664

송 빈의 둘째아들이다. 김해 하계리에서 태어났다. 자(字)는 명보(明輔) 호(號)는 사천(絲川)이다.

임진왜란(1592년) 때 17세였는데 부(父를) 따라 종군입성(從軍入城)하려고 했으나 부가 허락하지 않으므로 모(母)를 모시고 철원(鐵原)에 피난을 가서 채식(採食)으로 봉양하였다. 관(官)이 통정대부에 이르고 수직(壽職)으로 첨지중추부사(僉知中樞府事)를 가자(加資)하였다. 문학으로 이름이 났으며 신산서원 중건에도 참여하였다. 현종 5년 89세로 사망하였다.

송 밀(宋 密): 1546~1642

자(字)는 사성(士誠)이다.

무과에 급제하여 관(官이) 예빈사주부(禮賓寺主簿)에 이르렀다. 임진왜란 때

(1592년) 6형제가 모두 거의(擧義)하여 각지에서 싸웠다. 그는 홀로 자질(子姪)[75]을 이끌고 철원의 보백산중에 피난하였다. 평란[76]된 뒤 돌아와 살면서 어몽택과 향안(鄕案)을 정수(整修)하고 향당(鄕堂) 추중(推重)한 바되어 향록(鄕錄)의 첫머리에 실렸다. 인조 20년 97세에 사망하였다. 송씨문헌록(宋氏文獻錄)에는 송 빈의 형으로 1540년생으로 되어 있다.

이우두(李友杜): ?~1592

이대형의 큰 아들이다. 김해 활천리에서 태어났다. 자(字)는 극부(克孚)이다.
임진왜란(1592년)이 일어나자 부가 김해성에 입성해서 왜적과 싸우다 전사하자 그가 변(變)을 듣고 곧 성에 들어가서 부의 시체를 찾았으나 얻지 못하고 적을 만나 죽으니 부자를 함께 상동면 봉발산에 초혼장(招魂葬)을 하였다.

이씨(이대형의 질녀)

이대형의 질녀이다. 주익창의 처가 되었다. 임진왜란(1592년) 때 익창이 필창과 함께 지리산의 대갈동(大葛洞)에서 창의하여 적을 막아 싸웠다. 계사년(1593년) 7월 진주성이 함락되자 적이 산속으로 들어와 침노하는데 그녀의 부(夫)가 죽는 것을 보고는 하늘을 우러러 통곡하면서 "나라와 집은 비록 망했으나 인륜은 없어지지 않았다. 이 몸은 어찌 편안하겠는가?"하고 천길이나 되는 못속에 몸을 던져 자결하였다. 필창의 아내 김씨도 그와 함께 몸을 던져 죽었다. 순안사(巡按使) 정표(鄭僄)가 의령(宜寧)에 이르러 이 일을 듣고 참으로 장하다고 조정에 계달하고 그 해 가을에 정려(旌閭)의 은전(恩典)이 내려졌다. (칠원읍지)

유수홍(柳秀弘)

유 식의 아들이다. 선조 36년 계묘(1603년) 무과에 급제하였다. 유수홍의 아들 영한 영호, 영문이 모두 무과에 급제하였다.[77]

---

75 아들과 조카를 말한다.
76 난이 끝났다. 난을 바로잡다는 의미이다.
77 이병태, 2002, 「김해인물지」, 김해문화원, pp.50-56.

김 간(金 侃)

김득기의 아들이다. 자(字)는 직부(直夫)이고 호(號는) 운암(雲庵)이며 충신 김득기의 아들이고 승사랑(承仕郎)[78]이다. 임진왜란 때 아버지가 난이 있는 곳(김해성)에 가서 순절하자 성중에 잠입하여 아버지의 시체를 찾았으나 능(能)히 하지 못하였다. 어머니가 돌아가자 아버지의 유명(遺名)을 따라 부(府)의 북(北) 불산(佛山)에 아버지의 의복과 모발을 합장하였다. 계당 류주목이 삼충실기에 서문을 써서 말하기를 '참판 김공의 아들 간이 아버지를 알았으나 언덕에서 떨어짐을 면하지 못하여 기미(機微)[79]가 다르니 오히려 성중에 잠입하여 아버지 시체를 찾으려고 그치지 아니하기를 몇 번이나 했던고! 아! 사람이 누가 임금이 없겠는가! 사람이 누가 아버지가 없겠는가! 신하가 되고 자식이 되는 것이니 능히 소득(所得)으로써 부담하지 않을 수 있겠는가! 천상(天常)[80]이 있는 자가 지금(至今)에서 옛날까지 몇 사람인가!'라고 하였다. 소눌 노상직이 갈(碣)을 지었다.[81]

한편, 앞에서의 사충신 및 이 령 장군과의 관련 인물은 아니지만 임진왜란 때 안 민, 안 희 형제의 충성과 안 민의 아들 안신갑의 충성 및 효행에 관련된 내용도 있어 살펴보고자 한다.

안 민(安 愍)

자(字)는 사심(士心)이고 호(號)는 모헌(茅軒)이며 문성공 안유의 후손이다. 관직이 감찰(監察)에 이르렀으며 임진년에 순절하였다. 김해의 입석강의 가에 묘갈(墓碣)이 있고 함안 두릉사(杜陵祠)에 제향되었다.[82] 안 민은 임진왜란 직전에 지금의 김해시 상동면 감로사에서 선조인 안향의 시판(詩板)을 간행 준비하다가 난이 일어나자 승군을 이끌고 김해성으로 향하던 중 입석강(立石江, 지금의 불암동)에서 전사했다고 한다.[83]

---

78 조선시대 때 종8품의 문관 벼슬이다.
79 김새를 말한다.
80 하늘이 정한 상도(常道)로 군신, 상하, 존비(尊卑) 등의 질서를 말한다.
81 「조선환여승람(김해)」, 2005, 김해문화원 · 가야문화연구회, p.136
82 「조선환여승람(김해)」, 2005, 김해문화원 · 가야문화연구회, p.132.
83 이병태, 2002, 「김해지리지(국역판)」, 김해문화원, p.220.

한편, 「김해인물지」에서는 다음과 같이 좀 더 상세하게 안 민의 행적에 대하여 기술하고 있다.

"김해성이 함락되었음을 듣고 4월 23일 승도(승병) 백여 명을 이끌고 성 안으로 싸우러 가는 도중 길에 적이 밀려오는 것을 보고 무리들이 모두 흩어져 달아나는데 그는 왜적을 꾸짖고 의복을 단정히 하여 적의 손에 죽었다. 54세이고 아들 신갑이 적변을 듣고 절에 가서 늙은 중으로부터 부가 적에게 살해되었음을 듣고 입석강(불암동)에 이르러 길가에 판자를 발견했는데 '조선충신안민사차(朝鮮忠信安慜死此)'라고 적혔고 각패(角牌, 뿔로 된 호패)를 나무에 달아 놓았으므로 선산(先山)에 반장했는데 이는 적이 감복해서 써놓고 간 것이다. 지금에 불암동에 순절유적비가 있다(함안읍지, 성재집)."[84]로 기술하고 있다.

우리가 임진왜란 최초의 승병장으로 알고 있는 사람은 청주성 전투에서 승리한 영규대사일 것이다. 안 민은 승려는 아니었으나 앞의 내용처럼 승병을 이끌고 김해성으로 향하다가 도중에 입석강에서 전사한 것이다. 안 민을 임진왜란 때 또 다른 최초의 승병장이라고 말하기에는 너무 무리가 따를까? 그는 김해성이 함락되었음을 듣고 승도(승병) 백여 명을 이끌고 성 안으로 싸우러 가는 도중 입석강에서 적을 만나 저항하다가 적의 손에 죽었으므로 승려 출신은 아니더라도 승병장의 호칭을 붙일 수도 있을 것이다.

한편, 김해성 전투 이전의 부산진성이나 동래성 전투에서도 승려가 참전하지 않았다고는 말할 수 없을 것이다. 왜적의 침략에 도망가지 않고 결연히 맞선 일반 백성, 의병, 승병, 육군 및 수군의 관군과 장수들은 모두 위대한 우리의 조상들이다.

---

84 이병태, 「김해인물지」, 2002, 김해문화원, p.40.

안 희(安 熹): 1551~1613

자(字)는 언우(彦優), 호는 죽계(竹溪)이다. 안 희는 안 민의 동생이다. 1585
년 별시로 문과급제하였도 임진왜란이 일어나자 김해에서 의병을 일으켜 형
안 민이 김해에서 순절하고 부도 죽으니 풍기(豊基)에 들어갔다가 김해에 와
서 살게 되었다. 후에 안 희는 형조정랑, 단양군수를 거쳐 대구부사가 되어
광해군 5년 대구에서 63세로 사망하였다. (함안읍지, 성재집)[85]

안신갑(安信甲): 1544~1597

안신갑은 안 민의 아들이다. 자(字)는 의용(義勇)이고 호(號)는 두암(斗菴)이
다. 그는 아버지인 안 민이 김해 입석강에서 왜군과의 전투중 사망하자 부친
의 원수를 갚고 나라의 치욕을 설욕하고자 본인도 의병이 되어 많은 전공을
세웠다. 그 공으로 초계군수가 되기도 하였다. 1597년 정유재란이 일어나자
산청 전투에서 적과 맞서 죽기로 싸웠으나 중과부적으로 패배하자 못에 몸을
던져 순절하였다고 한다. 선조 임금이 그의 사망 소식을 듣고 그의 충성과
효도에 대한 정려를 내렸다고 한다. 어제(御題)[86]에 말하기를 '흰 칼날로 아
버지 원수를 갚았으니 뜨거운 정성(精誠)이 나라의 치욕을 씻었네.'라고 하였
다.[87] 안신갑은 후에 판결사로 추증되었고 함안 두릉사에 안 민, 안 희와 함
께 배향되었다.

---

85 이병태, 「김해인물지」, 2002, 김해문화원, p.45.
86 원래 임금이 친히 보이는 과거의 글제를 말하나 여기서는 임금의 글이라는 의미이다.
87 「조선환여승람(김해)」, 2005, 김해문화원 · 가야문화연구회, pp.135-136.

※ 분산성 봉수대에 오른 봉수(烽燧)와 타고봉의 북소리

분산성 내에는 1999년에 복원된 봉수대(烽燧臺)가 있다. 앞에서 살펴봤듯이 부산진성, 동래성, 다대포진성을 함락시킨 왜군들은 그 방향을 나누어 진격하였다. 그중에서 흑전장정(黑田長政, 구로다 나가마사)이 이끄는 왜군 제3대가 김해성으로 쳐들어 왔다. 왜군이 부산 앞바다에 나타났을 때 이미 일선 봉수대의 연기(횃불)가 올랐을 것이다. 분산성 봉수대도 신호를 받아 다음 봉수대로 신호를 보냈을 것이며 분산 타고봉(打鼓峰)에서는 큰 북을 쳐서 위태로움을 알렸을 것이다. 그런데 정상적인 봉수대라면 화두(火竇)[88]가 다섯 개 있어야 하는데 분산성 봉수대는 화두가 하나뿐이다. 수원 화성과 목멱산(남산) 봉수대의 화두가 다섯 개 다 복원되어 있는 것과 비교해 보면 분산성의 봉수대가 많이 서운해 보인다. 복원과정에서 시간이나 예산부족 등의 사유로[89] 인해 화두 1개만 복원했을 수도 있을 것이다. 전국적으로 연대(煙臺)[90]만 복원했거나 또는 연대와 화두 1개만 복원한 봉수대가 많이 있다. 김해의 분산성 봉수대, 진주의 망진산 봉수대도 연대와 화두 1개만 복원되어 있다.

한편, 고려시대의 봉수제도를 계승한 조선의 봉수제도는 세종 29년(1447년) 무렵에 시설기준이 확립되고 후에 「경국대전」 규정으로 확정되었다. 조선시대의 봉수 종류는 대개 서울 남산에 마련된 5개소의 경봉수(京烽燧)와 접경지역의 연변봉수(沿邊烽燧), 내지의 내지봉수(內地烽燧), 권설봉수(權設烽燧), 요망대(瞭望臺) 등으로 구분[91]되는데, 한때 전국 643개소의 봉수대가 운영되었다.[92][93] 다음은 봉수대의 신호체계인 거

---

88 연조(煙竈) 또는 봉돈(烽墩)이라고도 한다.

89 신경직 · 김기수, 2017, "봉수대 복원의 문제점 연구", 「대한건축학회 추계학술발표대회 논문집」 제37권 제2호(통권 제68집), p.391-392.

90 봉수를 올리기 위해 설치한 시설물이다. 분산성 봉수대도 연대 위에 화두가 있는 구조이다. 연대는 연변봉수에서 봉수를 올리기 위해 설치한 3미터 안팎의 석축 시설물이고 연조는 연대가 없는 내지봉수에서 사용하는 거화시설이다.(박영익, 2020, 「불길순례」, 행복에너지, p.44.)

91 박종익 외, 2014, 「경남의 성곽과 봉수」, 선인, p.17.

화법(擧火法)과 관련된 「세종실록」의 기사이다.

병조에서 왜적 침입에 대비하여 봉화하는 방법에 대해 아뢰다

병조에서 계하기를,

"전일 각도의 봉화(烽火)는 무사하면 1번 들게 하고, 유사(有事)하면 2번 들게 하였으나, 지금부터는 왜적이 해중에 있으면 (봉화를) 2번 들고, 근경(近境)에 오거든 3번 들 것이며, 병선이 서로 싸울 때는 4번 들고, 하륙(下陸)하게 되면 5번을 들 것입니다. 만일 육지에서 적변(賊變)이 (일어날 때) 지경 밖에 있으면 2번 들고, 지경에서 가까운 곳에 있으면 3번 들고, 지경을 범하였으면 4번 들고, 맞붙어 싸우게 되면 5번 들게 할 것이며, 낮에는 연기로 대신하되, 정신차려서 바라보고 있지 아니한 봉화간(烽火干)[94]이나 그 곳에 있던 관사(官司)는 법에 의하여 벌을 주게 하소서." 하니, 상왕이 그대로 따랐다.[95]

위와 같이 병조의 건의로 종래의 2거화법을 5거화법으로 변경했으며, 신호체계는 평상시 아무런 일이 없을 때는 1거(炬), 해상의 경우는 왜적(외적)이 바다에 나타나면 2거, 해안에 가까이 오면 3거, 우리 병선과 접전하면 4거, 육지로 침입하면 5거로 하였다. 육지의 경우는 적이 국경 밖에 나타나면 2거, 변경에 가까이 오면 3거, 국경을 침범하면 4거, 우리 군사와 접전하면 5거씩 올리도록 하고, 낮에는 연기로써, 밤에는 횃불로 올렸다. 「경국대전」에서는 바다와 육지의 구분 없이 5거(5구분법)로 확정되었다. 고려에서는 4거(4구분법)로 하였다.[96]

한 가지 재미있는 사실은 현재의 김해시 삼방동에서 분산성에 오르고자 하면 큰 도로에서 가야테마파크, 김해천문대, 분산성으로 진입

---

92 손영식, 2011, 「한국의 성곽」, 주류성, p.693-695.
93 조병로 등(2003)은 '봉수대 수는 「세종실록지리지」에 601개소, 「동국여지승람」에 738개소, 「증보문헌비고」(제주도 제외)와 「여지도서」 518개소, 「만기요람」에 643개소(제주도 제외), 「대동지지」에 510개소였다.'로 기록하고 있다.(조병로·김주홍·최진연, 2003, 「한국의 봉수」, 눈빛, pp.61-62.)
94 봉화를 드는 자를 말한다.
95 「세종실록」, 세종 1년(1419년) 5월 26일, 국사편찬위원회.
96 박영익, 2020, 「불길 순례」, 행복에너지, p.39-40.

●분산성 내의 봉수대

하는 도로로 방향을 바꾸어야 한다. 그 진입로 초입에 화두 다섯 개가
있는 봉수대 조형물이 있다. 이 조형물이 분산성 봉수대의 원형을 그대
로 복원한 것이라면 분산성에는 원래 화두 다섯 개가 갖추어진 봉수대
가 있었다는 의미일 것이다.

분산성 진입도로의 봉수대 조형물

7) 부사가 없는 김해성의 수성장 권 탁

사충신과 백성들의 피비린내 진동하는 수성에도 불구하고 김해성
은 왜군에게 함락되고 말았다. 그런데 임진왜란이 일어났다는 소식을
듣고 어떤 이유에서 인지 권 탁이라는 인물이 김해성으로 오게 된다.
그가 도착했을 때 이미 김해성은 함락되고 난 이후였다. 다음은 「김해
인물지」에 기록되어 있는 권 탁 관련 내용이다.

권 탁(權倬): 1544~1593

자(字)는 사원(思遠)이다. 선산부 월동리에서 태어났다. 모습이 수미(秀美)하고 장신으로서 힘이 남보다 뛰어났다. 임진왜란 때 포의(布衣)의 몸으로 홀로 도보로 김해성에 내려오니 성은 이미 함락된 뒤였다. 이웃 고을의 수령이 김해를 겸임하고 산졸(散卒)을 수습해서 동래에 있는 적을 막을 방책을 의논하고 있었다. 그가 스스로 수성장이 되기를 자청하니 겸임수령이 크게 기뻐하였다. 그는 갑옷을 입고 성위에 올라가서 사졸을 격려하고 빠져나간 돌을 다시 실어 날라 밤낮으로 쉬지 않으니 적이 감히 접근하지 못하도록 하였다. 선조 26년(1593년) 9월에 선조대왕의 국문교서를 받들어 왜 땅으로 납치되기 직전에 있는 동포를 호구(虎口)로 들어가 백여 명이나 구출해 나왔다. 그때 입은 전상(戰傷)으로 말미암아 조정에서 포상이 내려오기 전에 11월 21일 김해성 내에서 졸하니 나이 50세였다. 부성의 서쪽 유민산 아래에 (홍동) 장사지냈다.

그 뒤 130년 만에 증손(曾孫) 재도(載道)가 경종 2년(1722년) 정월에 왕의 거둥길에서 상소(上疏)하여 통정대부 장례원판결사(掌隸院判決事)를 추증 받았다. 철종 6년(1855년) 향인들이 유민산(임호산) 아래에 현충사를 지어 향사하고 곁에 어서각을 세워 국문교서를 봉안하더니 고종 7년(1870년) 재건하였다. 어서각은 1975년 지방문화재로 지정되었다가 1988년[97] 보물 제951호로 지정되었다.[98]

한편, 임진왜란 초기에 조선의 육군이 연전연패를 당했으나 이순신 장군을 비롯한 수군이 해전에서 연전연승을 거두게 된다. 또한 명나라도 참전하게 되는 상황에서 선조 임금은 임진왜란의 승리를 위해 왜군이 점령하고 있는 지역 백성들의 협조를 이끌어 내고 또한 그들을 구하기 위해서 유서를 내리게 된다. 이 유서는 모든 백성들이 읽을 수 있도록 한글로 된 것이었다. 선조국문유서의 주요내용은 부득이 왜인에게 잡혀간 백성들의 죄는 묻지 않음은 물론, 왜군을 잡아오는 자, 왜군의 동태를 자세히 파악해오는 자, 포로된 조선 백성들을 많이 데리고

---

97 1988년 6월 16일 보물 제951호로 지정되었다.
98 이병태 「김해인물지」, 2002, 김해문화원, pp.43-44.

나온 자는 양천(良賤)을 구별하지 않고 벼슬을 내려주겠다는 내용이다. 또한 아군과 명군이 합세하여 부산과 동래 등지의 왜군을 소탕하고 그 여세를 몰아 왜국에 들어가 분탕하려는 계획도 알려주면서 그 전에 서로 알려 빨리 적진에서 나오라고 당부하는 것이다. 이러한 선조국문유서는 어서각에 보관되어 오다가 1975년 7월 도난당하기도 했다. 다행히 다시 찾아 복사본을 어서각에 보관하고 원본은 부산시립박물관에 보관 중이다.

다음은 선조국문유서, 선조어서각, 김해 현충사 관련 사진이다.

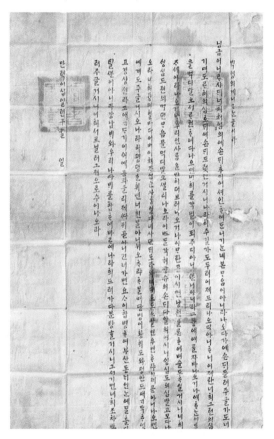

선조국문유서 ⓒ 부산시립박물관

선조어서각

김해 현충사 전경

김해 현충사

8) 김해성에 부임하지 못한 김해부사

권 탁의 숭고한 희생이 있고 난 후에도 김해성에는 부사가 부임하지 못하였다. 임진왜란 초기 김해성이 함락된 이후부터 왜군이 점령하고 있었기 때문이다. 선조 31년(1598년) 11월 19일, 즉 노량해전을 마지막으로 임진왜란이 종료된 시점에야 비로소 김해성에는 부사가 부임하게 된다. 김해부사 정기남(재임기간: 1598년 9월 15일~1599년 4월)이 그 인물이다. 정기남 부사도 김해성에 바로 부임하지 못하고 성주의 병사진에 도임99하였다가 임진왜란이 종료된 시점에 김해성에 부임하였다. 정기남 부사가 부임하기 전에도 조정에서는 김경로, 김준민, 이종인, 백사림, 이여념 등의 김해부사를 임명하였다. 그들은 왜군의 김해성 점령으로 인해 김해성에 부임하지 못하고 진주성에서의 김준민 부사 및 이종인 부사, 황석산성에서의 백사림 부사처럼 다른 지역의 전투에 참

---

99 정기남 김해부사는 경상우병사의 진(陣)에 도임하였다. 당시의 경상우병영은 성주에 있었다. 경상우병영은 태종 15년(1415년) 창원 합포(마산)에 설치되었으며, 임진왜란 이후에는 선조 36년(1603년) 진주성에 설치되었다.

여하는 경우가 많았다.

(1) 김경로 부사

재임기간: 1592년 6월

남원 출신이다. 어려서 학문에 뜻을 두었으나 도중에 포기하고 무예를 닦아 무과에 급제하였다. 1587년(선조 20년) 경성판관이 되어 두만강 변 여진족을 소탕하는 데 전공을 세웠다. 1592년 임진왜란이 일어나자 김해부사로 경상감사 김수 막하에서 군사의 규합, 군량조달 등에 노력하였다.

(2) 김준민 부사

재임기간: 1592년 6월[100]

김준민 부사는 거제현령을 겸임하였다. 그는 선조26년(1593년) 6월(음력) 제2차 진주성 전투 때 진주성에서 순절하였다. 다음은 「선조수정실록」에 기록되어 있는 김준민 부사(거제현령)의 졸기이다.

거제 현령 김준민의 졸기

김준민(金俊民)은 용력(勇力)으로 이름이 났다. 이종인과 함께 북변을 수비하면서 힘껏 싸워 이름이 드러났으나 문벌이 낮은 관계로 일찍 현달하지 못하였다. 영남의 전공으로는 김준민이 가장 으뜸이었다. 형조판서로 추증되었다.[101]

「선조실록」 8월 7일 기사에는 순절한 거제현령 김준민에게 형조판서 겸 지의금부사(知義禁府事)를 추증하였다로 기록되어 있다.

---

100 김준민 김해부사는 1592년 6월 김해부사로 임명되어 거제현령도 겸임하였다. 이종인 김해부사가 임명된 1593년 4월부터는 거제현령으로 재임한 것으로 보인다.
101 「선조수정실록」 선조 26년(1593년) 6월 1일, 국사편찬위원회.

(3) 이종인 부사

재임기간: 1593년 4월~1593년 6월

자는 인언(仁彦), 호는 운호제(雲湖齋)이다. 김해부사가 되기 전 이종인은 1583년(선조 16년) 북도병마사 휘하의 군관이 되어 여진족을 정벌하였다. 1593년 4월 경상우병사 김성일의 아장(牙將)이 되어 선봉에서 적장을 사살하고 적을 퇴각시켰다. 그 공으로 김해부사가 되었는데, 그해 6월(음력) 왜군이 다시 진주성으로 몰려오자 병력을 거느리고 진주성에 들어가 성을 사수하고자 하였다. 서예원 목사가 진주성에서 도망하려 하자 단호히 그 불가함을 주장하고 창의사 김천일, 최경회, 황진 등과 함께 진주성 수성에 임하다가 장렬히 전사하였다. 다음은 「선조수정실록」에 기록되어 있는 이종인 부사의 졸기이다.

김해부사 이종인의 졸기

이종인(李宗仁)은 날래고 용맹스럽기가 월등하였으므로 비장(飛將)이란 칭호가 있었다. 젊을 때부터 의협심이 강하고 얽매이는 성품이 아니었다. 황진과 우의가 깊어 의열(義烈)로써 서로 허락하고 생사를 함께 할 것을 약속하였는데, 끝내는 그 뜻과 같이 되었다. 병조판서에 추증되었다.[102]

「선조실록」 8월 7일 기사에는 순절한 김해부사 이종인에게 호조판서 겸 지의금부사(知義禁府事)를 추증하였다로 기록되어 있다.

(4) 백사림 부사

재임기간: 1593년 7월~1597년

백사림 부사는 1592년(선조 25년) 임진왜란이 일어난 후 1593년 7월 김해부사에 임명되어, 1594년에는 수륙의 여러 장수들이 거제도의

---

102 「선조수정실록」선조 26년(1593년) 6월 1일. 국사편찬위원회.

일본군을 협공하는 데 참여하여 조방장(助防將) 곽재우(郭再祐), 도원수 권율(權慄), 통제사 이순신(李舜臣) 등과 함께 싸웠다. 그 뒤로도 웅천(熊川)·가덕(加德)을 수비하는 데 큰 공을 세웠으며, 전란중의 대일본교섭을 수행하기도 하였다. 항상 병법을 연구하고 김해의 백성들을 잘 보살펴 민심을 얻었다. 김해부사 백사림은 1597년 함양의 황석산성(黃石山城) 전투에 참여하게 된다. 황석산성 전투란 정유재란 초기단계인 1597년 8월 중순, 거창에서 전주로 통하는 교통의 요지인 해발 1, 190m의 황석산 산성에서 조선의 함양·안음·거창의 지역 군민과, 일본 右軍의 가토 기요마사(加藤淸正) 등 6만 여명의 군대가 벌인 전투를 말한다. 당시 황석산성은 안음현감 곽준을 수성장으로, 別將으로 김해부사 백사림, 그리고 前 함양군수 조종도가 지키고 있었다. 8월 16일 전투가 개시되어 중과부적인 조선군은 18일에는 완전 궤멸되었으나 김해부사 백사림은 미리 도주하였다.[103] 이후 선조 임금의 사면령으로 풀려났다고 한다.

복원된 황석산성 성벽

103 민덕기, 2017. "정유재란기 황석산성 전투와 김해부사 백사림", 「한일관계사연구」 통권57호, p.3.

※ 자명죽(自鳴竹)을 얻어 무과에 급제했던 홍 견 김해부사

강원도 삼척시 근덕면 덕산리에서 전해져 내려오는 자명죽과 삼락정에 관한 이야기

〈요약〉

홍 견이 자명죽을 얻어 화살을 만들어 무과에 급제한 후 여러 관직을 두루 거친 후 노구의 몸으로 고향인 맹방으로 돌아와 동생 홍 확·홍 광과 더불어 삼락정을 만들어 우애를 다진 이야기이다.

강원도 삼척시 근덕면 덕산리의 덕산해변에는 덕봉산(德峯山)이 섬처럼 솟아 있다.

조선 선조(宣祖) 때의 일이다. 이 덕봉산에는 대나무가 자라고 있었는데, 그 중에 밤마다 스스로 소리내며 우는 대가 있다는 소문이 퍼졌다. 이웃 맹방리(孟芳里)에 사는 홍 견(洪 堅)이란 사람은 자명죽을 얻기 위하여 덕봉산 신령에게 제사를 올렸다. 제를 올리고 기원을 한 지 7일째가 되는 날 밤 산신령이 나타나 자명죽(自鳴竹)이 있는 곳을 알려주었다. 그가 자명죽을 찾아 살펴보니 대 한 포기에 줄기 5개가 자라나 있었으며, 마디마디가 총총하고 고르게 자라 있었다. 홍 견은 이것을 끊어서 화살을 만들었다.

홍 견은 어릴 때부터 말을 잘 타고 활을 잘 쏘며 담력 있는 사람이었다. 그리하여 선조 5년(1572년)에 별시(別試)가 있었는데, 이 화살을 사용해 무과(武科)에 급제하고 이 화살을 가보(家寶)로 간직하였다. 그 후 선조 21년(1588년)에는 그의 동생인 홍 확(洪 確) 역시 이 화살을 사용하여 알성무과(謁聖武科)에 급제하였다. 홍씨 가문은 이 자명죽의 혜택을 톡톡히 보았다. 또 세상 사람들은 홍 견이 급제한 후 9년마다 그의 아들·동생이 무과에 급제되었다 하여 홍씨는 구구(九九)의 수로 번성한다고 하였다. 이렇게 자명죽을 얻어 무과에 급제한 홍 견은 여러 관직을 거치는 동안 임진왜란을 겪으며 이순신을 도와 많은 전공(戰功)을 세웠다.[104] 이후 김해부사(金海府使)[105]를

---

104 홍 견은 임치(현재의 무안군 해제면 임수리, 성하마을에 임치진성이 있다)첨사로 재임하면서 삼도수군통제사 이순신 장군의 지휘를 받았다. 이순신 장군이 통제사에서 파직(1596년 2월 26일)된 이후에도 「선조실록」 선조 30년(1597년) 3월 24일 기사를 검토해 보면 임치첨사로 재임 중 거제도 기문포(器問浦)에서 흥덕현감 이용제와 함께 왜선을 불태우는 전공을 올리기도 하였다. 「호산만사록」 237page에는 정유재란 때 왜군의 포로가 되어 왜 땅으로 끌려갔던 정경득 형제가 임진왜란이 끝난 후 풀려나 전라도 함평 고향으로 돌아가던 중 1599년 7월 6일에 홍 견 김해부사를 만났다는 기

마지막으로 벼슬을 그만두고 노구의 몸으로 삼척 고향 맹방리로 돌아왔다. 또 그의 둘째 동생 홍 확도 무과에 급제한 후 울진현령 및 울진포 만호의 벼슬을 지내다 노구의 몸으로 고향으로 돌아왔다. 그런데 셋째 동생인 홍 광 (洪 圓)은 원래 성품이 온화하고 산수를 좋아했다. 그는 벼슬에는 나가지 않고 전토(田土)를 지키고 있었다.

이제 이들 형제들은 관직을 버리고 백발이 성성한 몸으로 맹방구은(孟芳舊 隱)에 돌아와 서로 만나게 되었다. 젊었을 때 청운의 꿈을 안고 공명 사업을 펴 보겠다는 그러한 기백을 다시 생각하며, 서로 손등을 두드리며 형제애를 나눴다. 임진왜란이라는 대 국란을 겪던 격량기에 객지에서 향수를 느끼며 고향에 돌아온 3형제의 우애는 더욱 돈독했다. 그러나 이 상봉의 기쁨도 그리 오래가지 못하였다. 서로 간에 생활의 터전을 찾아 3형제는 남북 40리를 사이에 두고 생활 근거지로 헤어지게 되었다. 홍 견은 맹방리 고향집에 그대로 있고, 동생 홍 확과 홍 광은 북평으로 분가하여 살게 되었다. 모처럼의 상봉에서 다시 이별한 형제들은 남북 40리 중간 지점인 삼척 남양리(南陽里) 속칭 사대에 정자(亭子)를 지었다. 그리하여 매월 보름이면 서로 술과 안주를 마련하여 이 정자에 모여 그들의 뇌수 속에 아로새긴 지나온 인생 행로를 더듬으면서 형제의 우애를 해가 저물도록 나누게 되었다.

이러한 모임은 1년 열두 달 보름마다 하루도 빠짐없이 이행되었다. 그러던 어느 날 홍수로 오십천 강물이 넘쳐흘렀다. 이들 형제는 술과 안주를 마련하여 이 정자에 모이려고 하였으나 물이 불어 강을 건널 수 없었다. 할 수 없이 형은 남쪽강 언덕에, 동생들은 북쪽강 언덕에 서로 바라보며 자리를 잡았다. 술잔을 들어 강 건너 형에게 술을 권하면 형은 잔을 직접 받을 수가 없어 스스로 술잔에 술을 부어 동생들이 권한 술로 생각하며 마셨다. 형도 동생들에게 잔을 권하면 동생들도 형과 같이 자작으로 술을 마셨다. 이들 형제는 온종일 잔을 같이 들어 권하고 마시면서 강물이 사이에 있는 것도 잊어버리고 형제 간의 화락(和樂)을 즐겼다고 한다.

세상 사람들은 이들 형제의 우애를 부러워할 뿐만 아니라 이 정자를 삼형제가 화락한 곳이라 하여 삼락정(三樂亭)이라고 불렀다. 이 삼락정은 삼척시 남양동 사대에 있었다고 하였으나 언제 어떻게 없어졌는지 오늘날에는 그 흔적조차 찾을 길이 없다.(후략)[106]

록이 있다. 여기에서는 홍 견 김해부사가 정경득 형제에게 쌀·보리쌀·된장 등 갖가지 물건을 주었다는 내용이 기록되어 있다.
105 홍 견은 1599년 윤(閏) 4월부터 1599년 9월 29일까지 김해부사로 재임했다.

9) 육지의 이순신에서 바다의 이순신이 된 정기룡(鄭起龍) 김해부사

재임기간: 1602년 3월~1604년 1월

정기룡은 자(字) 경운(景雲), 호(號) 매헌(梅軒)이며 경남 하동 출신이다. 정기룡의 초명은 무수(茂壽)였는데 기룡으로 이름이 바뀐 재미있는 이야기가 전해진다. 정기룡으로 이름이 바뀐 이유는 선조 임금의 꿈과 관련이 있다고 한다. 정기룡이 무과 시험을 보러 한양에 왔던 시기에 선조 임금이 꿈을 꾸었는데 그 꿈에 종각에서 용이 자고 있었고, 꿈을 깬 후 종각에 있었던 사람을 데려오라 했더니 정무수였다고 하며, 정무수가 무과 시험에서 무용이 출중하여 선조 임금이 기룡(起龍)이라는 이름을 내렸다는 것이다.

정기룡은 임진왜란 때 조선 육군 중에 가장 무공이 뛰어난 맹장 중한 사람이었고 전공도 무수히 많았다. 그래서 사람들은 정기룡을 육지(뭍)의 이순신이라고 하였다. 또한 금산[107]전투에서 포로가 된 상관 경상우도방어사 조 경을 필마단기로 구출해 내어 임진왜란의 조운(조자룡)이라고도 하였다.[108] 임진왜란이 끝난 뒤 1601년(선조 34년)에 경상도방어사로 나가 다시 침입해 올지 모르는 왜군에 대처했고, 다음 해인 1602년(선조 35년) 김해부사 · 밀양부사 · 중도방어사(中道防禦使)를 역임하였다.

---

106 한국향토문화대전(디지털삼척문화대전), 한국학중앙연구원.

107 현재의 김천지역을 말한다. 경상우도방어사 조 경과 돌격장(선봉장) 정기룡 등의 조선 관군은 이 금산전투에서 추풍령을 사수하고자 하였으나 끝내 패배하였다. 추풍령에서 조선 관군에 승리한 왜군은 바로 김해성을 함락시켰던, 즉 흑전장정이 이끄는 왜군 제3대였다. 이 전투에는 후(1614년)에 「지봉유설」을 저술하게 되는 종사관(참모장) 이수광(李睟光), 김해부사를 역임(재임기간: 1588년~1589년)했던 조방장 양사준(梁思俊)도 참전하였다.

108 정만진(2017)은 이와 같은 정기룡의 조 경 구출 장면을 다음과 같이 묘사하고 있다. "정기룡은 곧장 말을 휘몰아 적진 속으로 뛰어들었다. 벽력같이 내달리면서 칼을 휘두르는 정기룡의 기세에 적들은 감히 대적할 엄두를 내지 못하고 갈라졌다. 적진 가운데로 난 길을 따라 치달은 정기룡은 막 조 경을 포박하려던 적병들을 모조리 죽인 다음 대장을 자신의 말 위로 끌어올려 옆구리에 끼었다. 그리고는 다른 한 손으로 칼을 맹렬히 휘두르며 갔던 길을 되돌아 본진으로 돌아왔다."(정만진, 2017, 「경북 서부북부 임진왜란 유적」, 국토, p.55.) 이 내용을 읽어 가면 「삼국지」 장판교 전투에서 단기필마로 유 선(아두)을 구하던 조 운(조자룡)의 전투장면이 자연스럽게 떠오른다.

정기룡은 임진왜란 때의 무수히 많은 전공 외에도 김해부사 재임시절에는 청백리로도 이름을 떨쳐 김해읍성 구남문(旧南門)에 청덕비(선정비)가 있었다고 한다. 정기룡 부사의 김해부사 재임 시절 관련 내용으로는 「김해인물지」역대지방관록에 '방어사 겸임, 향교 대성전과 아사(동헌)지음[109], 밀양부사로 나감, 구남문에 선정비가 있다'로 기록되어 있다.

정기룡 부사는 이후에 용양위부호군 겸 오위도총부총관 경상좌도병마절도사 겸 울산부사를 역임했다. 1610년(광해군 2년) 상호군에 승진하기도 하였다.

한편, 정기룡의 마지막 관직은 삼도수군통제사 겸 경상우도수군절도사(경상우수사)였다. 그는 1622년(광해군 14년) 통제영 진중에서 사망했다고 한다. 그 때의 통제영은 이순신 장군이 건설했던 한산도의 통제영이 아니라 통영(두룡포)의 통제영이었을 것이다. 하지만 이순신 장군이 그토록 지키고자 했던 조선 바다를 육지의 이순신이었던 정기룡이 바다의 이순신, 즉 통제가 되어 지키다가 진중에서 사망한 것이다. 정기룡은 상주 충렬사(忠烈祠)에 배향되었고, 시호는 충의(忠毅)이다.

10) 할아버지에 이어 삼도수군통제사가 된 이봉상 김해부사

재임기간: 1708년 3월~1709년 2월

이봉상 부사는 이순신 장군의 5대손이며 자(字)는 의숙(儀淑)이다. 숙종 2년(1676년)에 출생하였으며 숙종 28년(1702년) 27세 때 무과에 급제하였다. 그는 숙종 33년(1707년)에 송 빈 공(公)의 사당을 지어 봉향할 것을 조정에 상소하였으며, 숙종 34년(1708년)에는 김해부사 재임 중에 송 빈 공(公)의 공덕을 기리기 위한 사당을 세우자는 발의를 하였다. 그의 상소와 발의 덕분으로 이후에 유림의 협력을 얻어 숙종 42년(1716년) 주촌면 양동리 가곡에 송빈 공(公)을 향사하는 표충사(表忠祠)가

---

109 선조 35년(1602년)에 정기룡 부사가 김해부(府) 동헌을 재건했다.

세워지게 된 것이다.

이봉상 부사는 김해부사 재임 중 전라좌수사로 승진하여 나가기도 했다. 그 이후에 포도대장, 훈련원도정 등 여러 관직을 거치다가 경종 1년(1721년) 삼도수군통제사(三道水軍統制使) 겸 경상우수사가 되었다. 5대조 할아버지인 이순신 장군에 이어 그도 삼도수군통제사가 된 것이다. 이봉상 부사는 그 이후에 충청병사로 재임하던 중 영조 4년(1728년) 이인좌의 난 때 청주에서 반란군에게 살해되는 비극이 있었다. 좌찬성에 추증 되었으며, 시호는 충민(忠愍)이다. 현충사에 배향되었다.

11) 남명 조 식 선생을 기렸던 김해부사

남명 조 식 선생은 조선시대 유학계의 거유(巨儒)였다. 낙동강을 기준으로 하여 퇴계 이황으로 대표되는 좌 퇴계, 남명 조식으로 대표되는 우 남명으로 대변될 정도의 인물이다. 선생은 김해에서도 오랜 기간 동안 머물면서 후학을 양성하였다.

중종 25년(1530년) 남명 조 식 선생이 처가인 김해 탄동(炭洞, 현재의 김해시 대동면 주동리 원동)에 산해정을 세우고 30년 이상을 강학했다고 한다. 그는 김해에 머문 지 18년 후인 명종 3년(1548년)에 태어난 합천 삼가로 돌아갔고, 1561년에 산청 덕산에 산천재를 세우고 그곳에서 강학했으나 1568년 김해에 살고 있던 부인이 사망하기까지는 수시로 산해정으로 왕래하면서 강학했다고 한다.

깊고 깊은 거유의 학문사상을 필자가 서술하기는 어렵겠으나 남명 조식 선생의 학문사상은 학문을 익히는 것 못지않게 실천을 중요시하는 경의(敬義)[110]에 근본을 두고 있다고 한다. 그 대표적인 사례가 임진왜란 때 선생의 제자였던 곽재우, 정인홍, 김 면 등 영남 우도에서 배출된

---

110 "內明者敬(내명자경) 外斷者義(외단자의)", 즉 '안으로 마음을 밝히는 것이 경(敬)이요, 밖으로 행동을 결단하는 것을 의(義)라 한다.'(송춘복, 2020, "남명사상과 김해사족의 영향", 「제2회 김해남명문화제학술대회발표논문집」, 김해남명정신문화연구원, p.49.)

수많은 의병장들이다. 그들은 선생의 가르침대로 국난이 일어나자 도망 가거나 숨지 않고 결연히 창의한 것이다. 선생이 머물면서 강학했던 김 해에서도 그의 학문 사상에 영향을 받은 인물들이 있었다. 바로 김해의 사충신이 그들이다. 이와 관련하여 송춘복(2020)은 "이들의 무장된 정 신은 하루아침에 발현되지 않는다. 아무리 호랑이 새끼라도 고양이처럼 키웠다면 용맹한 발톱의 호랑이가 될 수 없는 것과 같다. 그러나 어떤 확고한 철학적가치가 그들의 정신에 깊이 무장된 상태라면 적시에 절로 발현되는 것이다. 그 가치의 인계철선(引繼鐵線)이 바로 남명정신이 다."[111]로 언급하고 있다.

다음에서는 남명 조 식 선생이 김해에 머물면서 강학했던 산해정 및 그가 사망한 이후에 건립된 신산서원과 관련 있는 김해부사에 대하 여 검토해 보고자 한다.

(1) 양사준 부사

재임기간: 1588년~1589년

선조 21년(1588년) 김해시 대동면 주동리 산해정 동쪽 산기슭에 양 사준(梁思俊) 부사와 안 희(安喜) 및 향인이 신산서원을 건립하였다.[112]

(2) 김진선 부사

재임기간: 1608년 7월~1610년 12월

선조 25년(1592년) 임진왜란 때 신산서원과 산해정이 왜군에 의해 소실되었다. 광해군 즉위년(1608년) 안 희(安 喜) · 황세열(黃世烈) · 허경윤

---

111 송춘복, 2020. "남명사상과 김해사족의 영향". 「제2회 김해남명문화제학술대회발표논 문집」, 김해남명정신문화연구원, p.49.

112 신산서원 건립에 대한 다른 설(說)로 김해부사 양사준과 안 희 및 향 인이 신산서원 건립에 착공했으나, 1592년 임진왜란 때문에 중지되었다는 내용도 있다. 신산서원 입 구의 산해정 안내문에도 이와 같이 기록되어 있다.

(許景胤)·송정남(宋廷男)[113] 등이 주도하여 신산서원을 산해정의 옛 터에 중창하였다. 광해군 1년(1609년)에는 신산(新山)서원으로 사액(賜額)을 받았다. 「국역 김해읍지」에는 김진선 김해부사가 신산서원을 창건했다고 기록되어 있고, 「김해인물지」에도 김해부사 김진선(金振先)이 신산서원을 창건했다고 기록되어 있으므로 김진선 부사가 서원 중창에 직접적으로 관여한 것으로 보인다.

(3) 이석하 부사

재임기간: 1818년 전후

순조 18년(1818년) 이석하(李錫夏) 부사의 주창으로 산해정을 신산서원 옆에 복원하였다.

1871년(고종 8년) 신산서원과 산해정이 대원군의 서원훼철령으로 훼철되었다.

(4) 이장희 군수

재임기간: 1921년 12월~1923년 12월

이장희(李章喜) 김해군수가 주관하여 산해정을 중수하였다.

---

113 송정남(1576~1664)은 김해의 사충신 중 한 사람인 송 빈의 둘째 아들이다.

신산서원 ⓒ 문화재청 – 1999년에 복원되었으며, 서원 내에는 산해정(山海亭) 편액이 걸려 있다.

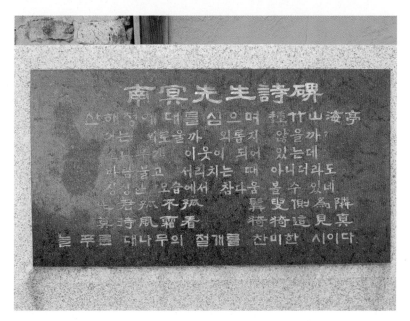

신산서원의 남명선생 시비

●신산서원

숭도사(崇道祠)

숭도사 내부 – 조 식 선생과 신계성 선생의 위패가 모셔져 있고, 조 식
선생의 성성자(惺惺子) 및 경의검(敬義劍) 모형(模型)이 전시되어 있다.

※ 조차산의 유래

김해시 대동면 주동리에는 조차산(돛대산 또는 돛대산)이 있다. 이 조차산의 지명 유래는 다음과 같다.

"안골의 북쪽에 있으며 지금은 돛대산이라고 한다. 조식이 처음 이곳에 와서 남평조씨 문중에 장가들고 산해정을 짓고 강도하였다. 그의 아들 차산은 조씨가 낳았다는데, 남명선생의 가행록(家行錄)에는 무유부부지체(無有夫婦之體)이나 은의(恩義)는 종신부절(終身不絶)이라고 하여 아들 차산을 이 산에 묻어버렸다고 전한다. 또 일설에는 차산이 신출귀몰한 도술을 가졌으므로, 남명은 차산이 도술을 남용하여 행패할 것을 염려하여 뒷산에 굴을 파고 감금했다. 차산은 그 뒤 탈출의 기회를 노려 힘을 썼기 때문에 이 산이 부풀게 되었다고 한다. 그 뒤로 차산의 이름을 따라 차산등이라 했다고 한다. 조차산 밑의 오미등에는 남명선생의 처인 증정경부인(贈貞敬夫人) 남평조씨의 묘가 있다."[114] 지금의 돛대산(조차산)은 2002년 중국 민항기가 추락한 바로 그 돛대산이다.

12) 박동상 부사

재임기간: 1722년 4월~1724년 3월

(전략)방어사 희 민(希 閔)의 손자로 깊은 학문과 덕망이 높아 士林들이 추종을 받았고 맑고 굳세며 청렴한 기백이 동료들의 두려움에 대상이 되자 조선 초기에는 조정에서는 서로 반목(反目)함이 심하여 공(公)이 조정에 중신(重臣)으로 근무할 때 집권층의 미움과 두려움의 대상이 되자 공모하여 김해부사로 좌천되게 하였다.

종질인 통훈대부(通訓大夫) 창진(昌震)공과 동행 김해 신 부임지에 오게 되었는데 때는 경종(景宗) 2년(1722년) 이듬해 계묘년(鷄卯) 흉년이 심하게 들어 부민(府民)들은 기아에 목숨을 잃게 되자 공은 생각건대 나는 고을 목민관으로 죽어가는 부민들을 그냥 보고 있을 수 없다고 생

---

114 이병태, 2002, 「김해지리지(국역판)」, 김해문화원, pp.240-241.

각하고 임금의 승인 없이 관곡을 임의 방출하여 기민들에게 배급하여 목숨을 소생케 하고 그 뒤 상소를 올려 벌주기를 청했는데 임금께서는 문책하지 않고 죽어가는 백성의 구휼(救恤)한 공을 인정하고 승진시켜 전라우도수군절도사로 발령하니 신 부임지로 떠나는 길을 막고 부민들은 부복하여 생명을 구해주신 부사님이지만 임금님의 영을 받아 영전해 가는 길을 막을 수 없으나 종질 통훈대부 창진공께서라도 김해에 머물게 해달라고 눈물로 애원하니 종질 창진공을 김해에 머물며 살게 하였다.

그 후 박부사의 은의(恩誼)에 감동하여 부민들은 집집마다 놋숟가락 1개씩을 모아 녹여서 서기 1724년 3월에 김해부사 박동상 청덕선정동(銅)비를 진영읍 신용리 대로변에 세우고 면(面)마다 석비를 세워 7자나 세웠다는 기록을 볼 수 있으나 현재 3자만 보존되고 있는데 동비(銅碑)는 1991년 6월에 도난과 영구 보존을 위하여 당시 김해군수와 김해향교 신헌도 등 본손들이 재정을 협찬하여 군청 내 이전개수 하였으나 그 후 김해시 군이 합병되고 군청이 세무서가 되자 2008년 11월에 김해문화원에 이건 보존되고 있으며 이 동비는 공무원에 귀감이 되고 시민들에게는 보은이 깊은 정을 느낄 수 있는 유서 깊은 碑다.[115]

부사통정대부박동상청덕선정비
철(鐵)비이며 김해문화원 바로 옆 나비공원
비림에 있다.

부사통정대부박동상청덕선정비 안내문

「김해지리지(국역판)」에서는 부사통정대부박동상청덕선정비에 대하여 "박동상 부사는 경종 때 재임(1722년~1724년)하면서 흉년에 기민(飢民)을 구제하기 위해 설창의 양곡을 풀어 먼저 구휼하니 부민이 매호(每戶)에 놋숟가락 하나씩 거두어 이 비를 만들었다는 동비(銅碑)이다."[116]로 기록되어 있다. 그런데 이 비석은 동비(銅碑)라고 하기보다는 자석을 붙여 본 결과 자석이 확실히 달라붙는 철비(鐵碑)인 것으로 확인되어졌다. 또한, 비석의 안내문 내용 중 경종 2년은 1733년이 아니고 1722년(임인년)으로 수정되어져야 할 것이다. 그리고 박동상 부사가 기민을 구제하기 위해 양곡을 푼 창고가 설창이라고 했는데, 이 설창이 바로 현종 7년(1666년) 김 성 부사가 중북촌에 창건했다던 그 설창이다. 현재의 김해시 진영읍 설창리도 과거에 설창이 있었던 곳이기 때문에 설창리라는 지명이 붙은 것이다.

---

115 다음 웹문서, 김해부사 박동상 행록.
116 이병태, 2002, 「김해지리지(국역판)」, 김해문화원, p.80.

13) 정광제 부사

재임기간: 1749년 5월~1751년 4월

정광제(鄭匡濟) 부사는 숙종 14년(1688년)에 충북 옥천에서 태어났으며, 본관은 연일(延日). 자는 정숙(正叔)이다. 숙종 43년(1717년) 온양(溫陽) 별시문과에 병과로 급제하여 문한관을 거쳐, 영조 1년(1725년) 병조정랑에 올랐다. 같은 해 장령으로 재결(災結)에 따른 수령의 부정 및 백골징포(白骨徵布)의 시정을 건의하였다. 이어서 정언(正言)·장령(掌令)·필선(弼善) 등을 번갈아 역임하다가 영조 8년(1732년) 국상(國喪)에 불참하여 파직되고, 불서용(不敍用)의 처벌을 받았다. 그 뒤 필선[117]으로 재기용되어 헌납(獻納)·장령을 거쳐 영조 23년(1747년) 우부승지·승지에 임용되었고, 이어 동지의금부사가 되었다.[118]

위의 내용처럼 정광제는 장령으로 재직 중 상소하여 재해에 따른 세금 감면에서 관리들의 부정행위와 방납[119]과 백골징포[120]의 폐단을 지적하기도 했다. 다음은 이와 관련한 2개의 「영조실록」 기사이다.

삼남의 재결에 관한 수령의 비리 등에 관해 장령 정광제가 상소

장령(掌令) 정광제(鄭匡濟)가 상소하여 말하기를,

"삼남(三南) 지방의 재결(災結)이 대부분 수령(守令)의 사사주머니로 돌아가니, 청컨대 관찰사로 하여금 조사해 내어 과죄(科罪)하고 재결(災結)을 추고(推考)하여 캐어내서 황정(荒政)을 돕게 하소서."(중략)

하니, 비답하기를,

"재결(災結)은 관찰사로 하여금 조사하여 알리되, 장률(贓律)로써 시행하고 소말(疏末)의 일은 받은 사람에게 주도록 엄중히 신칙하라."

---

117 필선(弼善)은 조선시대 때 세자시강원에 속한 정4품 벼슬이다.

118 한국민족문화대백과사전, 한국학중앙연구원.

119 공납해야 하는 공물이 그 지방에서 생산되지 않을 때는 방납업자에게 돈을 주어 대신 납품하게 하는 제도를 말한다. 지방 관리 및 아전과 결탁한 방납업자의 횡포로 공납해야 하는 백성들의 고통이 극심하였는데 이 것을 방납의 폐단이라고 한다.

120 백골(白骨), 즉 죽은 사람에게 포(布)를 징수하는 것을 말한다.

하였다.[121]

정치의 악폐에 관한 장령 정광제의 상소문

장령(掌令) 정광제(鄭匡濟)가 상소하여 첫머리에 난역(亂逆)을 토벌(討伐)하여 대신(大臣)을 힘써 나오게 하는 것을 말하고, 말미(末尾)에 악폐(惡弊)의 정치를 진달(陳達)하기를,

"여러 아문(衙門)에 소용(所用)되는 잡물(雜物)은 방납(防納)을 금하여 소모되는 것을 근절시키되, 정가(定價)에 의하여 시장과 가게에서 갖다 쓰게 하여 백성의 힘을 펴게 하소서.

유포(游布)와 호포(戶布), 결전(結錢)과 구전(口錢)의 법을 처음으로 행하여 백성의 마음을 떠나게 해서는 안 되는 것이니, 마땅히 수령(守令)을 뽑아서 여러 고을 하리(下吏)의 보인(保人), 원사(院舍)의 모속(募屬), 토호(土豪)의 누호(漏戶), 부민(富民)으로 모면(謀免)된 자와 감영(監營)·병영(兵營)·방진(防鎭)에 함부로 종속시킨 군관(軍官)이 포(布)를 거두어 함부로 쓰는 무리를 찾아내 모아서 도망하였거나 늙었거나 죽은 사람의 결원(缺員)에 보충시켜서 백골(白骨)·인족(隣族)에게 받아내는 근심을 제거하되, 수령이 받들어 거행하지 않는 자는 금고(禁錮)의 율(律)을 시행하소서."

하니, 비답하기를,

"첫머리에 진달(陳達)한 일은 이미 다른 대간(臺諫)의 비답에 유시(諭示)하였다. 첨부하여 진달한 일은 그대의 말이 옳으니 이에 의거하여 신칙할 것이며, 양역(良役)에 충정(充定)하는 일은 이미 조정에서 의논하는 자가 있었다."하였다.[122]

한편, 정광제는 김해부사 재임 시절 백성들에게 선정을 베풀어 청덕비(선정비)가 김해 곳곳(淸德永賴碑 南山 長有新文 進禮)에 세워졌다. 앞서 검토했듯이 김해문화원 바로 옆 비림(碑林), 김해시청 옆 팔각정 경내, 김해시 신문동 장유중학교 내에도 정광제부사의 선정비가 있는 상황이다.

김해시 신문동 장유중학교 내에 있는 '부사정광제청덕영뢰비'는 영

---

121 「영조실록」 영조 1년(1725년) 11월 21일, 국사편찬위원회.
122 「영조실록」 영조 1년(1725년) 12월 6일, 국사편찬위원회.

조 28년(1752년) 11월에 세워졌다는 기록이 있고, 관련 내용은 다음과 같다. "영조 때의 권농정책으로 부사 정광제가 이 보123(비보(碑洑))를 완성했기 때문에, 장유중학교 구내 남쪽에 암면(岩面)을 깎아 부사정광제청덕영뢰비를 영조 28년(1752년) 11월에 세웠다. 그 뒤로 이 보를 비보라고 하여 보장(洑長)을 선임하고 관리하였다."124 이와 같은 내용으로 알 수 있는 것은 "정광제 부사의 청덕은 김해부사를 지내면서 보(洑)를 만들어 신문리 앞의 신문들 일대를 관개하게 한 업적이다."125는 것이다.

아쉽게도 「조선왕조실록」 등 사료에서는 정광제 부사의 김해부사 재임시절에 대한 내용을 찾을 수 는 없었으나 영조 28년(1752년)에 선정비가 세워졌으니126 그 전에 김해부사로 재임했던 것으로 예상할 수 있다.

한편, 다음의 영조 30년(1754년) 12월 23일 「영조실록」 기사에서 고(故) 정광제의 효자문(旌閭)을 세우게 하자는 내용이 있으니 정광제가 그 이전 사망했다는 것을 알 수 있다. 이와 같은 내용을 유추해 보면 정광제 부사는 1752년 선정비가 세워지기 전 김해부사로 재임했고, 1754년 12월 이전에 사망한 것으로 봐야 할 것이다. 민긍기(2014)의 「역주 김해읍지」에는 정광제 부사가 영조 29년(1753년)에 사망한 것으로 기록하고 있다.

(전략)김상로가 말하기를,
"고(故) 동의금 정광제(鄭匡濟)는 어버이를 지극한 효성으로 섬겼는데, 어버이를 잃고 주갑(周甲)이 되는 해에는 뒤좇아 3년을 복상(服喪)하였습니다. 고 판서 김유경(金有慶)의 예에 의거하여 정려(旌閭)하게 하소서."
하니, 임금이 옳게 여겼다.127

---

123 농사에 필요한 물을 가두어서 관리하던 관개시설(수리서설)을 말한다.
124 이병태, 2002, 「김해지리지(국역판)」, 김해문화원, p.153.
125 박해근, 2016, "김해 신문동 1094번지 국비지원 문화재 지표조사 보고서", pp.22~23.
126 김해시 신문동 장유중학교 내 부사정광제청덕영뢰비는 영조 28년(1752년) 11월, 김해
    시청 옆 팔각정 경내 부사가선대부정공광제만세불망비는 영조 28년(1752년) 3월에 세
    워졌다.

정광제 부사는 생원 정상길의 유복자로 태어났다. 문과에 급제하여 여러 관직을 거치다가 돌아가신 아버지의 회갑이 되는 해에 관직을 사직하고 아버지의 제삿날부터 묘 옆에 여막을 짓고 3년간 시묘살이를 했다고 한다. 이와 같은 그의 효성을 기리기 위해 위의 기사처럼 조정에서는 효자문(정려)을 세워 그의 효심을 기렸다고 한다. 정광제 부사의 효자문은 충청북도 옥천읍 교동리에 소재하고 있다.

김해문화원 비림에 있는 정광제부사의 부사정후광제선정애민비[128]

---

127 「영조실록」 영조 30년(1754년) 12월 23일, 국사편찬위원회.
128 정광제 김해부사는 「김해인물지」에서 1752년에 김해부사로 재임했다고 기록되어 있으며, 백성들에게 선정을 베풀어 청덕비(선정비)가 세워졌다고 한다. 청덕영뢰비가 남산 장유신문 진례(淸德永賴碑 南山 長有新文 進禮)로 기록되어 있다. 남산(김해시청 동쪽)에 있는 비석은 같은 위치인 현재의 김해시청 옆 팔각정 경내에 있는 비석이고,

장유중학교 내에 있는
부사정광제청덕영뢰비[127]

김해시청 옆 팔각정 경내에 있는
부사가선대부정공광제만세불망비

14) 가장비(假張飛)라 불린 유상필 부사

재임기간: 1820년 전후

순조 20년(1820년) 김해부사 재임 시절 흥부암의 법당 등 중건을
적극적으로 후원했다. 유상필 부사는 김해부사가 되기 전인 순조 11년
(1811년) 홍경래(洪景來)의 난이 일어나자 평안도 개천군수로 임명되어 난
을 진압하는 데 공을 세웠다. 순조 26년(1826년)에 황해도병마절도사,
순조 33년(1833년)에 양주목사, 순조 34년(1834년)에 우포도대장, 1835
년(헌종 1년) 총융사가 되었다. 헌종 10년(1844년) 다시 우포도대장을 역

장유신문(장유중학교 교내)에 있는 비석은 그대로 있으니 김해문화원 비림의 이 비석
(부사정후광제선정애민비)은 진례에서 옮겨 왔을 가능성이 크다.
129 사진으로 봐서는 비석에 새겨진 글자를 거의 식별할 수 없으나 현장 확인을 통해서
정광제부사의 비석임을 확인하였다.

임하고 헌종 11년(1845년) 다시 총융사가 되었으며, 철종 1년(1850년) 훈련대장이 되었다. 1856년 형조판서가 되었고, 1857년(철종 8년) 왕이 인릉(仁陵)에 행차할 때 배왕대장(陪往大將)으로 참여하였다. 무예가 아주 뛰어나서 가장비(假張飛)라고 불렸다고 한다.[130]

15) 학문적 능력이 뛰어났던 김해부사

(1) 유태좌 부사

재임기간: 1821년 전후

자(字는) 사현(士絃), 호(號)는 학루(鶴樓)이다. 자와 호에서 알 수 있듯이 문장(文章)에 아주 뛰어났다고 한다. 순조(純祖) 때 대사간(大司諫)이 되어 문장(文章)으로 이름을 떨쳤으며 「학루문집」이라는 시문집이 전한다고 한다.

(2) 허 전 부사

재임기간: 1864년 3월~1866년 7월

자(字)는 이노(而老), 호(號)는 성재(性齋) 또는 성암(性庵), 그리고 불권당(不倦堂)이다.[131] 1840년 기린도찰방(麒麟道察訪), 1844년 전적(典籍), 지평(持平)을 거쳐 1847년 함평현감을 지냈다. 1850년(철종 1년) 교리, 경연시독관(經筵侍讀官), 춘추관기사관 등을 역임하면서 경연에 참가해 국왕에게 유교경전을 해설하였다. 고종 1년(1864년) 김해부사로 부임해 향음주례를 행하고 향약을 강론하는 한편, 선

성재 허 전 초상.
보물 제1248호 ⓒ 문화재청

---

130 한국민족문화대백과사전, 한국학중앙연구원.
131 정경주·김철범, 2013, 「성재 허전, 조선말 근기실학의 종장」, 경인문화사, p.8.

비들을 모아 학문을 가르쳤다고 한다. 저서로「수전록」,「삼정책」,「하관지」,「성재집」,「종요록」,「철명편」을 비롯해, 선비의 생활의식을 집대성한「사의」등이 있다.132 성재 허 전은 김해부사의 임기가 끝난 후에도 수로왕릉 내에 숭선전 건립을 상소하여 사액을 받고 능참봉을 두게 하였다. 고종 15년(1878년) 숭선전 건립 당시 성재 허 전이 상량문을 썼다고 한다. 그는 병조참판, 형조판서, 이조판서 등의 관직을 역임하다가 고종 23년(1886년) 90세의 나이로 사망하였다. 김해부사를 거쳐 간 인물은 물론 조선시대를 통틀어서도 성재 허 전의 학문적 능력은 매우 뛰어났다고 할 수 있다.

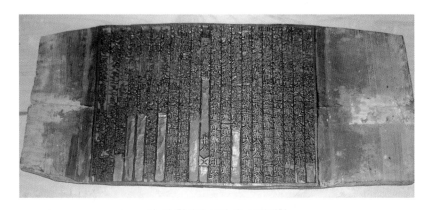

허 전 철명편 목판 ⓒ 문화재청

위의 사진은 성재 허 전이 지은「철명편」목판이다. 과거에 목판으로 찍어낸 책은 지금 남아 있지 않고 규장각에 2권 2책의 필사본만 남아 있다고 한다. 제1권은 중국 주나라 문왕이 세자로 있을 당시 효행과 그 아래 제왕이 세자로 있을 때의 행적을 상세히 기록했다. 사람이 마땅히 지켜야 할 도리가 무엇인가를 가르치는 내용이다. 제2권은 우리나라 조선 태조부터 역대 제왕의 이야기를 담고 있다. 왕이 세자에게 교

---

132 한국민족문화대백과사전, 한국학중앙연구원.

훈한 사적과 역대 왕이 백관을 동독(격려하고 독촉함)한 일을 수록하고
있다.[133]

조선 중후기 한강 정구(1543~1620), 미수 허목(1595~1682), 성호 이
익(1579~1624), 순암 안정복(1712~1791), 하려 황덕길(1750~1827)로 연결
되는 학맥을 이은 성재 허 전[134]은 김해부사로 재임하면서 500여 명의
제자를 배출하여 영남지역에 큰 학풍을 일으켰다. 동시에 가례의 보급
과 농지 개혁의 실사구시에 진력하여 많은 저서를 남기는 등, 영남의
후학들에게 대동사회의 미풍양속을 남겼는데, 그에게 훈도를 받은 제자
가 지역의 항일 운동에 투신해 국권 회복에 이바지하기도 하였다.[135]

취정재

133 김해뉴스, 2017년 9월 13일 기사.

134 성재 허 전이 계승한 학맥을 근기실학(近畿實學)이라고 하는데, 이 학맥에 대하여 정
경주 등(2013)은 '학문의 경세적 책무와 현실적 실천의 문제를 지향하는 공통된 성향
을 지니면서 흔히 근기학(近畿學) 또는 근기실학(近畿實學)이라는 독자적 학문세계를
열어 놓았다. 다시 말하면, 정치ㆍ경제적으로 극도의 한계에 봉착함으로써 변화가 불
가피했던 18세기 조선사회에 대해 근기실학은 유학 내부로부터의 반성을 통해 사회
적 변혁 방안을 제시하려고 했던 것이다.'로 기록하고 있다.(정경주 · 김철범, 2013,
「성재 허전, 조선말 근기실학의 종장」, 경인문화사, p.4.)

135 성해준, 2020, "유가사상에서 말하는 군자의 모습", 「김해문화」, 제35호, p.67.

취정재 안내문

한편, 성재 허 전은 이조판서로 재임하던 시절 김해 사충단의 사충단비기(四忠壇碑記)를 기록하기도 하였다.[136] 다음은 한글로 번역된 사충단비기의 내용이다. 학문적 능력이 뛰어났던 성재 허 전이었기에 그 내용 또한 유려함을 알 수 있다.

그 삶을 아끼고 죽음을 싫어함은 천하 만고의 인심이 같은 바이다. 그러나 살아서 세상에 이익이 없고 죽어서 후세에 알려지지 않아 풀과 나무처럼 함께 썩어 없어진다면 살아서 무엇하며 죽은들 누가 알리오? 그러나 삶을 버리고 의를 취하며, 몸을 죽여 인을 이루어 살아서 의사라 일컬어지고 죽어서 충신이 되어 사적이 역사(죽백: 竹帛)[137]에 실리고 이름이 우주에 드러난 자는 어찌 천지의 정기를 타고 나서 생민의 이즉(바른 품성)을 온전히 한 자가 아니랴!

옛날 선조대왕 임진년에 왜란이 크게 일어나 김해부에 전망신(戰亡臣) 4인이 있으니 송 빈, 이대형, 김득기, 유 식이다. 송공은 천성이 효도·우애하며 힘써 배워 게으르지 않으며, 사물에 구속 받지 않고 큰 지략이 있었는데 왜구가 옴에 이르러 부사 서예원이 그 이름을 듣고 불러 중군의 임무를 주고 이 공은 본래 큰 뜻을 가져 일찍 과거업을 폐하고, 의리를 연구하며 충효를 힘써 행하여 예원과 인척의 의가 있어 예원이 함께 성 지키기를 청하니 곧 장정 100여인을 모아 성중으로 들어갔다. 김공은 어버이 섬기기를 효도하며 사

---

136 사충단에 관한 내용은 김해의 사충신을 언급하는 부분에서 자세히 검토되어질 것이다.
137 사서(史書)를 말한다.

신(土信: 송공의 자(字))과 더불어 일찍 무과에 합격하여, 나이 40이 넘도록 낙백(落魄)하여 뜻을 잃었으나, 역시 벼슬 구하기를 즐겨하지 않았으나 왜변을 늘고서는 분발하여 몸을 돌아보지 않고 체찍을 들어 성에 들어가니 예원이 동문을 지키게 했다. 유공은 젊어서 활 쏘고 말 달리는 기술을 익혔는데 역시 변란을 듣고 적개(敵愾)한 의리를 분발하여 집안의 종 수십 인을 거느리고 입성하여, 4인이 마음을 같이 하고 힘을 다해 지키고 싸우며, 적의 수급을 벤 것이 셀 수 없이 많았는데 이윽고 적선이 바다를 덮어 오며 원병이 밖에서 끊어지고 군량이 안으로 다하여, 성이 드디어 함락되니, 4공이 오히려 남은 병력을 거느려 힘껏 싸우다가 죽으니 아아, 매섭다! 앞에서 이른바, 삶을 버리고 의를 취하며 몸을 죽여 인(仁)을 이루며, 천지의 정기를 타고나서 생민(生民)의 바른 성품을 온전히 한 것이 이것이냐, 아니냐?

선조 33년(1600년) 난이 끝난 뒤, 일이 조정에 알려져 송공은 공조참의, 이공은 장예원 판결사, 김공은 첨지중추부사, 유공은 병조참의를 증(贈)하였으니, 때는 만력 경자년이었다. 그 뒤 100여 년 무자(戊子)에 충무공 이순신의 후손 이봉상이 김해의 부사가 되어 임진의 옛 자취를 감동하여 사림(士林)에게 권하여 사당을 세워 송·이·김 삼충신을 향사[138]하게 하며 그 사당을 표충사(表忠祠)라 하였는데, 순조 33년(1833년)에 특명으로 진주 순의인(殉義人)을 치제(致祭)함에 김해 표충사에도 치제하게 했으니 대개 옛날 임진년을 미루어 느낀 때문이었다.

금상(고종) 초년에 국법으로 팔도사원을 헐어 없애라고 명령할 때에(대원군의 서원 철폐령) 표충사도 역시 그 중에 들었는데 신미년(1871년)에 부사 정현석이 부지(府誌)를 열람하다가 유공이 표충사에 빠진 것을 보고 또 이 부(府)가 변경의 중지(重地)로 풍성(風聲)을 세우고, 의리를 장려하는 거동이 없을 수 없어, 진주 충렬단(창렬사)의 예(例)에 의하여 방백(관찰사)에게 알려 조정에 계문(보고)하여 김해에 사충단을 세우고 표석을 굳게 하여, 사충의 성명과 작호(爵號)를 쓰고 매년 순국한 4월 20일에 군사와 장교를 거느리고 군악을 베풀어 제사를 드리게 했다. 얼마 후에 조정에서 가증하는 명령이 1875년 을해년에 송공은 이조참판, 1879년 경진년에 이공·김공은 함께 호조참판, 1884년 갑신년에 유공은 이조참판을 증하시었다. 이에 고을 사람들의 의론(議論)이 다시 비를 세워 사충신의 실적과 열성조께서 충절을 포장(褒獎)하는

---

138 이 내용에는 오류가 있다. 무자년(숙종 34년(1708년))에 이봉상 김해부사가 사림(향유림)에게 권하여 표충사가 세워진 것은 맞는데 송 빈, 이대형, 김득기 삼충신을 향사한 것이 아니라 송 빈만이 향사되었다. 삼충신을 함께 향사한 때는 영조 17년(1741년)에 표충사가 훼철되었다가 다시 복설되는 정조 8년(1784년)이다.

지극한 뜻을 함께 쓰도록 나에게 부탁하여 글을 지으라 하니, 내가 일찍이 김해부사로 있어 자세히 그 사적을 알며 역시 각인(各人)을 위하여 소서(小序)를 했기 때문이니 내 또 어찌 사양하겠는가? 그러나 4공의 일행일사(一行一事)가 시작을 잘하고 마침을 잘 했던 일은 함께 전배(前輩)의 행장(行狀), 묘지(墓地) 비명(碑銘) 같은 기록에 나타나 있는데 내 어찌 감히 췌사(贅辭)를 더하리오? 다만 그 개략(槪略)을 들어 사충비에 새기게 하노라.

정헌대부 이조판서 겸 지경연춘추관 의금부사 주지성균관사
홍문관제학 예문관제학 경연일강관 양천 허 전 찬(撰)[139]

(3) 이언적 부사

재임기간: 1541년

앞에서도 살펴봤듯이 조선 중기의 문신이자 성리학자였던 회재(晦齋) 이언적(1491~1553)은 김해부사를 역임했다. 그가 올린 '일강십목소(一綱十目疏)'는 그의 정치사상을 대표하는 것으로서, 김안로 등 훈신들의 잘못에 휘말린 중종에 대한 비판의 뜻을 담고 있는 글이다. 왕정에서 가장 중요한 것은(一綱) 왕의 마음가짐이라고 주장하고, 그것을 바로하기 위한 수단으로 열 가지 조목(十目)을 열거하였다. 또한 이언적은 유학의 근본개념인 인(仁)에 대한 집중적인 관심을 나타낸 「구인록」, 제례(祭禮)에 관한 「봉선잡의」, 대학에 대한 그의 독창적인 견해를 보여주는 「대학장구보유」와 「속대학혹문」 등 많은 저서를 남겼다.[140]

(4) 정현석 부사

재임기간: 1870년 6월~1873년 12월

정현석 부사는 학문적 능력이 뛰어난 문무를 겸비한 인물이었

---

139 「송담서원지」, 2018, 김해사충단표충회, pp.174-178; 「송담서원약지」, 2016, 김해사충단표충회, pp.45-47; 「우리 고장 김해를 지킨 사충신 이야기」, 2017, 김해시, pp.147-149.
140 두산백과.

다.[141] 그는 저서도 많았는데, 특히 교방의 노래와 춤에 관한 책인 「교방가요」를 진주목사 시절부터 쓰기 시작하여 김해부사 재임 중(1872년 2월)에 완성하였다. 그 외에도 「계비번사고」, 「계비고」, 「유원고」, 「경개록」, 「여지고」, 「기계도설」, 「백행록」, 「오충도관견록」, 「시종록」 등의 책을 저술하였다.

또한, 정현석 부사는 김해부사 재임 중에 임진왜란 때 김해의 사충신 중 한 사람이었던 송 빈이 전사한 송공순절암에 송공순절암기(宋公殉節巖記)를 남기기도 하였다. 다음은 「송담서원지」에 남아있는 송공순절암기의 원문과 한글로 번역된 내용이다.

築四忠壇記履及子城北有石屹然猛獸搏噬之狀詞于府人則日宋公殉節巖也盖我皇明嘉靖年間參議宋公諱賓之先諱昌與舊要題名而及壬亂宋公守府城遂殞於是其後雲仍繼刊之余慕公之偉烈恐其石之久而泯也與其來耳謀不答而剔之治垣而像之然後人之過府者知有是巖也庶宋公之名并壽于石而欲爲他日是邦之故事云爾

순절암기(殉節巖記)

사충단(四忠壇)의 축조(築造)를 마치고 발걸음이 미친 이곳 김해성 북쪽에 한 큰 암석이 있는데 우뚝 솟은 모양이 맹수(猛獸)가 무엇을 치고 깨무는 형상이라 부민(府民)들에게 물으니 이르기를 송공 순절암(殉節巖)이라 한다.

이는 황명가정년간(皇明嘉靖年間)[142]에 참의공 송 빈의 부친 휘(諱) 창(昌) 및 그 오래된 벗들이 제명(題名)하였으며 그 뒤 임란에 이르러 송공이 부성(府城)을 지키다 이곳에서 마침내 순절하셨다.

그 뒤 송공의 후손들이 이어서 글을 새겼으며, 내가 송공의 위열(偉烈)을 추모하고 그 돌(石)이 오래되어 그 내력이 민멸(泯滅)될까 두려워함이라.

그 돌에 낀 이끼를 털어내고 글을 새겼다. 그리고 주위 담장을 고친 후에, 김해 고을을 지나가는 사람들이 이 순절암(殉節巖)이 있음을 알리라.

---

141 정현석 부사에 관한 전반적인 내용은 뒤에서 검토할 것이다.

142 가정은 명나라 세종(명나라 11대 황제)의 연호이며, 1592년 4월 20일 송 빈이 사망한 송공순절암에 송 빈의 부친인 송 창과 그의 벗들(원백수, 김 경, 손 암)이 제명(題名)한 시기는 중종 32년(1537년, 정유년)이다.

바라건대 송공의 이름이 이 돌의 수(壽)와 아울러 다른 날에 우리나라의 고사(故事)가 되기를 바라노라.

1871년 김해부사 정현석(鄭顯奭) 근지(謹識)[143] [144]

한편, 정현석 부사는 고종 8년(1871년) 신미년에 사충단을 건립하고 나서 사충단비각기(四忠壇碑閣記)를 기록하기도 하였다. 다음은 한글로 번역된 사충단비각기의 내용이다.

초사의 구가 중 하나인 국상(나라 위해 죽은 사람)의 노래에 '긴 칼을 차고 진궁(강궁)을 메니, 머리가 비록 떨어져도 마음은 원망하지 않겠다.'하니, 아아, 열사가 순국한 굳센 넋이 없어지지 아니하고, 남쪽 고을 사람들이 추모하여 제사를 드리는 것은 다만 신을 즐겁게 함만 아니라 역시 열사와 동일한 나라를 지키는 정성에서 나왔다고 할 수 있다.

내가 금관에 도임하여 주지(州誌)[145]를 펼쳐 보다가 임란에 순절하여 빛남이 더욱 다른 자, 4인이 있었으니, 송공 휘 빈은 강개한 큰 절의가 있으며, 여력으로 과거공부를 하였으나, 예조의 시험에서 5번 낙방하여 드디어 과업(과거공부)을 폐하고 있었는데, 임진에 부(府)에서 보낸 격문을 보고 성을 지키는 중군장이 되었는데 적이 북문에 물을 대니 공이 밤에 나가 수백 급을 베니 적이 신장이라 생각하며 물러가 죽도(竹島)에 주둔하니 또 적진을 찔러 참살하고 산산(蒜山)까지 갔다가 돌아왔으며, 유공 휘 식은 뜻과 기운이 헌앙하며 세상의 조그만 일에 마음을 쓰지 않으며 일찍이 선정을 중수하며 시나 읊으며 지내다가 왜병이 이르자 몸을 빼어 부성에 들어가 북문을 지키며 군사를 훈련하고 양식을 모으며 호령이 분명하니 군중이 믿어서 두려워하지 않았다. 이공 휘 대형은 본디 효우로 이름나고 5번 향천을 받고 겸하여 사장을 일삼아 여러 번 향시에 합격했는데 왜란이 장차 급박하니 장정 100여 인을 모아 달려 들어가 성 남쪽을 맡아 지키는데 적이 밤에 허수아비를 만들어 던지니 성중이 크게 흔들렸으나 공이 홀로 성문을 굳게 닫고 인심을 진정시키

---

143 삼가 기록하다는 의미이다.
144 「송담서원지」, 2018, 김해사충단표충회, pp.76-77.
145 부지(府誌), 즉 「김해읍지」를 말한다.

니, 적이 감히 들어오지 못하였다. 김공 득기는 효행이 높으며 일찍 무과에 합격했으나 벼슬 얻기를 바라지 않았는데, 왜적(염치)이 바다를 건너자 공이 가족에게 명하여 행장을 꾸리게 하고 한 벌의 도포와 한 움큼의 머리털을 그 아들에게 주며 왈(曰)'이것으로 너의 어머니와 합장하라.'하고 성중으로 들어가 동문장이 되어 팔을 휘둘러 성을 타고 고슴도치처럼 모여드는 오랑캐를 막았다. 4월 20일 적이 보리를 베어 성 구덩이를 메우고 짓밟아 들어오니 부사는 이미 북문으로 떠나고 사졸이 와해되니 4공이 남은 군사를 수습하여 마음을 같이 하여 힘껏 싸우다가 적의 칼날이 수풀처럼 모여들어 몸에 남은 살점이 없었으나, 끝내 분노하여 적을 꾸짖다가 죽었다.

아아, 4공이 처음부터 녹(녹봉: 祿俸)을 먹은 은혜나 땅을 지킬 직책이 없었으나, 의기를 분발하여 순국하여 죽음 보기를 돌아가는 듯이 하였으니 진실로 평소에 의기를 기른 바가 아니면 어찌 능히 이와 같을 수 있으랴! 어떤 자는 말하기를,

"한갓 죽는 것만으로는 쓸모가 없다."하니 이 말은 무슨 말인고? 춘추시대 노중련이란 절사가 진나라가 제호 일컬음을 싫어하여 바다를 넘어 동해에 가서 숨었으니 진병이 물러갔고, 당나라 안녹산 난리에 상산태수 안고경이 적을 꾸짖다가 죽으니 당의 왕실이 회복된 것은 대개 바른 충성 높은 절의는 천하 의사의 간담을 격동시키는 때문이다. 그러니 우리 조선이 다시 종묘 사직이 안정된 것은 역시 어찌 사충의 힘이 아니겠는가!

난이 끝나 일이 조정에 알려져 각기 은전을 받았고 순조 계사[146]에 김해 표충사에 치제하라 명령하셨으니 사당의 위패는 송·이·김공이었다.

내가 생각하니 4공의 공은 일체와 같은데 조정에서 추정한 것도 함께 이르렀는데 그러나 읍인이 사당을 세움에 3인에게만 한한 것은 어째서냐? 아니면 드러나고 숨은 것이 때가 달라 기다림이 있어 그런 것이냐? 장순이 안녹산 난리에 수양성을 사수할 때 허원, 남제운의 충성과 용맹이 있었으니 기록이 빠져버려 한유(퇴지, 호창려)가 전을 짓고 후서하여 그 사실을 밝혔으니 나도 역시 여기에 그런 느낌 있다. 인하여 동래의 송공단, 진주의 충렬단(창렬사)의 예를 모방하여 분성대의 남쪽에 단을 설치하여 군복(융복) 장사를 다스려 명명하여 '사충단(四忠壇)'이라 하며, 단 위에 몇 자(척)의 비석을 세워 간략이 4공의 증작과 성휘를 쓰니 4가(四家)의 자제가 비각(碑閣)을 하여 덮으며, 내게 한 마디를 청하여 징거하라 하여 드디어 기록하노라.

---

146 순조 33년(1833년)을 말한다.

숭정(고종 8년, 1871년) 기원후 오신미(五辛未) 중동(仲冬)에 부사 정현석은 삼가 기록함.[147]

정현석 김해부사는 위의 내용처럼 사충단비각기를 지었는데 그 내용 또한 앞서 살펴보았던 성재 허전의 사충단비기처럼 유려함을 알 수 있다.

한편, 정현석 김해부사는 예술적 능력(감각) 또한 뛰어났다. 송공순 절암에 각인된 송공순절암 글씨도 직접 썼다. 논개가 왜장을 안고 순절한 바위인 의암(義巖)에 각인된 의암 글씨도 진주목사 재임 중에 쓴 것이다. 또한, 정현석 김해부사는 김해의 미칭(美稱)을 중국의 금릉으로 정하여 불렀다. 중국의 금릉(지금의 난징(南京))이 양쯔강(양자강 또는 장강) 유역에 있는 유서 깊은 도시이듯이 김해도 낙동강이 굽이쳐 흐르는 금관가야의 고도(古都)라서 그런 비유를 했을 것이다. 김해의 임호산도 중국 금릉의 봉명산(鳳鳴山)에 비유하기도 했다.

16) 학문을 장려했던 김해부사

조선시대의 교육기관은 서당, 서원, 향교, 성균관 등으로 구분할 수 있을 것이다. 그중에서도 지방 유학의 최고교육기관은 향교였다. 김해에도 향교, 양사재(養士齋), 취정재(就正齋) 등의 교육기관이 있었다. 이 교육기관을 건립 및 관리하여 학문의 장을 마련해 준 김해부사가 있었을 것이다. 또한, 교육기관에서 공부하는 학생들을 관리하여 학문을 적극 장려한 김해부사도 있었을 것이다. 이에 대하여 검토해 보면 다음과 같다.

---

147 「송담서원지」, 2018, 김해사충단표충회, pp.169-173; 「우리 고장 김해를 지킨 사충신 이야기」, 2017, 김해시, pp.150-152.

(1) 이행익 부사

재임기간: 1686년 12월~1688년 11월

김해향교는 태종 8년(1408년) 고짐산 아래 고정(苽亭)에 창건하였는데 임진왜란 때 전소하였다. 숙종 14년(1688년) 향사 김후수의 발의로 이행익 부사가 대성전과 동서무를 새로 지었다.

(2) 한익세 부사

재임기간: 1689년 5월~1691년 7월

숙종 15년(1689년) 4월 한익세 부사가 문묘를 이안(移安)하고 동서재도 지었다.

(3) 이하정 부사

재임기간: 1691년 7월~1693년 7월

숙종 19년(1693년) 이하정 부사가 명륜당과 남루를 지었다.

영조 45년(1769년) 또 화재가 발생하여 소실되었기 때문에 영조 46년(1770년) 송악산 아래 현 위치(대성동)로 이건하였다.[148]

(4) 심능필 부사

재임기간: 1800년~1801년 전후

정조 24년(1800년) 옛 함허정 터에 심능필 부사가 양사재를 처음 건립하여 이곳 선비들이 모여 학문을 배우는 곳으로 삼았다.

(5) 이진복 부사

재임기간: 순조 초기

---

148 이병태, 2002, 「김해지리지(국역판)」, 김해문화원, p.51, p.90.

순조 초 이진복 부사가 양사재에 논 17두지(斗地)를 기진(寄進)하여 흥학을 꾀하였다.

(6) 유태좌 부사

재임기간: 1821년 전후

순조 21년(1821년) 유태좌 부사가 양사재를 북문 밖의 향교아래에 이건하였다.

(7) 권 복 부사

재임기간: 1829년~1831년

권 복 부사는 인재 양성과 학문 장려를 위해 향교에서 공부하는 유생에게 10일마다 보이던 시문(詩文) 시험인 순제(旬題)를 백여 회나 시행하였다. 또한, 문반뿐만 아니라 무반에 대한 독려에도 힘을 기울여 학습 성적에 따라 상을 주고 또 공여당(公餘堂)에서 독서하고 제술(製述)[149]할 수 있는 여건을 마련하였을 뿐만 아니라 관내의 인력을 배치하여 이를 보조할 수 있게 함으로써 문무 양 방면에서 공히 인재를 양성하고자 노력하였다.[150]

(8) 정현석 부사

재임기간: 1870년 6월~1873년 12월

고종 7년(1870년) 정현석 부사가 양사재를 다시 중건하였다. 정현석 부사는 재임 중 향교도 중수(단청)하였다.

한편, 양사재는 일제강점기 때인 1924년에 취정재(就正齋)로 개칭

---

149 시나 글을 짓는 것을 말한다.
150 육민수, 2015, "〈金陵別曲〉의 善政 구현 양상과 서술 특성", 「반교어문연구」 제41집, pp.377-379.

하여 전(前) 김해부사 성재 허전의 영정을 봉안하였다.[151]

17) 정현석 김해부사

정현석 부사는 역대 김해부사 중에서 고려 말의 박 위 부사와 더불어 가장 역사적 업적이 많은 부사였다고 할 수 있다. 그렇기 때문에 본서에서는 가장 많은 양의 지면을 할애해서 검토해 보고자 한다.

재임기간: 1870년 6월~1873년 12월

정현석 부사는 문무를 겸비한 인물이었다. 본관은 초계(草溪), 자는 보여(保汝), 호는 박원(璞園)으로 고종 때 후릉참봉을 시작으로 조정 내에서도 많은 부서에서 일했고, 지방 10개 고을의 수령을 역임하는 동안 업적이 무수히 많아 그가 일했던 거의 모든 고을에 선정비가 세워졌다.

음성현감(1860), 함경도 고원군수(1864), 삼가현감(1866)을 지냈고, 진주목사 재임 시에는 의기사(義妓祠)를 중건하였으며, 진주목사 재임 시부터 쓰기 시작한 「교방가요」를 김해부사 재임 중(1872년 2월)에 완성하였다. 특히 김해부사 재임기간(1870년 6월 8일~1873년 12월 27일)에 많은 업적을 남겼고, 동래부사, 경주부윤, 울산부사도 지냈다. 함경도 덕원부사 겸 원산감리 재임 시(1883년)에는 우리나라 최초의 근대식 학교인 원산학사를 설립하기도 하였다.

동지돈녕부사, 첨지중추부사, 동지돈녕부사, 공조참판, 한성부좌윤, 형조참판, 호조참판, 황해도관찰사, 황해도병마수군절도사 등을 지냈다.

김해부사 재임 시절에 봉황대 구축과 명명(命名), 양사재 중건, 분산성 재축성, 흥부암 중창, 현충사 재건, 가락루 중수, 연자루 중수, 사충단 건립, 사충단비각기 기록, 금관충렬단 절목 제정, 송공순절암기(宋公殉節巖記) 기록, 「교방가요」 완성, 덕원부사 겸 원산감리 재임시절

---

151 이병태, 2002, 「김해지리지(국역판)」, 김해문화원, p.51, p.92.

원산학사 설립 등이 대표적인 업적이다.[152]

　　정현석 부사의 수많은 업적 중에 봉황대 구축과 명명(命名)이 있다. 정현석 김해부사가 봉황대라는 이름을 붙이기 전에 이 곳에 올라보니 구릉의 생김새가 봉황이 날개를 편 모양과 같다고 하여 봉황대라는 이름을 붙였다고 한다. 이곳 봉황대는 회현리 패총과 통합되어 김해 봉황동 유적(사적 제2호)으로 관리되고 있다. 작은 구릉이기는 하지만 곳곳에 금관가야의 전설이 녹아 있고 복원된 시설들이 즐비하다.

정현석 김해부사의 호(號)인 '박원'과
'봉황대'가 새겨진 바위

---

[152] 「김해인물지」 역대지방관록에는 정현석 김해부사의 수많은 업적이 요약되어 있다. 본서의 부록에서도 다시 정리하였다.

다음으로 흥부암 중창이 있다. 임호산의 흥부암을 유상필 부사(재임기간: 1820년 전후)에 이어 다시 중창한 것이다. 이 흥부암에는 금관가야 말 슬픈 사랑의 전설이 있는데 그 내용은 다음과 같다.

※ 황세장군과 여의낭자의 슬픈 사랑이야기

여의각

여의각은 출여의라는 여인의 정절과 순수한 마음을 기리기 위한 사당이다. 황세바위는 황세와 여의가 오줌멀리누기 시합을 했던 곳이다.

황세는 가락국의 9대 임금 겸지왕(숙왕) 때의 인물로 황정승의 아들이다. 황정승과 친구 사이인 출정승은 각기 아들을 낳으면 의형제를 맺고, 아들과 딸을 낳으면 결혼시키기로 약속했으나 황정승의 집안이 몰락하자 출정승은 딸인 여의를 아들이라고 거짓말을 하였다. 그리하여 황세와 여의는 의형제를 맺고 어릴 때부터 같이 놀며 자랐다.

황세바위

어느 날 황세가 여의에게 오줌멀리누기 시합을 제의하자 여자인 여의는 삼대줄기를 사용하여 위기를 넘겼다. 이 오줌멀리누기 시합을 한 곳이 황세바위이다.

여의가 자라면서 점점 여자의 모습을 보이자 황세가 거북내(해반천)에서 멱을 감자고 제안하였다. 여의는 할 수 없이 자기가 여자임을 밝히고 둘은 결혼을 약속하였다.

이후에 신라와의 전쟁에서 황세가 공을 세우고 왕의 명을 받아 유민공주와

결혼하였다. 황세가 유민공주와 결혼해 버리자 여의낭자는 황세를 그리워하다가 죽었다. 황세 또한 여의를 그리워하다 병으로 죽었다. 홀로 남겨진 유민공주는 유민산(임호산)으로 출가하여 여승이 되었다. 유민공주가 출가한 곳이 지금의 김해시 임호산 흥부암이다.

흥부암 대웅전

임호산 흥부암 원경

정현석 김해부사는 흥선대원군의 명으로 1871년(고종 8년)에 김해 분산성을 다시 축성했다. 분산성 내의 충의각(忠義閣)에 있는 4개의 비문과 「신증동국여지승람」에는 분산성의 내력이 적혀 있다.

4기의 비석 중 1기는 고려 말 분산성을 보수하여 쌓은 박 위(朴葳) 김해부사의 업적과 내력을 기록한 정국군박공위축성사적비(靖國君朴公葳 築城事蹟碑)이다. 이 비석은 김해부사 정현석이 고종 8년(1871년)에 다시 분산성을 축성하면서 세운 것이다.

그리고 2기의 비석은 흥선대원군만세불망비(興宣大院君萬世不忘碑)로 김해부사 정현석이 분산성을 축성한 후 이를 허가해준 흥선대원군의 뜻을 기리기 위해 세운 것으로 비석에는 고려 말 김해로 유배 온 정몽주가 쓴 분산성기도 새겨져 있다.

또 다른 비석 1기는 부사통정대부정현석영세불망비(府使通政大夫鄭顯 奭永世不忘碑)이다. 이 비석은 분산성을 재축성한 정현석 김해부사의 공을 기리기 위해 고종 10년(1873년)에 건립한 것이다.

분산성은 사적 제66호로 지정되어져 있다. 분산성 내에는 해은사를 비롯하여 복원된 봉수대, 충의각 등 여러 시설들이 있다. 봉수대 근처 바위에는 만장대 관련 내용들이 새겨져 있다. 한 바위에는 흥선대원군의 친필 휘호인 '만장대' 및 그의 낙관이 새겨져 있다. 만장대라는 이름은 흥선대원군이 분산성 재축성 후 만장대를 쌓아 외적을 물리치는 전진기지로 삼고자'만 길이나 되는 높은 대(臺)'라는 칭호를 내렸던 것에서 비롯되었다. 다음은 「고종실록」에 기록되어 있는 분산성 재축성과 관련된 내용이다.

김해, 분산에 성을 쌓고 별장을 두게 하다

의정부(議政府)에서 아뢰기를,

"방금 경상 감사(慶尙監司) 김세호(金世鎬)의 장계(狀啓)를 보니, 김해부사(金 海府使) 정현석(鄭顯奭)의 첩정(牒呈)을 하나하나 들면서 아뢰기를, '김해부의 북쪽 분산(盆山)은 바로 이전에 성을 쌓았던 곳입니다. 요새지의 길목인데 매번 허술한 것이 걱정이어서 작년 겨울부터 공사를 시작하여 이제 완공되었으며, 관청 창고와 망루(望樓), 군량 지출비용을 이미 다 갖추어 놓았습니다. 별장(別將) 빈자리 하나는 동래부(東萊府)의 금정별장(金井別將) 규례대로 해부(該府)의 수교(首校)로 의망(擬望)하여 보고하도록 하여 하비(下批)하고 군기(軍器)는 해부에 있는 것을 편리한 대로 옮기도록 하소서. 해도(該道)의 부사(府使)와 감동인(監董人)이 성의를 다하고 수고를 한 것에 대해서는 성의를 보여주는 거조가 있어야 합당할 것입니다. 모두 묘당(廟堂)으로 하여금 품처(稟處)하게 해 주소서.'라고 하였습니다.

지역은 연해(沿海)의 요충지(要衝地)이고 산 또한 해부의 요새입니다. 그리고 성과 해자, 망루, 군량의 지방(支放)이 지금 정연하게 다 갖추어졌으니 수성(守成)하는데 있어 특별히 별장 한자리를 내는 것은 군사에 관한 일에서 그만둘 수 없습니다. 의망하여 보고하고 임기를 정하는 제반 절제(節制)는 모두 장계에서 요청대로 시행하소서. 논상(論賞) 한 일에 있어서는 곧 바로 묘당에서 품처하도록 청한 것은 규례에 어긋나니 해도의 도신(道臣)을 추고(推考)하고 해조(該曹)로 하여금 품처하게 하는 것이 어떻겠습니까?" 하니, 윤허하였다.[153]

위의 내용에서 알 수 있는 것은 정현석 김해부사의 분산성 재축성과 분산성 내에 관청 창고와 망루, 군량 지출비용[154]을 이미 다 갖추어 놓았다는 것과 별장(別將)을 두어 수성(守成)하게 하자는 내용이다. 별장(別將)은 종9품 외직 무관이니 낮은 품계이기는 하지만 일정한 수의 관군 또는 해은사의 승군(승병)과 함께 분산성 내에 주둔했을 것이다. 다음은 「김해의 옛지도」에 기록되어 있는 분산성지도에 관한 일부 내용이다.

「지방지도」에서 분산산성은 중앙에 그려져 있으며 서남쪽에 김해부성(金海府城)을 그려 놓아, 유사시 읍치 수호의 기능을 드러내고 있다.

---

153 「고종실록」 고종 8년(1871년) 5월 30일, 국사편찬위원회.
154 「국역 김해읍지」 환적(宦績) 조와 「김해인물지」 역대지방관록에 정현석 부사가 향미(餉米) 삼백석(三百石)을 자비(自備)해 놓았다고 기록되어 있다. 그러나 고종 36년(1899년)에 편찬된 「경상남도김해군읍지」와, 민긍기(2014)의 「역주 김해읍지」에는 향미 삼백석이 아니라 이백석(二百石)으로 기록되어 있다.

1872년 제작된 경상도지도 분산성지도 ⓒ 규장각한국학연구원

또한 성곽 중심에 위치한 진아(鎭衙), 동문·서문·북문·남암문(南暗門), 봉수대, 화약고, 기타 창고, 우물과 연못을 상세히 표시해 놓았다. 그리고 산성 바로 남쪽에는 타고봉(打鼓峯)을 표시하였는데, 유사시 북을 메달아 놓고 치는 곳이다. 김해부민(金海府民)들은 타고봉의 북소리를 듣고 분산산성으로 피난했다고 한다. 한편, 지도에는 분산산성과 연계된 인근의 군사시설도 표시해 놓았다. 동쪽에는 동래부의 금정산성, 도서 지역에는 다대진(多大鎭)과 가덕진(加德鎭)이 확인된다. 분산산성 남쪽 해안에는 김해도호부의 중요한 해방(海防) 시설이 설치된 죽도(竹島)와 그곳의 군사시설인 수진군기(水陣軍器)·해창(海倉)·병선(兵船) 등을 표시해 놓았다. 「지방지도」의 분산성지도는 개축된 직후 바로 제작되었기에 개항기 조선 정부의 해방(海防) 실태를 살펴보는데 좋은 자료가 된다.[155]

위의 내용과 같이 1872년 제작된 분산성지도에는 분산성의 구조 및 내부 시설까지 상세하게 표시되어 있다.

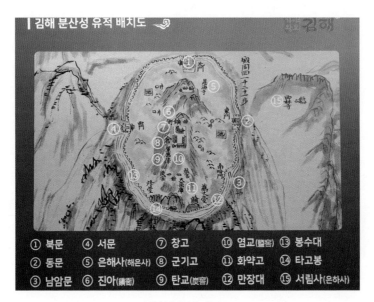

분산성 유적 배치도

155 「김해의 옛지도」, 2017, 김해문화원, pp.85-87.

복원된 분산성 서쪽 성벽

송담서원 내의 표충사와 사충단 앞에서 바라본 분산성

●복원된 분산성 동쪽 성벽

봉수대 근처 바위에 새겨진 흥선대원군의 친필 휘호 '만장대' 및 낙관

한편, 정현석 부사는 앞서 김해의 사충신 관련 내용에서도 살펴본 바와 같이 고종 8년(1871년) 유 식(柳湜)을 추가하여 사충신을 기리기 위한 사충단(四忠壇)을 건립하였다.

또한, 정현석 부사는 고종 10년(1873년) 폐사된 호계사(虎溪寺)에 있던 파사석탑(婆娑石塔)을 현재의 허왕후릉으로 이전하였으며, 허왕후릉도 대대적인 수리 및 정비를 하였다.

정현석 부사는 저서도 수십 권이 있어 말 그대로 문무를 겸비한 인물이라고 할 수 있다. 그의 저서에는 「계비번사고」, 「계비고」, 「유원고」, 「경개록」, 「여지고」, 「기계도설」, 「백행록」, 「오총도관견록」, 「시종록」, 「교방가요」 등이 있다. 그중 「교방가요」는 19세기 중·후반 지방 교방의 기녀들이 이습(肄習)하고 연행(演行)했던 공연물들에 관한 실상을 알려주는 일종의 '교방문화보고서'라 할 수 있다. 「교방가요」는 조선 후기 교방의 풍류세계를 보여주는 거의 유일한 자료인 셈이어서, 그 자료적 가치는 상대적으로 높다고 한다.[156]

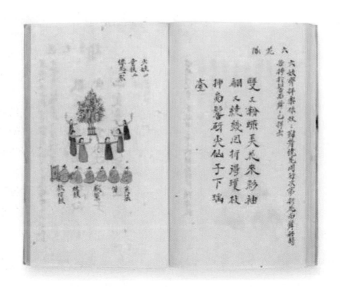

「교방가요」 육화대(六花隊) ⓒ 한국민속대백과사전, 국립민속박물관

「교방가요」 고무(鼓舞) ⓒ 한국민속대백과사전, 국립민속박물관

---

156 정현석 편저 · 성무경 역주, 2002, 「교방가요」, 보고사, p.13.

※ 분산성의 이대

고려 말 박 위 김해부사가 석성으로 축성하고 조선 말 정현석 부사가 다시 축성한 분산성 내의 성벽 주변에는 아래의 사진과 같은 이대 군락이 많이 있다. 이 이대라는 대나무의 용도는 무엇일까? 그 정답은 바로 전죽(箭竹), 즉 화살대(살대)를 만드는 재료이다. 시골에서 자란 남자들이라면 활과 화살을 만들어 놀았던 기억이 있을 것이다. 필자도 활은 건조된 일반 대나무로 만들었고 화살은 바로 이 이대를 톱이나 낫으로 베어서 만들었던 기억이 생생하다. 이대는 신이대, 시루대, 화살대(살대)라는 이름도

분산성 내의 이대 군락

있으며 우리나라의 산기슭이나 숲에서 흔히 볼 수 있는 대나무이다. 하지만 분산성 내에서 이 이대 군락을 만나니 그 안에 주둔했던 관군이나 승병[157]들이 전투를 대비해 수시로 화살을 만들었을 장면이 연상된다.

한편, 김해시 칠산서부동(이동)에는 곤지(昆地)라는 지명이 있다. 「김해지리지(국역판)」에 곤지에 대하여 '옛날의 곤지도(昆地島)인데 신라 때 이 섬이 국도의 지방에 위치하고 있었기 때문에 곤지도라고 불렀다. (「동국여지승람」·「읍지」) 섬 위에는 대나무가 많이 자생해서 통제영의 화살대로 쓰도록 바쳤다고 전하며, 이 때문에 활촉산이라고도 부른다.'로 기록되어 있는데 이 곤지도에서 자생하는 대나무도 화살대로 쓰였던 이대였을 것이다. 또한, 이순신 장군이 통제영을 건설했던 한산도 근처에도 대섬(죽도)이라는 섬이 있는데 이곳에서도 화살을 만들었던 이대가 많이 생산되어졌다고 한다. 우리나라 곳곳에 대나무가 많이 자라 대실(죽곡), 죽도(부산광역시 강서구(옛 김해지역))라는

---

157 분산성 내에는 금관가야 수로왕의 처남이자 허왕후의 오빠인 장유화상이 창건했다고 전해지는 해은사(海恩寺)가 있으며 임진왜란 때에는 승병이 주둔해 있었다고 한다. 분산성지도에는 분산성 내의 해은사 주변에 승병 또는 관군이 주둔했던 막사터가 표시되어 있다.

지명이 무수히 많듯이 이대가 자생하고 이 이대를 화살대로 생산했던 곳에서도 대섬, 죽도와 같은 지명이 많이 남아 있다.

정현석 부사는 김해 외에도 10개 고을의 현감, 부사, 목사, 부윤 등을 역임하였다. 분산성 내의 충의각에도, 삼가현감을 지냈던 삼가와 대의에도, 울산부사를 지냈던 울산에도, 양산 통도사 앞에도, 음성현감을 지냈던 음성에도 재임했던 곳마다 선정비가 존재하는 인물이다.

경남 합천군 삼가면 기양루 인근에 소재하는 현감정후현석거사불망비 ⓒ 정봉영

경남 의령군 대의면 도로변 언덕에 있는 행현감정후현석선정불망비 ⓒ 정봉영

정현석 부사는 고종 1년(1864년) 8월부터 고종 2년(1865년) 6월까지 울산도호부사(蔚山都護府使)로 재임했다. 울산시 북구 대안동 신흥사 입구에 있는 아래의 비석에는 부사정공휘현석불망비(府使鄭公諱顯奭不忘碑)라는 글자만 새겨져 있고, 다른 내용은 없다.

음성군 음성읍에도 정현석이 음성현감으로 재직 때 세워진 선정비가 현존한다. 비석 앞면에는 현감정후현석애민흥학영세불망비(縣監鄭侯顯奭愛民興學永世不忘碑)가 새겨져 있다.

부사정공휘현석불망비
ⓒ 한국향토문화전자대전,
한국학중앙연구원

현감정후현석애민흥학영세불망비
ⓒ 한국향토문화전자대전,
한국학중앙연구원

아래의 사진은 정현석이 통도사의 인근 지역인 김해부사, 울산부사, 경주부윤에 재임했을 때 바위에 새겨진 이름인 것으로 추정된다.

양산 통도사 이름바위에 새겨져 있는 정현석의 이름 ⓒ 이무의

※ 최초의 근대식 학교 원산학사

1880년 4월 원산이 개항하여 일본인 거류지가 만들어지고, 일본 상인들이 상업 활동을 시작하자, 덕원·원산의 지방민들은 새로운 세대에게 신지식을 교육하여 인재를 양성함으로써 외국의 도전에 대응하기로 하고, 나름대로 서당을 개량하여 운영하고 있었는데, 1883년 1월에 새로 부임해온 덕원부사 겸 원산감리 정현석(鄭顯奭)에게 설립기금을 모집할 뜻을 밝히고 근대 학교를 설립하여 줄 것을 요청하였다. 정현석은 서북경략사(西北經略使) 어윤중(魚允中)과 원산항 통상 담당의 통리기무아문 주사인 승지 정헌시(鄭憲時)[158]의 지원을 받으면서 관민이 합심하여 1883년에 원산학사를 설립하였다.

---

158 정현석 김해부사의 아들이다. 김해 분산성의 자연석 돌에도 정현석 김해부사와 아들 정헌시의 이름이 새겨져 있다.

원산학사의 설립기금은 덕원·원산의 주민들, 원산상회소(元山商會所), 정현석·어윤중·정헌시·외국인 등이 참여해서 모았으며, 1883년 8월에 원산학사 설립을 정부에 보고하여 허락을 받았다. 설립 초기에는 학교를 문예반과 무예반(武藝班)으로 편성하였는데, 문예반 정원은 없었으나 약 50명의 학생을 뽑았고, 무예반은 정원 200명을 뽑아서 교육·훈련하여 별군관(別軍官)을 양성하도록 하였다.

다음은 덕원부사 정현석이 원산학사를 운영하면서 배출되는 인재를 선발하도록 장계를 올린 것에 대해 의정부가 아뢰고 고종이 윤허하고 있는 「고종실록」의 기사이다.

덕원 부사 정현석이 인재를 선발하도록 장계를 올리다

의정부(議政府)에서 아뢰기를,

"방금 덕원 부사(德源府使) 정현석(鄭顯奭)의 장계(狀啓)를 보니, '본 부는 해안의 요충지에 위치하여 있고 아울러 개항지입니다. 그것을 빈틈없이 잘 운영해 나가는 방도는 인재를 선발하여 쓰는 데 달려있으며, 선발하여 쓰는 요령은 그들을 가르치고 기르는 데 달려있습니다. 그래서 원산사(元山社)에 글방을 설치하여, 문사(文士)는 먼저 경의(經義)를 가르치고, 무사(武士)는 먼저 병서(兵書)를 가르친 다음, 아울러 산수(算數), 격치(格致)와 각종 기기(機器), 농잠(農蠶), 광산 채굴 등을 가르치고, 문예는 달마다 의무적으로 시험을 보아 우수한 사람 1명을 뽑고, 매년 가을에 감영(監營)에 보고하여 공도회(公都會)에 붙여서 시험에 응시하게 하고, 무예는 동래부(東萊府)의 규례를 본받아 출신(出身)과 한량(閑良) 200명을 선발하고, 별군관(別軍官)을 처음으로 두어 달마다 의무적으로 시험을 보아 시상(施賞)하였습니다. 본 부에 있는 친기위(親騎衛) 44명은 이중으로 부릴 수 없게 하고, 특별히 각 고을에 이정(移定)하였고 별군관(別軍官)의 삭시(朔試)는 계획(計劃)하여 연말에 우등을 한 2인을 병조(兵曹)에 보고하여 출신에게는 특별히 절충장군(折衝將軍)을 가자(加資)하고, 한량은 특별히 직부전시(直赴殿試)하게 할 것을 묘당(廟堂)으로 하여금 품처(稟處)하게 하소서.'라고 하였습니다. 북쪽 해안은 중요한 지방으로 항구 사무도 또한 복잡합니다. 지금 가장 급한 문제는 오직 인재를 선발하여 쓰는 데 달려있으니, 만일 인재를 선발하여 쓴다면 가르쳐 길러내지 않을 수 없으며, 가르쳐 기르려면 또한 상을 주어 장려하지 않을 수 없습니다. 아울

러 친기위에 이속시키는 문제를 장계에서 청한 대로 시행하는 것이 어떻겠습
니까?"
하니, 윤허하였다.[159]

위와 같이 원산학사는 한국 최초의 근대학교로 알려졌던 배재학당
보다 실제로 2년 앞서 설립되었다. 한국 최초의 근대학교이자 근대 최
초의 민립학교인 원산학사의 설립은 한국 근대교육사에서 큰 의의가 있
는 것이다.

원산학사

159 「고종실록」 고종 20년(1883년) 10월 14일, 국사편찬위원회.

※ 원산학사와 동래무예학교

정현석(1817~1899)은 고종 때 관료로 「승정원일기」에 여러 부분에 뛰어난 관료로 기록되어 있다. 그는 고원군수를 시작으로 김해부사, 동래부사, 덕원부사를 역임하면서 지역민과의 유대관계가 뛰어나 고종에게 인정받았다. 무엇보다 1867년부터 6년여 동안 동래읍성 수축과 군사조련 등으로 철저한 대비를 한 것으로 유명하다. 뿐만 아니라 위성척사론자로서 공이 컸고, 호국의지가 강했던 관료이면서 조선후기의 문장가, 서예가, 외교가로서도 이름이 높았다. 그는 진주목사로 부임해 진주교방에서 익히는 춤과 노래, 그리고 풍습을 바로잡기 위해 엮은 「교방가요」를 저술한 것으로 유명하며, 최초의 근대학교 설립과 이 학교에 무예반을 설치해 무관을 양성하기도 했다.

우리나라 최초의 근대학교는 1883년 함경남도 원산에 세워진 원산학사(元山學舍)로 알려져 있다. 하지만 최초의 근대학교에 대한 논란은 끊이질 않는다. 개신교의 영향으로 세워진 학교들이 근대학교의 효시라고 주장하는 이들도 있기 때문이다. 이 학교는 당시의 학생을 문예반과 무예반으로 나누고, 정원을 처음에는 문예반 50명, 무예반 200명으로 했다. 교육과목은 공통과목으로서 시무(時務)의 중요한 과목으로 산수와 물리부터 각종 기계기술, 농업, 양잠, 광산채굴 등을 가르쳤고, 특수과목으로서 문예반은 경의(經義)를 무예반은 병서와 사격술을 교육했다. 교육기간은 처음에는 1년을 단위로 했으나 뒤에 소학교 기준으로 연장됐다.

원산학사보다 5년 빨리 동래부(東萊府, 부산에서 포항에 이르는 지역을 포함한 지역)에 '무예학교(武藝學校)'가 존재했다. 최근의 문헌들은 체육사나 무예사에 한 두 줄 인용되는 수준에 머물러 있지만 이 학교의 존재에 대해 필자는 확신하고 있다. 원산학사를 개교하는데 공헌한 사람이 정현석이고 동래 무예학교를 설립한 이도 동일인이었다. 이 두 학교의 설립자인 정현석은 관과 민의 협조로 근대학교인 원산학사를 설립했다. 사학(私學)형태로 무예학교는 동래부사였던 시절에, 원산학사는 덕원부사로 재직할 때 개교한 것이다.

동래무예학교, 근대학교의 시초

지금 부산에서 무예학교는 어디에 있었을까. 아직 사료는 발견되지 않고 있다. 무예학교가 개교할 당시에 동래부는 무청(武廳, 치안과 군사를 담당하던 관청)이 다른 지역에 비해 많았다. 이 시기가 무예학교를 만든 정현석이 동래부사로 재직할 시기인 만큼 동래부 동헌(東萊府 東軒, 부산시 동래구 수안동 421-56번지 일원)부근의 시설을 이용했을 것으로 추측할 수 있다. 동래부의 경우 일반 군현과는 달리 국방의 요충지였던 만큼 무청은 중군청, 군관청, 교련청, 장관청, 수성청, 별무사청, 도훈도청과 같은 8청이 있었다. 소규모의 무청도 많았다는 점에서 무청 중 하나를 무예학교로 지정해 교육했을 가능성이 높다.

체육사 연구자들에게도 동래무예학교는 인용되고 있다. 한양대 이학래 명예교수가 쓴 '한국체육사'에서는 무예반의 경우 유엽전(柳葉箭), 편전(片箭), 기추(騎芻, 말을 타고 활을 쏘는 기사(騎射))도 했다고 주장했다. 「승정원일기」의 고종 기록에는 기추(騎芻)의 경우 응시자가 흔하지 않거나 소수에 불과했고, 실시한다 해도 소수인원이 합격했다는 점을 감안하면, 무예학교에서 이를 집중 육성했을 수 도 있다. 하지만 당시 여건상 이러한 교육과정보다는 사격술과 병술에 치중했을 가능성이 높다.

정현석은 왜 무예반에 애정을 쏟았을까? 당시 일본의 무력 위협이 수시로 자행됐기 때문에 1883년 8월에 원산학사의 무예반 자격을 위해 직접 정부에 보고했다. 이러한 노력으로 같은 해 10월 정부에서 승인되어 원산학사 무예반의 졸업생들은 하급 장교인 별기군으로 선발될 수 있는 여건을 만들었다. 원산학사는 무사로서 무예반에 지원하는 이들에게 입학금 없이 입학을 허락했고, 200명을 정원으로 선발해 교육과 훈련을 시켜 별군관(別軍官)을 양성했다. 별군관은 조선 후기 장신(將臣)들의 전령이나 사환을 맡았던 하급 장교로 원래는 무과에 급제했으나 관직을 얻지 못한 자나 한량(閑良) 가운데 무예에 기량이 뛰어난 자를 임명했다. 이들은 궁성 밖을 순찰, 감독했으며 지방의 진(鎭)이나 둔(屯)에 교대로 파견되기도 한 군관이었다.

이러한 근대학교의 무예반은 동래무예학교의 경우 무예교육을 통해 근대의 관문이었던 동래 개항장에서의 일본과의 충돌에 대한 대비책이었으며, 원산학사는 별군관으로서 궁성과 각 지역의 군관으로서 외세의 침략에 대비하는 인재를 양성한 것이다.

이처럼 정현석은 동래무예학교의 사례를 그대로 원산학사에 이어 받아 무비자강(武備自强)을 시도한 것이다. 이러한 노력은 조선후기 문(文) 중심의 교육적 한계를 극복하기 위해 근대교육으로서 무(武)의 가치를 높게 평가하고 실천한 것은 현실주의적이며 창의적인 것이었다.160

김해부사 등 수 많은 관직을 역임한 정현석의 역사적 업적은 도대체 어디까지일까? 그는 우리나라 역사에서 그 어느 시대의 누구처럼 자리만 차지하고 앉았던 관리와는 차원이 다른 인물이었던 것이다. 또한, 그에 대한 표현을 단순히 문무를 겸비한 관료라고 하기엔 너무나 부족해 보인다. 한편으로는 많은 공역 등으로 인해 백성들을 힘들게 하지는 않았을까 하는 생각이 든다면 그것은 좋은 일이든 싫은 일이든 무조건 하기 싫어하는 게으른 사람들이 하는 말일 것이다. 필자가 본서를 쓰고자한 첫 이유도 분산성을 재축성한 정현석 김해부사가 어떤 인물이고 그가 김해부사 재임시절 남겼던 역사적 업적을 검토해 보기 위해서였다.

하지만 정현석의 마지막 관직 생활은 좋지 않게 끝났다. 1894년 황해도 관찰사(감사)로 일하고 있을 당시는 동학농민운동의 봉기 등 조선 전체가 어지러운 상황이었다. 황해도 또한 예외가 아니어서 해주감

160 중부매일, 2020년 6월 11일 기사.

영이 동학도에게 습격당하는 일도 있었다. 정현석 감사는 그 책임으로 파직된 것이다. 다음은 정현석의 파직과 관련된 「고종실록」의 내용이다.

의정부에서 황해감영에 비적이 일어난 것과 관련하여 지방관을 파면하라고 아뢰다

의정부(議政府)에서 아뢰기를,

"황해 감영(黃海監營)에서 비적(匪賊)들의 소란161이 일어났다는 소문은 갈수록 더욱 헤아릴 수 없습니다. 지방관이 진실로 백성들을 회유하고 통제하는 두 가지 일을 다 제대로 하였다면 어찌 이러한 전에 없던 변고가 생겼겠습니까? 변란이 생긴 지 여러 날이 지났는데도 여전히 치계(馳啓)하지 않았으니, 또한 지극히 해괴하고 개탄할 일입니다. 황해감사(黃海監司) 정현석(鄭顯奭)에게는 우선 견파(譴罷)하는 법을 시행하고 그 대신에 관서 선유사(關西宣諭使) 조희일(趙熙一)을 차하하며, 해주 판관(海州判官) 이동화(李同和)는 파출(罷黜)하고 그 대신에 연안 부사(延安府使) 이계하(李啓夏)를 이차(移次)하되, 모두 편리한 길을 따라 수일 내로 즉시 부임하게 하며, 비적들의 소란이 일어난 전말을 새 도신(道臣)으로 하여금 철저히 조사하여 등문(登聞)하도록 행회(行會)하는 것이 어떻겠습니까?" 하니, 윤허하였다.162

18) 조병갑 부사

재임기간: 1887년 8월(발령은 1887년 6월 18일)~1889년 2월

조병갑 하면 떠오르는 내용은 동학농민혁명의 원인을 제공한 탐관오리 고부군수 조병갑이다. 이런 조병갑도 고부군수 전에는 함양군수, 김해부사, 영동현령을 역임했다. 조병갑은 함양군수로 재임(1886년 4월~1887년 6월)하다가 1887년 8월 6일 김해부사로 부임하였고 이후 1892년부터 1894년까지 고부 군수로 재임했다. 뜻밖인 것은 함양군수,

---

161 성무경(2002)은 이와 관련하여 동학도가 해주감영을 습격하였는데 '동학도의 공격은 실패로 끝났지만, 이 때 해영(해주감영)을 공격한 동학도의 주력은 김창수 부대였고, 이 사람은 곧 어린 시절의 백범 김구이다.'로 기록하고 있다.

162 「고종실록」 고종 31년(1894년) 11월 4일. 국사편찬위원회.

김해부사를 역임했던 조병갑의 선정비가 존재하고 있다는 것이다. 탐관오리의 대명사로 고부에서 전봉준 장군의 아버지를 죽이기까지 한 인물이 그 전에 수령으로 일한 지역에서는 선정을 베풀었다 하여 백성들이 돈을 내어 선정비를 세워 줬다는 것이다. 조병갑도 고부군수가 되기 전에는 정말로 백성들에게 선정을 베풀었을지도 모른다. 옛 말에 이런 말이 있다. '아들 낳아서 과거 급제시켜 전라도에 수령으로 보내는 것이 우리 집의 목표다'라는 말이다. '아들이 과거에 급제하지 못하면 돈으로 전라도 수령 벼슬을 사서라도 보내야 한다'는 말도 있다. 이 말의 의미는 전라도의 곡창지대, 즉 지금의 호남평야가 있는 지방에 가서 백성들을 수탈해 한 밑천 크게 잡아 집안을 일으켜 세워야 하겠다는 의미이다. 정당하게 과거급제를 했으면 좀 덜 할지는 몰라도 돈으로 벼슬을 샀다면 그 몇 갑절로 그 지역 백성들에게서 고혈을 긁어내었을 것이다. 이런 말이 유행할 정도였으니 백성들은 얼마나 피눈물을 흘리면서 정당한 조세 외에도 부당한 조세까지 내야 했을까? 참다못한 고부 지역의 백성들이 들고 일어난 것이 동학농민혁명의 시작인 것이다.

앞에서 조병갑이 고부군수가 되기 전에 재임했던 함양군수, 김해부사 시절에 백성들에게 선정을 베풀었다는 의미의 선정비가 존재한다고 했는데 실제로 1887년 7월에 세워진 함양군 상림의 조병갑 선정비에는 "조선 말 조병갑 군수는 유민을 편안하게 하고 봉급을 털어 관청을 고치고 세금을 감면해 주며 마음이 곧고 정사에 엄했기에 그 사심 없는 선정을 기리기 위해 고종 24년(1887년) 비를 세웠다."라는 의미의 내용이 한자로 적혀있다. 이와 같은 조병갑의 선정비가 백성들을 괴롭힌 탐관오리의 것이라 하여 최근 훼손된 일도 있었고 철거해야 된다는 주장도 있었다. 하지만 탐관오리 조병갑의 잘못을 적은 안내판을 설치하고 역사적 교훈으로 삼자는 의미에서 철거하지 않고 존재시키고 있다.

군수조후병갑청덕선정비

군수조후병갑청덕선정비 안내문 1

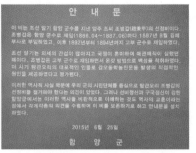

군수조후병갑청덕선정비 안내문 2

한편 조병갑의 선정비는 김해에도 존재한다. 조병갑이 고부군수가 되기 전에는 김해부사를 역임했고, 영동현령으로 잠시 일하기도 하였다. 김해시 생림면행정복지센터(생림면사무소) 앞에는 고종 25년(1888년)

에 세운 영의정 심순택, 순찰사 이호준, 김해부사 조병갑의 영세불망비
와 병조참판 이유인의 송덕비가 한 곳에 모여 있다. 아래의 사진 맨 오
른쪽 비석이 조병갑의 선정비, 즉 부사조병갑영세불망비이다. 사진 맨
왼쪽의 비석은 선은대 비석인데 병조참판, 한성판윤, 경무사, 법부대신
등을 지낸 이유인이 고종의 생민지덕을 널리 알리기 위해 쌓은 것이다.
김해시 생림면 봉림리에 있던 것인데 이곳으로 옮겨놓은 것이다.

김해시 생림면행정복지센터(생림면사무소) 앞의 조병갑선정비를 포함한 비석들

※ 금릉(金陵)과 낙동강(洛東江)

금릉은 김해의 미칭(美稱)으로, 중국의 금릉(지금의 난징(南京))에 비유하여 부르는 이름이다. 김해의 미칭을 금릉으로 정하여 부른 사람은 정현석 김해부사(재임기간: 1870년 6월~1873년 12월)였다고 한다. 금릉이 양쯔강(양자강 또는 장강) 유역에 있는 유서 깊은 도시이듯이 김해도 낙동강이 굽이쳐 흘러가는 금관가야시대부터의 고도(古都)라서 그런 비유를 했을 수도 있을 것이다. 정현석 부사는 김해의 임호산을 중국 금릉의 봉명산(鳳鳴山)에 비유하기도 했다.

김해는 예나 지금이나 낙동강을 젖줄로 삼아 생명을 유지하고 있다고 해도 과언이 아니다. 낙동강(洛東江)은 그 이름도 많다. 낙동강의 의미는 낙양(洛陽)의 동쪽에 있는 강이라는 것이다. 낙양은 경북 상주의 별칭(別稱)이다. 또한, 금관가야를 뜻하는 가락의 동쪽을 흐르는 강이라는 의미도 있다. 또 다른 이름으로 황강, 황산강도 있다. 김해 지역 근처에서도 낙동강의 이름은 여러 개가 있다. 다음은 민긍기(2005)의 「김해의 지명」에 기록되어 있는 낙동강의 이름 관련 내용이다.

삼분수(三分水)

삼분수는 낙동강이 하구에 이르러 세 갈래의 물줄기로 갈라진 것을 일컫는 이름이다. 지금의 낙동강 본류, 평강천, 서낙동강이라고 불리는 태야강(台也江)을 말한다. 삼분수의 또 다른 이름으로 삼차수, 삼차강, 삼차하 등이 있다.

해양강(海陽江)

해양강은 생림면 생철리에 있었던 해양진 부근의 낙동강을 지칭하는 말이다. 본래 이름은 뇌진(磊津)이다.

용당강(龍堂江)

용당강은 상동면 여차리 용당마을과 양산시 원동면 용당리 부근의 낙동강을 지칭하는 말이다.

옥지연(玉池淵)

옥지연은 상동면 감로리 부근의 낙동강을 지칭하는 말이다.

황산강(黃山江)

양산 황산역으로 건너가던 황산진 부근의 낙동강을 지칭하는 말이다. 황산강
은 앞에서도 기술한 바와 같이 1377년 박 위 김해부사가 황산강에서 왜구를
격퇴한 내용에서도 언급된 낙동강의 또 다른 이름이다.

선암강(仙巖江)

선암강은 불암동 부근의 낙동강을 일컫는 이름이다.

태야강(台也江)

태야강은 지금의 서낙동강을 일컫는 이름이다.

평강천(平江川)

평강천 부산광역시 강서구 대저1동, 대저2동과 강서구 강동동 사이를 흐르는
낙동강 하류의 물줄기이다.[163]

---

163 민긍기, 2005, 「김해의 지명」, 김해문화원, pp.492-501.

●분산성 봉수대에서 바라본 서낙동강

임진왜란 당시 왜군들은 저 물길을 거슬러 올라 김해로 쳐들어 왔을 것이다.

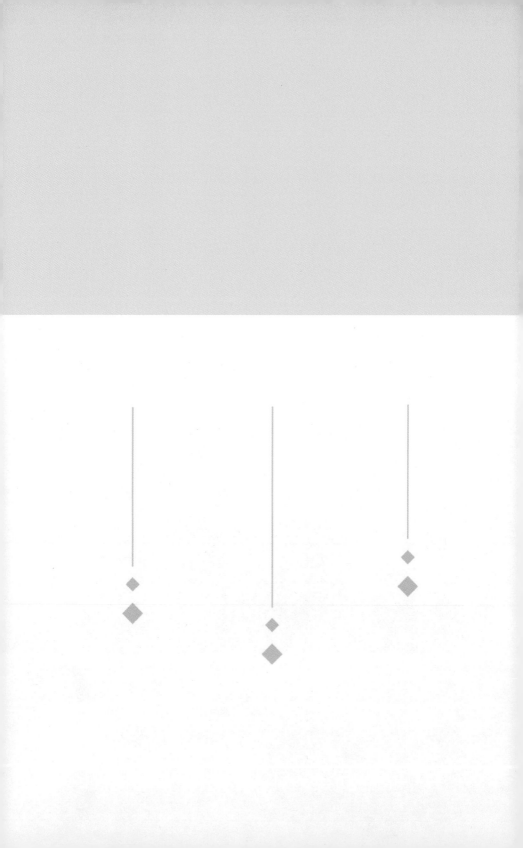

제3장

마지막 김해부사, 그리고 김해군수와 김해시장

김해부사 이야기

1. 김해부사에서 김해군수로 바뀐 이규대 부사

이규대 김해부사는 고종 31년(1894년) 12월에 김해부사로 부임했는데 그 이후에 1895년 5월 지방관제 개편에 따른 지방관제개편으로 김해도호부가 진주관찰부에 속하는 김해군으로 개칭되어 부사에서 바로 군수로 바뀌게 되었다. 이 과정에서 1895년 음력 11월 17일을 1896년 양력 1월 1일로 하는 태양력을 사용하게 되었고, 이규대 군수는 1896년 12월까지 김해군수로 재임했다.

2. 경술국치 전후의 군수

1) 감인현(甘麒鉉) 군수

재임기간: 1910년 3월~1910년 8월

감인현 군수는 김해군수로 재임 중에 경술국치(1910년 8월 29일)를 당한 군수이다.

1880년(고종 17)~1964년. 본관은 회산(檜山). 자는 영팔(英八), 호는 동미(東湄)이다.

1899년(광무 3년) 20세에 참정(參政) 민영환(閔泳煥)을 만나, 궁내부주사(宮內府主事)로 추천되었다. 1902년에 중추원의관(中樞院議官)으로 승진되었으며, 1904년 혜민원참서(惠民院參書)가 되었다. 1905년 을사조약으로 민영환이 죽자 그를 제사지내기도 하였다. 1907년 초계군수가 되었으며, 이후 김해군수가 되었다.

2) 조제환 군수

재임기간: 1910년 9월~1911년 10월

경술국치 후 초대 김해군수가 되었다.

3) 민인호 군수

재임기간: 1923년 12월~1928년 12월

민인호(1884년~1950년) 군수는 산청출신으로 동경제국대학을 나와 일제강점기에 탁지부 주부를 거쳐 김해군수를 역임했다. 일제강점기에 김해군수를 지냈지만 군민을 수탈하지 않고 지역민과 친숙하게 지냈기에 존경받았다.

그의 공적은 군수 재직 시 수로왕릉 확장 중수사업으로 현 왕릉을 남산 전역까지 확충 하려고 추진 단계에 들어갔다. 그러나 돌연 함양군수로 발령을 받아 이 사업은 중단 하게 되었고 다만 그 공로를 기억하는 비문이 수로왕릉 영내에 있다.[164]

3. 해방 전후의 군수

1) 김정희(金井喜) 군수

재임기간: 1945년 3월 31일~1945년 9월 30일[165]

2) 한봉섭(韓奉燮) 군수

재임기간: 1945년 9월 30일~1946년 10월 1일

한봉섭 군수는 해방 후 초대 김해군수로 재임하였다.

---

164 김해일보, 2019년 4월 5일 기사.
165 「김해인물지」 역대지방관록에서는 김정희 군수의 재임기간이 1945년 3월 31일~1945년 10월 24일로 기록되어 있다.

4. 김해군수에서 김해시장으로

1) 문 백 시장

문 백 시장은 김해군수로 재임하다가 김해읍이 김해시로 승격되어 1981년 7월부터 1983년 11월까지 초대 김해시장으로 재임했다.

2) 김태웅 시장

김태웅 시장은 김해군수로 재임하다가 1995년 5월 8일 김해시와 김해군이 통합되어 초대 통합시장이 되었다.

3) 안두환 시장

안두환 시장은 1994년 4월부터 1995년 3월까지 김해시장으로 재임했다.

4) 박양기 시장

박양기 시장은 1995년 4월부터 1995년 6월까지 김해시장으로 재임했다.

5) 송은복 시장

송은복 시장은 김해시 초대 민선시장으로 1995년 7월부터 2006년 2월까지 재임했다. 그는 김해시 발전의 초석을 다진 시장이다.

6) 김종간 시장

김종간 시장은 2006년 7월부터 2010년 6월까지 김해시장으로 재임했다. 그는 김해의 향토사 분야에 독보적인 시장이다.

7) 김맹곤 시장

김맹곤 시장은 2010년 7월부터 2015년 11월까지 김해시장으로 재임했다.

8) 허성곤 시장

허성곤 시장은 2016년 4월부터 현재까지 김해시장으로 재임 중이다. 그는 김해시를 법정 문화도시로 선정되게 만든 열정적인 시장이다.

5. 김해군수 및 김해시장 재임자 명단과 재임기간

이규대 군수
재임기간: 1894.11.23~1896.12.12

이수룡 군수
재임기간: 1897.03.29-1899.06.22

이용교 군수
재임기간: 1899.07.03~1903.01.19

이근홍 군수
재임기간: 1903.01.29~1905.01.16

이징선 군수
재임기간: 1905.02.04.~1906.06.02

양홍목 군수
재임기간: 1906.08.02~1907.02.30

정일용 군수
재임기간: 1908.02.05~1908.08.12

이시철 군수
재임기간: 1908.12.03~1909.08

감인현 군수
재임기간: 1910.03~1910.9

조제환 군수
재임기간: 1910.09~1911.10

이원호 군수
재임기간: 1911.10~1918.05

신태무 군수
재임기간: 1918.05~1921.12

이장희 군수
재임기간: 1921.12~1923.12

민인호 군수
재임기간: 1923.12~1928.12

김성한 군수
재임기간: 1928.12~1932

황덕순 군수
재임기간: 1932~1934

김의용 군수
재임기간: 1934~1938

오두환 군수
재임기간: 1938~1940

윤종화 군수
재임기간: 1940~1943

윤 관 군수
재임기간: 1943~1945

김정희 군수
재임기간: 1945.03.31~1945.10.24

한봉섭 군수
재임기간: 1945.09.30~1946.10.01

신랑재 군수
재임기간: 1946.10.01~1948.03.06

박재관 군수
재임기간: 1948.03.06~1950.05.06

황남입 군수

재임기간: 1950.05.06~1951.10.05

손찬조 군수

재임기간: 1951.10.05~1952.12.04

이성태 군수

재임기간: 1952.12.04~1953.10.06

이경호 군수

재임기간: 1953.10.06~1954.11.02

이백순 군수

재임기간: 1954.11.02~1958.12.31

최수경 군수

재임기간: 1958.12.31~1960.05.25

김영곤 군수

재임기간: 1960.05.25~1960.11.27

박동선 군수

재임기간: 1960.11.27~1961.06.18

정영현 군수

재임기간: 1961.06.18~1961.07.30

정명철 군수
재임기간: 1961.07.31~1962.10.26

하용옥 군수
재임기간: 1962.10.26.~1963.6.7

서정화 군수
재임기간: 1963.06.07~1764.01.17

김현규 군수
재임기간: 1964.01.17~1964.11.10

김철년 군수
재임기간: 1964.11.10~1968.05.01

노이식 군수
재임기간: 1968.05.01~1970.04.25

박용범 군수
재임기간: 1970.06.05~1971.08.21

강삼희 군수
재임기간: 1971.08.21.~1973.06.30

김영완 군수
재임기간: 1973.07.01~1974.07.31

윤희윤 군수

재임기간: 1974.08.01~1975.10.12

황대영 군수

재임기간: 1975.10.13~1977.02.10

전병출 군수

재임기간: 1977.02.11~1980.03.17

문 백 군수

재임기간: 1980.03.17~1981.06.30

문 백 시장

재임기간: 1981.07.01~1983.11.26

김창수 군수

재임기간: 1981.07.01~1983.04.10

윤병열 군수

재임기간: 1983.04.11~1986.03.07

유병탁 시장

재임기간: 1983.11.26~1986.03.08

최재현 시장

재임기간: 1986.03.08~1987.09.03

이광열 군수

재임기간: 1986.03.08~1986.12.24

박찬규 군수

재임기간: 1986.12.24~1988.06.11

여주환 시장

재임기간: 1987.09.03~1988.02.05

이원민 시장

재임기간: 1988.02.05.~1988.06.11.

안강식 시장

재임기간: 1988.06.11~1989.09.27

박지근 군수

재임기간: 1988.06.11~1990.06.20

송은복 시장

재임기간: 1989.09.27~1992.05.19

노재은 군수

재임기간: 1990.06.20~1991.10.21

하주열 군수

재임기간: 1991.10.21~1993.01.18

백승두 시장

재임기간: 1992.05.19.~1994.04.26

이덕영 군수

재임기간: 1993.01.18~1994.02.07

김태웅 군수

재임기간: 1994.02.07~1995.06.30

통합시장166

1995.05.08

안두환 시장

재임기간: 1994.04.26~1995.03.31

박양기 시장

재임기간: 1995.04.30~1995.06.30

송은복 시장

재임기간: 1995.07.01.~2006.02.26

김종간 시장

재임기간: 2006.07.01~2010.06.30

김맹곤 시장

재임기간: 2010.07.01~2015.11.27

---

166 김태웅 군수가 초대 통합시장이 되었다.

허성곤 시장
재임기간: 2016.04.14~현재

제4장

김해부(府)의 동헌, 위원대, 외장대를
건립 및 중건하고 관리한 김해부사

김해부사 이야기

각 고을 읍성에는 동헌(東軒)이 있었다. 김해읍성 내에도 김해부사
가 업무를 보던 동헌이 있었다. 김해부(府) 동헌은 부청(府廳)으로도 불
려졌다. 또한, 고을의 읍성에는 남장대, 북장대, 서장대 등 높이 쌓은
장대(將臺)가 있었다. 김해읍성에도 위원대(威遠臺) 등의 장대가 있었다.
본 장에서는 김해읍성 내의 동헌과 장대 등을 건립 및 중건하고 관리
한 김해부사에 대하여 검토해 보고자 한다. 동헌, 위원대 등의 내용은
「김해지리지(국역판)」 및 「김해인물지」를 참고하였다.

1. 김해부(府)의 동헌을 중건하고 관리한 김해부사

1) 박눌생 부사

재임기간: 1443년 전후

세종 25년(1443년) 동헌이 실화로 소실되어 박눌생 부사가 신축했다.
김해부(府) 동헌이 임진왜란 때 다시 전소하였다.

2) 정기룡 부사

재임기간: 1602년3월~1604년 1월

선조 35년(1602년) 정기룡 부사가 동헌을 재건하였다.

3) 임충간 부사

재임기간: 1621년 4월~1623년 4월

광해군 13년(1621년) 임충간 부사가 동헌대청(東軒大廳)을 새로 지었다.

4) 이정신(李廷臣) 부사

재임기간: 1623년 6월~1624년 12월

인조 1년(1623년)[167] 이정신 부사가 동헌에 기와를 이었다.

5) 허 재 부사

재임기간: 1698년 3월~1700년 8월

허 재 부사가 아사(동헌)를 중수하였다.

6) 정현석 부사

재임기간: 1870년 6월~1873년 12월

정현석 부사가 부청(府廳), 즉 아사(동헌)를 중수하였다.

7) 이용의 부사

재임기간: 1875년 4월~1876년 3월

이용의 부사가 내(內) 아사를 새로 건립했다.

2. 위원대(威遠臺)를 건립하고 중수한 김해부사

1) 변국한 부사

재임기간: 1676년 3월~1677년 5월

장대(將臺)로 불렀던 위원대[168]를 숙종 3년(1677년) 변국한 부사가

---

167 이병태(2002)의 「김해지리지(국역판)」 52page에는 광해군 15년(1623년)에 이정신 부사가 동헌에 기와를 이었다로 기록하고 있다. 그런데 이정신 김해부사의 재임기간은 1623년 6월 9일부터 1624년 12월 21일까지다. 반정으로 인조가 즉위한 시기가 1623년 3월 13일이므로 광해군 15년(1623년)이 아니라 인조 1년(1623년)으로 기록하였다.
168 위원대는 내장대(內將臺) 또는 장대라고도 하였다.

건립했다.

2) 이 홍 부사

재임기간: 1693년 7월~1695년 11월

이 홍 부사가 숙종 19년(1693년) 위원대를 중수했다.

3) 김중구 부사

재임기간: 1717년 9월~1718년 12월

김중구 부사가 숙종 44년(1718년) 위원대를 중수했다.

4) 송징래 부사

재임기간: 1730년 2월~1732년 6월

송징래 부사가 영조 8년(1732년) 위원대를 다시 중수하고 단청(丹靑)을 새로 하였다.

3. 외장대(外將臺)를 건립하고 중수한 김해부사

1) 허 재 부사

재임기간: 1698년 3월~1700년 8월

김해읍성의 서북 5리에 있어 해마다 경상우병사가 와서 군대를 조련할 때 백성들의 부역으로 가막(假幕)을 설치하던 것을 숙종 24년(1698년) 허 재 부사가 부민의 편의를 위해 건립하였다.[169]

---

169 이병태, 2002, 「김해지리지(국역판)」, 김해문화원, p.56.

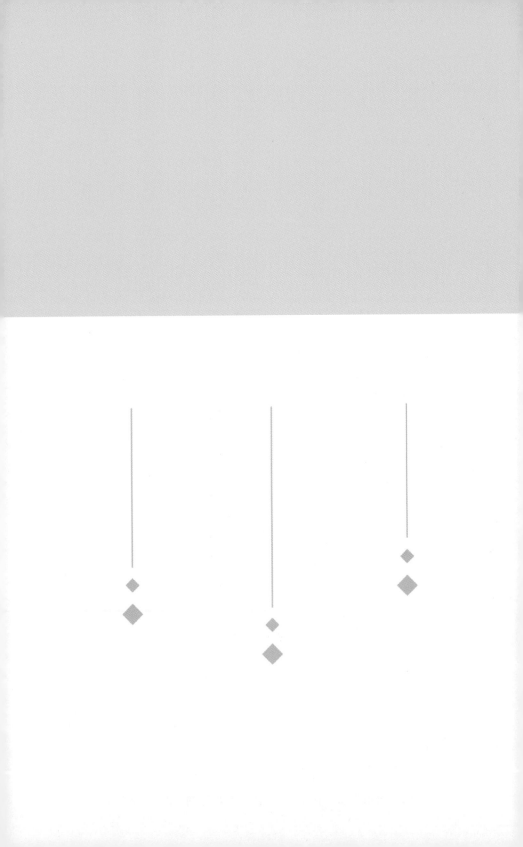

제5장

김해부(府) 조세창고 및 군기고 등을 창건 및 중건한 김해부사

김해부사 이야기

평상시 조세와 군기의 관리는 지방관의 가장 중요한 임무였다. 김해부사도 예외일 수 없었을 것이다. 본 장에서는 김해의 조세창고 및 군기고를 창건 및 중건한 김해부사를 검토해 보고자 한다. 또한, 관련 김해부사를 확인하지 못한 주요 창고의 내용도 검토해 보고자 한다. 창고와 군기고 등의 내용은 「김해지리지(국역판)」 및 「김해인물지」 등을 참고하였다.

강창(江倉)

김해읍성의 서쪽 해반천의 하류인 강창포에 있었으며, 김해부의 조곡(租穀)을 모아 두는 창고였다.

진휼창(賑恤倉)

흉년에 궁민(窮民)을 구제하기 위한 구호곡을 모아 두었다.

설창(雪倉)

현종 7년(1666년) 김 성 부사[170]가 중북촌에 창건했다.

청천, 하계, 중북, 상북, 하북 각 면의 세곡을 수납하기 위하여 세운 것이다. 화포천가에 세곡을 모아 쌓아두었다.

---

170 김 성 부사 재임기간: 1666년 9월~1669년 1월

불암창(佛巖倉)

조선 초기 및 중기에 도내의 공부(公賦, 조세현물)를 수납하는 조세 창고였다. 경남에는 마산 합포창, 사천 통양창도 있었다. 이러한 조세 창고를 조창(漕倉)이라고 하였다. 불암창이 있던 김해시 불암동에는 조전성(漕轉城)이 있어 조세창고인 불암창을 경비했다.

산산창(蒜山倉)[171] [172]

영조 20년(1744년) 산산창을 세워 명지도의 소금 굽는(자염생산) 염간(鹽干)을 상대로 소금 2석을 쌀 1석과 교환해주고 소금을 저장하는 곳이었다. 처음에는 산산창 별장(別將)을 두고 염정(鹽政)을 전관(專管)하게 하다가 뒤에 김해부사의 소관이 되었다. 영조 39년(1763년) 다시 감영(관찰사)에서 담당하도록 되었으며, 매년 이곳의 창미(倉米) 1,500석을 염간의 식량으로 나누어주고, 소금은 매년 봄에 2,000석, 가을에 1,000석을 모아서 낙동강상류에 싣고 가서 판매하도록 하였다. 공염발매 전에는 사상(私商)의 소금매매를 금지했기 때문의 연강(沿江) 백성들의 원성이 자자하였다.

보민창(補民倉)

보민창은 숙종 때 민원중 김해부사[173]가 부사로 재임할 때 창설하였다. 보민창은 보민고(補民庫)의 이전 이름이다. "조선 후기에 각 지방에서 전세(田稅) 이외의 잡역 및 기타 관청의 비용을 조달하기 위하여 설치된 민고(民庫)라는 재정기구가 있었는데, 보민고, 대동고(大同庫), 고

---

171 한국고전번역원의 「신증동국여지승람」 제32권, 경상도, 김해도호부, 창고 조에는 산창(蒜倉)으로 기록되어 있다.
172 산산(蒜山)은 김해시 대동면 예안리 마산의 옛 지명이다. 김해 사충신 중의 한 사람인 유 식이 태어난 곳이다.
173 민원중 부사 재임기간: 1713년 10월~1715년 8월.

마고(雇馬庫) 등으로 불려졌다."174

산창(山倉)

부동(府東) 30리 지점에 있었던 창고로서 동래의 금정산성과 대치하고 있었다.

수창(稤倉)

수창에 대하여 이병태(2002)의 「김해지리지(국역판)」에는 짚단의 창고로 기록되어 있다. 인조 24년(1646년) 이상경 부사175가 부아의 동쪽에 새로 지었다.176 그러나 이병태(2001)의 「국역 김해읍지」 공해(公廨)조의 수창에는 짚단 창고라는 기록은 없고 다른 내용은 동일하게 기록되어 있다. 이와 관련하여 민긍기(2014)의 「역주 김해읍지」 창고(倉庫)조에는 읍창(邑倉)에 대한 주석으로 '읍창은 김해시 회현동이 속한 서상동에 있던 창고이다. 읍창이란 말은 본래 관아에 속해 있는 창고를 뜻하나 여기서는 관아의 대표적인 창고라는 뜻으로 사용된 듯하다. 본래 곡식을 쌓아 두는 뜻으로 수창(稤倉)이라고 불리던 것이 점차 읍성으로 불렸던 것으로 생각된다. 「여지도서」를 보면 읍창 대신에 수창이 등장한다. 수창은 조선 인조 24년(1646년)에 부사 이상경이 세웠다.'177로 기록하고 있다. 또한 같은 책 공해(公廨) 조에도 수창은 '부(府)의 아사 동쪽에 있으며 부사 이상경이 병술년(인조 24년(1646년))에 지었다.'로 기록하고 있다.

---

174 최학삼, 2019, "민고(民庫)에서 징수한 부가세에 관한 연구", 「문화기술의 융합」, 제5권 제3호, p.26.

175 이상경 부사 재임기간: 1646년 11월~1649년 4월

176 이병태, 2002, 「김해지리지(국역판)」, 김해문화원, p.53.

177 민긍기, 2014, 「역주 김해읍지」, 누리, p.63

대동청(大同廳)

김해부 아사의 북쪽에 있었는데 광해군 6년(1614년) 홍 걸(洪傑) 부사[178]가 처음 건립했고, 고사(庫舍)도 함께 지었다.

한편, 「김해인물지」 역대지방관록에 정재용 부사[179]가 재임 중에 본해설(本海雪) 3창을 중수했다는 기록이 있다. 3창이라는 의미는 세 개의 창고라는 의미일 것이며, 해창과 설창 그리고 김해부의 중심이 되는 창고(本倉)를 의미하는 것으로 예상된다.[180]

해창(海倉)

수군이 군기(軍器)를 보관하기 위한 창고로서 효종 즉위년(1649년) 박경지 부사[181]가 창건하였다.

「김해인물지」 역대지방관록에서는 김 성 부사[182]가 해창을 설치했다는 기록이 있다.

수어창지(守禦倉址)

옛날 남한산성에 있던 수어청에 상납하는 곡식을 보관하던 곳이다. 고종 3년(1866년) 읍지에 의하면 남한수어영납의승방답전(南漢守禦營納義僧防畓錢) 154양내(兩內) 77양편분리전(兩便分利錢) 상중하(上中下), 지소77양(紙所77兩) 상진조가분모(常賑租加分耗) 77석회감작전(石會減作錢) 10월 상납 본창색 공례방(本倉色 公禮房)으로 나와 있다.[183]

---

178 홍 걸 부사 재임기간: 1614년 5월~1615년 5월.
179 정재용 부사 재임기간: 1859년 2월~1861년 8월.
180 한국고전번역원의 「신증동국여지승람」 제32권, 경상도, 김해도호부, 창고 조에는 읍창 셋(3개), 즉 산창(蒜倉), 해창(海倉), 설창(雪倉)으로 기록되어 있다.
181 박경지 부사 재임기간: 1649년 11월~1651년 3월.
182 김 성 부사 재임기간: 1666년 9월~ 1669년 1월.
183 이병태, 2002, 「김해지리지(국역판)」, 김해문화원 p.226.

도호선창(都護船倉)

동오개, 도선(都船)이라고 부르며 김해도호부의 선창이었다.[184]

군기방(軍器房)

김해 객관의 북쪽에 있었으며, 선조 37년(1604년) 원사립 부사[185]가 창건했다. 인조 5년(1627년) 조 즙 부사[186]가 중수, 효종 즉위년(1649년) 박경지 부사[187]가 동서의 고사(庫舍)를 지었다. 집기고(什器庫) 4간과 화약고 3간이 있었다.

대변청(待變廳)

해창의 남방에 있었다. 인조 24년(1646년) 이상경 부사[188]가 창건하여 전함과 군기를 비치해 효종 즉위년(1649년) 박경지 부사[189]가 전선 1척과 군기를 갖추었다. 이곳에는 황자호전선(黃子號戰船) 1척과 병선 1척, 사후선(伺候船) 2척이 있었다.

주사화약고(舟師火藥庫)

영조 4년(1728년) 실화(失火)하여 군기와 화약이 모두 소실되었으므로 홍덕망 부사[190]가 다시 중창하였다.

사창(社倉)

조선시대 때 환곡을 쌓아두던 창고이다.

---

184 이병태, 2002, 「김해지리지(국역판)」, 김해문화원, p.107.
185 원사립 부사 재임기간: 1604년 5월~1606년.
186 조 즙 부사 재임기간: 1627년 3월~1629년 10월.
187 박경지 부사 재임기간: 1649년 11월~1651년 3월.
188 이상경 부사 재임기간: 1646년 11월~1649년 4월.
189 박경지 부사 재임기간: 1649년 11월~1651년 3월.
190 홍덕망 부사 재임기간: 1728년 3월~1730년 2월

※성고개(城고개)

부산광역시 강서구에는 예전에 김해 땅이었는데 부산광역시로 편입된 지역이 많다. 가락, 대저, 명지, 신호, 녹산 등의 지역이다. 한편, 부산광역시 강서구 녹산동에서 송정동으로 넘어가는 고개로 성고개가 있다. 글자 그대로 해석하면 성이 있는 고개 또는 성처럼 생긴 고개일 것이다. 이 성고개는 임진왜란 때 쌓은 성이 있어서 성고개라 하고 그 성의 이름은 금관성이었다고 한다. 「김해의 지명전설」에 "그 성은 실제 성이 아니라 보(堡)를 지칭하는 것이다. 「신증동국여지승람(1530)」에 금단곶보(金丹串堡)가 나오고 「성종실록」(1499)에 금단곶에 석보(石堡)를 쌓았다는 것이 나온다. 금관성은 이를 일컫는 것인 것 같다. 따라서 성고개의 지명은 금단곶이고, 성고개는 금단곶에 있는 성이 있던 고개라는 뜻이다."[191]로 기록되어 있다. 금관성은 금단성이라고도 한다.

「김해지리지(국역판)」에서는 금단곶보에 대하여 "금단곶보는 성종 16년(1485년) 4도순찰사 홍응의 청에 의하여 왜선이 왕래하는 요해지이므로 남해의 미조항과 함께 석보를 쌓아 권관을 두고 지켰다. 금단곶보는 부(府)의 남방 52리에 있는 석성인데 둘레가 2,568척이고 성내에 큰 샘물이 있으며 권관이 유수(留戍)한다고 「동국여지승람(1530)」에 적혀있다."[192]로 기술하고 있다. 이와 같은 성고개에 있던 금단곶보성은 소나 말을 방목하는 목장으로도 이용되어졌다고 한다.

한편, 우리나라에서 성고개라는 지명은 곳곳에 있다. 김해시 대동면 주동리, 서울시 도봉구 방학2동, 경기도 의왕시 포일동, 통영시 북신동[193] 등등이다. 경남 고성군 연화산(蓮花山) 도립공원의 연화2봉(蓮花

191 이홍숙, 2008, 「김해의 지명전설」, 김해문화원, p.204.
192 이병태, 2002, 「김해지리지(국역판)」, 김해문화원, p.271.
193 삼도수군통제영이 있었던 통영시 북신동에는 토성(土城)고개라는 지명이 있다. 이 고개는 전설에 따르면 토성(吐聲)고개로 불리기도 했다. 그 뜻은 '피를 토할 정도로 크게 고함을 쳤던 고개'인데 전설에는 인조반정과 당시의 삼도수군통제사였던 원수신통제사에 얽힌 의미심장한 내용이 포함되어 있다. (장한식, 2018, 「바다 지킨 용(龍)의 도시 삼도수군통제영」, 산수야, p.20-38.)

二봉) 지역에도 성고개[194]라는 지명이 있다. 위에서 언급했던 김해의 성고개처럼 이곳에도 예전에 성(城) 또는 보(堡)가 있지는 않았을까? 아니면 고개가 성처럼 생겨서 성고개라는 지명이 붙었을 수도 있을 것이다. 멀리서 전망해 보면 연화2봉은 주변의 산들과 비교해 봤을 때 가장 산세가 웅장해 보인다는 개인적 견해가 있다. 녹산동 지역에 봉화산(봉수대가 있던 산)이 있는 것처럼 연화 2봉에도 봉수대 터가 있다. 그렇다면 이 곳도 왜구 등 적의 침입을 감시하던 국방상의 요지로 예상할 수 있을 것이다. 아쉽게도 「신증동국여지승람」의 경상도 진주목(영선현) 및 고성현의 봉수(烽燧) 내용 및 봉수대 관련 서적에서는 연화 2봉의 봉수대와 관련된 내용을 찾을 수 없었다. 좀 더 검토해 보자면 앞서의 분산성 봉수대 관련 내용에서 언급되었던 권설봉수 및 요망대를 생각해 볼 수 있다. 요망대는 높다란 곳에서 적의 동정을 살펴볼 수 있도록 쌓은 대이다. 연변의 수군진에서 자체적으로 운영한 권설봉수의 일종이다. 조선 후기 이양선의 출현에 대비하여, 사전에 동정을 살피고 침입에 대비하기 위해 많이 축조했다. 위급할 때 거화하기 위해 방호벽, 호 등의 방호시설을 갖추지 않아 단순한 형태가 많다. 망·망대·별망·야망·동대 등으로 기록된다. 봉수대와 혼동되는 경우가 많다.[195] 이와 같이 요망대나 권설봉수는 연변의 수군진 등에서 자체적으로 운영하였으므로 국가에서 운영하는 봉수에 등록되어 있지 않았을 것이다. 그렇다면 연화 2봉의 봉수대도 요망대나 권설봉수로 생각해 볼 수 있다.

한편, 2004년 국립창원문화재연구소에서 발간된 「고성군 문화유적 지표조사 보고서」 '연화리성지' 부분에 다음과 같은 내용이 있다.

고성군 영현면 연화리 산 58번지에 위치한다. 영오면, 영현면, 개천면의 경

---

194 성고재, 성티, 성지고개 등으로도 불린다.
195 박영익, 2020, 「불길 순례」, 행복에너지, pp.40-45.

계를 이루는 연화2봉(해발 477m)을 중심으로 9부 능선상에 테뫼형의 작은 석축성이 조성되어 있다. 연화2봉의 좌측은 '성고개'란 지명으로 불리고 있다. 성벽의 전체 둘레는 약 230m로 알려져 있는데 성벽은 주로 남쪽과 동쪽에 남아 있으며, 높이 약 2m, 폭 약 1.2m로 대부분 붕괴된 상태로 잔존하고 있다. 장방형의 할석을 이용하였는데 작은 돌과 큰 돌을 번갈아 쌓았다. 일부 지역에서는 보축의 성격으로 보이는 이중의 성벽선(약 2m 이격)이 확인되기도 하였다. 상태가 양호한 곳은 성벽의 기울기가 약 75°내경되어 있으며 약 240cm 높이에 23단 정도 축조되어 있다.[196]

위의 내용에 의하면 연화2봉에 성이 있었고 성고개라는 지명도 주변에 있다. 이와 같은 기록과 연화2봉에 남아 있는 봉수대 터를 고려해 보면 연화2봉 좌측에는 성고개가 있고, 9부 능선상에 테뫼식 산성이 있었으며, 산성내부에는 봉수대가 있었다는 내용이 성립할 수 있다.

달리 생각해 보면, 연화리성지의 작은 규모(230m)를 고려해 볼 때 이 성지는 연화2봉의 봉수대 보호를 위해 주변을 둘러싸고 있던 방호벽으로 예상할 수도 있을 것이다.

---

196 「고성군 문화유적 지표조사 보고서」, 2004, 국립창원문화재연구소, p.100.

연화2봉 봉수대 터
봉화대가 아니라 봉수대(烽燧臺)가 올바른 표현임

연화2봉 봉수대 터 주변의 돌무지
연화리 성지로 추정됨

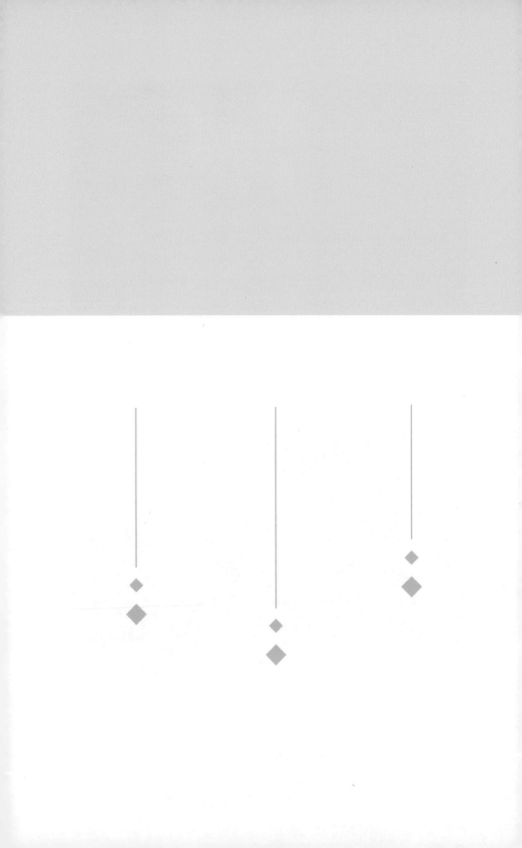

제6장

왕릉(왕후릉), 객관, 형옥을
중건하고 관리한 김해부사

김해부사 이야기

본 장에서는 수로왕릉, 허왕후릉, 객관, 형옥 등 등 김해부(府)의 주요 시설을 중건하고 관리했던 김해부사에 대하여 검토해 보고자 한다. 왕릉, 객관, 형옥 등의 내용은 「김해지리지(국역판)」 및 「김해인물지」를 참고하였다.

1. 왕릉(왕후릉)을 중건하고 관리한 김해부사

1) 김양감 지금주사(知金州事)

재임기간: 1062년

김양감 지금주사는 능침(陵寢)을 보수하였다.

2) 이 홍 부사

재임기간: 1693년 7월~1695년 11월

이 홍 부사는 왕릉의 문원(文垣)을 수리하였다.

3) 허 재 부사

재임기간: 1698년 3월~1700년 8월

허 재 부사는 김해부사 재임 중에 왕릉재사(王陵齋舍)를 건조하고 문원을 일신하였다.

4) 구정환 부사

재임기간: 1763년

구정환 부사는 납릉(수로왕릉)의 제각을 중수하였다.

5) 허 전 부사

재임기간: 1864년 2월~1866년 7월

허 전 부사는 김해부사 퇴임 후에도 수로왕릉 내에 숭선전 건립을 상소하여 사액을 받고 능참봉을 두게 하였다. 1878년(고종 15년) 숭선전 건립 당시 전 김해부사였던 성재 허 전이 직접 상량문을 썼다.

6) 정현석 부사

재임기간: 1870년 6월~1873년 12월

정현석 부사는 수로왕릉의 가락루(駕洛樓)를 중수하였으며 정자각, 안향각 등을 보수하고 제기와 제복들도 개량했다. 또한, 허왕후가 인도 아유타국에서 금관가야로 올 때 배에 싣고 온 파사석탑(婆娑石塔)이 폐사된 호계사(虎溪寺) 터에 있었는데 현재의 허왕후릉으로 이전하였으며, 허왕후릉도 대대적으로 수리 및 정비를 하였다.

허왕후릉 전경

7) 민인호 군수

재임기간: 1923년 12월~1928년 12월

민인호 군수는 수로왕릉 확장 중수사업으로 왕릉을 남산 전역까지 확충 하려고 추진하였으나 함양군수로 발령을 받아 사업은 중단되었다. 그 공로를 확인할 수 있는 비문이 수로왕릉 영내에 있다.

수로왕릉 전경

2. 객관(객사)을 중건하고 관리한 김해부사

김해 객관은 분성관이라 하여 궐패(闕牌)[197]를 모시고 왕명을 받들어 내려오는 관리를 접대하고 묵게 하는 건물이었다. 세종 25년(1443년) 실화하였다. 그 이후의 내용은 다음과 같다.

1) 박눌생 부사

재임기간: 1443년 전후

세종 25년(1443년)에 실화하여 박눌생 부사가 객관을 중건하고, 좌참찬 안승선이 기문을 지었다.

2) 박 상(朴 瑺) 부사

재임기간: 1611년 2월 8일~1616년 7월 5일

1613년(광해군 5년)에 박 상 부사가 객사상방대청(客舍上房大廳創造)을 지었다.

3) 이상경 부사

재임기간: 1646년 11월~1649년 4월

인조 26년(1648년)에 이상경 부사가 객관을 중건하였다.

4) 김 성 부사

재임기간: 1666년 9월~1669년 1월

효종 7년(1666년)에 김 성 부사가 객관을 도색(윤색)하였다.

---

197 조선시대 때 임금을 상징하는 궐(闕) 자를 새긴 위패(位牌) 모양의 나무 패(牌)를 말한다.

5) 변국한 부사

재임기간: 1676년 3월~1677년 5월

숙종 2년(1676년)에 변국한 부사가 객관 좌우의 익랑(翼廊)[198]을 짓고 도색(윤색)하였다.[199]

6) 정현석 부사

재임기간: 1870년 6월~1873년 12월

정현석 부사가 객사를 중수하였다.

3. 형옥을 재건하고 관리한 김해부사

1) 김운해 부사

재임기간: 1646년 5월~1646년 6월

인조 24년(1646년)에 김운해 부사가 형옥(刑獄), 즉 감옥을 재건하였다.

2) 전존성 부사

재임기간: 1651년 5월~1652년 6월

효종 2년(1651년)에 전존성 부사가 형옥의 담을 쌓고 기와를 이었다.

김해부(府) 형옥은 일제강점기 때 김해세무서가 되었다가 1962년 9월 김해경찰서가 되었고 다시 1982년 12월 김해소방서가 되었다.[200]

---

198 대문 좌우 쪽에 잇대어 지은 행랑을 말한다.
199 이병태, 2002, 「김해지리지(국역판)」, 김해문화원, p.53.
200 이병태, 2002, 「김해지리지(국역판)」, 김해문화원, p.56.

※ 김해에도 천지와 백두산이 있다?

우리 민족의 영산, 백두산에는 천지가 있다. 아쉽게도 아직까지는 중국을 통해 가볼 수 있는 곳이다. 김해에도 똑같은 이름의 천지와 백두산이 존재한다.

김해시 생림면과 상동면에 걸쳐 있는 무척산은 김해에서 가장 높은 산(해발 702.5m)이다. 이 무척산 꼭대기에 있는 못을 천지라고 한다. 김수로왕의 국장 때 능 자리에 물이 자꾸만 고이므로 신보(申輔)가 "고을 가운데 높은 산에 못을 파면 이 능 자리의 물이 없어지게 될 것이다."고 하므로 그의 말대로 이 산마루(무척산)에 못을 파니 과연 능 자리의 수원이 막혔으므로 무사히 국장을 치를 수 있었다는 전설이 있다. 또 그때 천지 옆에 통천사를 세웠다고 한다. 무척사도 있었다고 한다.[201]

한편, 김해의 백두산은 김해시 대동면 예안리·초정리·대감리·괴정리 등의 경계를 이루는 산이다. 다른 이름으로 방산이라고도 한다. 앞에서 검토해 보았던 김해 장군차가 백두산 기슭에서도 자라고 있다. 백두산 기슭에는 '김해 장군차 고갯길'이라는 비공식(?) 간판을 내건 김해 장군차 시범농장이 있다. 농장 선생님과 직접 만나 김해 장군차 재배 등에 관한 이야기를 들어 보면, 그의 산과 자연에 대한 강한 애정을 느낄 수 있다.

김해 장군차 고갯길 간판(김해시 대동면 예안리 정곡)

---

201 이병태, 2002, 「김해지리지(국역판)」, 김해문화원, p.211.

김해 백두산 전경

백두산 기슭 김해 장군차 서식지(김해시 대동면 예안리 정곡 시례저수지 부근)

백두산 기슭 김해 장군차 시범농장(김해시 대동면 대감리 감내마을)

제7장

김해읍성 4대문을 중건 및 재건한 김해부사

김해부사 이야기

1) 유승서 부사

재임기간: 1633년 2월~1635년 7월

김해읍성의 남문인 진남문을 인조 11년(1633년)에 중건하였다.

2) 이화악(李華岳) 부사

재임기간: 1665년 10월~1666년 9월

김해읍성의 동문인 해동문, 서문인 해서문, 북문인 공진문을 현종7년(1666년)에 중건하였다.

3) 이행익(李行益) 부사

재임기간: 1686년 12월~1688년 11월

김해읍성의 남문인 진남문을 숙종 13년(1687년)에 재건하였다.

4) 김한익(金漢益) 부사

재임기간: 1845년 2월~1846년 7월

김해읍성의 동문인 해동문, 서문인 해서문, 북문인 공진문을 재임기간 중에 중수하였다.

복원된 김해읍성 북문(공진문) 전경
옹성으로 둘러싸여 있다. 옹성과 성벽에는 여장, 타구, 총안(원총안, 근총안)이 보인다.

복원된 김해읍성 북문(공진문) 근경

다음의 지도는 1820년경에 제작된 것으로 추정되는 김해부내지도 (金海府內地圖)이다. 김해부내지도와 관련하여 「김해의 옛지도」에 기록되어 있는 내용은 다음과 같다.

김해부내지도는 김해읍성 내부가 상세히 표기된 진경산수화 풍(風)의 지도로서 1820년경 제작된 것으로 추정되며 성리학자 기정진(奇正鎭, 1798~1879)의 유품에서 발견되었다. 이는 경기도 출신의 성재 허전이 김해부사로 재임시(1864~1866)에 기정진에게 선물했을 것으로 추정하고 있으며 1992년 (사)가야문화연구회(회장 송재줄)가 광주출신 소장가로부터 구입하여 김해시에 기증하였으며 현재 김해 대성동고분박물관에 소장되어 있다.(중략)

지도상단에 산성봉대(山城烽臺)가 우뚝 솟아있으며 남쪽으로 삼차강(三叉江)[202]이 바다로 연결되어 있음을 알 수 있다. 우측엔 타고봉, 성조암, 초선대 등이 표기되어 있고 김해공항 부지에 있었던 칠점산(七點山)[203]도 표기되어 있다.

좌측엔 구지봉과 후릉(허왕후릉), 경운산과 유민산[204], 흥부암이 있고 칠산(七山)도 7개의 봉우리로 표기되어있다. 지도의 중심부에 읍성이 위치하고 외곽에는 토성이 둘러 쌓여있다. 토성 내부엔 향교, 양사재, 납릉 등이 있고, 옥사(형옥)는 읍성 바깥에 위치하고 있음을 알 수 있다. 읍성은 동서남북 4대문을 두고 축성되었으며 남문을 들어가면 홍전문(紅箭門)과 마주친다.

읍성 북쪽에 관아가 집중 배치되고 남쪽엔 민가(民家)가 밀집되어 있으며 3층 규모의 화려한 남문을 보면 당시 읍성의 위상을 짐작케 할 수 있다.

특징적으로 김해부내지도는 방위표시가 없으며 하단에 유민산, 남산, 칠산, 칠점산 등 산지는 봉우리 위에 지명이 거꾸로 표기되어 있으며 주변 지리정보를 수록한 타 군현지도보다 관아 관련지명을 많이 수록한 읍성중심의 지도임을 알 수 있다. 당시 김해읍성의 위치는 현 김해시 지적상에도 상세히 나타나고 있다.(후략)[205]

---

202 앞서도 언급했듯이 낙동강물이 하구에 이르러 세 갈래의 강으로 나뉘어졌다는 곳이 삼차강이다. 삼차강의 다른 이름으로 삼차수, 삼차하 등이 있다.

203 7개의 봉우리가 점처럼 있어 칠점산이라 부르며 지금은 김해공항부지로 변했다. 가락국의 거등왕이 참시선인과 함께 놀았다는 전설이 있다.

204 지금의 임호산을 말한다.

205 「김해의 옛지도」, 2017, 김해문화원, pp.116-118.

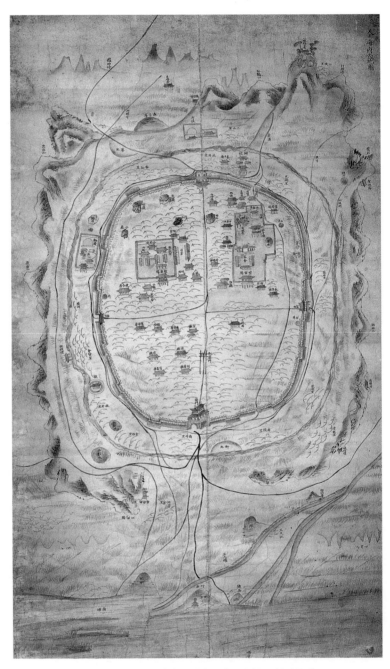

1820년경 제작된 김해부내지도 ⓒ 대성동고분박물관

※ 숭례문에 옹성이 설치되지 않은 이유

복원된 김해읍성 북문(공진문)에도, 서울의 한양성 흥인지문(동대문)에도 성문을 보호하기 위한 시설인 옹성이 설치되어 있다. 그런데 어찌된 일인지 우리나라 국보 1호이자 한양성의 정문인 숭례문에는 옹성이 없다. 조선을 개국하고 한양을 도성으로 삼을 때 한양성을 설계한 사람은 정도전 선생이다. 그의 설계에 따라 축성된 한양성의 동문인 흥인지문에는 옹성이 설치되었으며 복원과정을 거치면서 현재까지도 옹성은 유지되고 있다. 그런데 성문 중에서 가장 규모가 크고 화려했을 한양성의 정문인 숭례문은 옹성이 없이 축성되었다. 세월의 흐름과 전쟁으로인한 파손 및 복원, 그리고 2008년 2월의 화재로 인해 전소하여 다시복원된 역사가 있는 숭례문이지만 그 숭례문을 보호하기 위한 시설, 즉옹성은 없었다.

조선이 개국하고 시간이 흘러 조선 성종 때 한양성의 정문인 숭례문에도 옹성을 설치하자는 의견이 조정에서 제시된 적이 있다. 외적이침입하여 한양성의 숭례문을 공격한다면 그 방어에 취약하다는 이유에서였다. 갑론을박을 거쳐 결국 숭례문에 옹성은 설치하지 않는 것으로결정되었다고 한다. 그 이유는 성종 임금과 일부 대신들이 한양성의 정문인 숭례문 앞에까지 외적이 쳐들어온다면 이미 그 전쟁에서 진 것이나 마찬가지라는 의견을 제시했기 때문이다. 숭례문에 옹성을 설치하기보다는 변방의 방어를 더 강화시켜야 한다는 의견도 제시되었을 것이다. 또한, 원래부터 없던 옹성을 설치하면 한양성의 정문인 숭례문의위엄을 가릴 수 있다는 의견도 있었을 것이며, 공역 과정에서 발생하는백성들의 고통 또한 클 것이라는 의견도 있었을 것이다. 이와 같은 이유들로 인해 숭례문에는 옹성이 설치되지 않고 존재하고 있는 것이다.다음은 위와 같은 내용을 보여주는 「성종실록」의 기사이다.

동부승지 채수가 숭례문의 중수와 함께 옹성도 쌓기를 청하였으나 쌓지 말게 하다

상참(常參)을 받았다. 동부승지(同副承旨) 채수(蔡壽)가 아뢰기를,

"숭례문(崇禮門)을 요즈음 중수(重修)하려고 하는데, 아울러 옹성(甕城)도 쌓는 것이 좋겠습니다."

하니, 좌승지(左承旨) 김승경(金升卿)은 말하기를,

"중국(中國)은 비록 역참(驛站)이라도 모두 옹성을 쌓았습니다. 숭례문은 중국 사신이 출입하는 곳이니, 옹성을 쌓지 않는 것이 옳겠습니까?"

하고 우부승지(右副承旨) 유순(柳洵)은 말하기를,

"숭례문(崇禮門)은 조종조(祖宗朝)로부터 옹성(甕城)이 없었으니, 모름지기 쌓지 않아도 될 것입니다."

하였다. 임금이 말하기를,

"우리나라의 민력(民力)이 넉넉하지 못하니, 어찌 한결같이 중국과 같을 수 있겠는가? 만약 옹성을 쌓게 되면 마땅히 민가(民家)를 헐어야 하니, 빈궁(貧窮)한 자가 어떻게 견디겠는가? 도적(賊)이 이 문(門)에 이른다면 이 나라가 나라의 구실을 못할 것이니, 무슨 이익이 있겠는가? 그러니 쌓지 말게 하라." 하였다.[206]

———————————

206 「성종실록」 성종 10년(1479년) 1월 17일, 국사편찬위원회.

제8장

청백리 김해부사

김해부사 이야기

다음은 「조선환여승람(김해)」 청백(淸白) 조에 기록되어 있는 김해의 청백리 수령에 대한 내용이다. 그런데 이 기록의 내용 중에는 청백리로 보기에 잘 이해가 되지 않는 인물도 포함되어져 있다. 청백에 대한 내용 또한 간단하게만 기록되어 있다.

청백(淸白)

김인광(金仁匡)
충지(忠至)

이상(以上)의 두 사람은 신라조(新羅朝)에 본군에 병이(竝莅)하여 청렴한 정사를 하였다.

송언기(宋彦琦)

고려조에 본군에 부임하여 정사(政事)를 청렴하고 공평하게 하여 간사한 무리들이 종적을 감추었다.

김 훤

방어사가 되었을 때 밀성인이 그 상관을 죽이고 삼별초에 호응하려고 하자 인근에 통첩을 보냈고 군현이 다 그 뜻에 따라 복종하였다. 김 훤이 나가서 이기면 군사(軍士)들은 먼저 도적의 길을 끊어서 도적을 막을 계책을 세워 도적이 능히 들어오지 못하여 일도(一道)를 편안하게 한 공으로 본군의 금녕 부사로 올라 배명(拜命)하였다. 김 훤이 낭중(郎中)이 되고 인(因)하여 도호부사가 되어 진압하였다.

한 강

군수(郡守)가 되었는데 폐둔전에 농사를 지어 곡식 2,000여 석을 관리들이 거두어 백성을 편안하게 다스렸고 가장 많이 징수(徵收)하여 예부시랑이 되었다.

최득평

군수(郡守)가 되었는데 백성들이 그 은혜를 그리워하였다.

이 우

군수(郡守)가 되었는데 유애(遺愛)가 있다. 유애는 유품을 말한다.

전 신

부사가 되었는데 백성들이 오래도록 그리워하였다.

윤선좌

장서기(掌書記)가 되었다. 장서기는 고려조 지방의 7품 관직을 말한다.

안 축

사록(司錄)이 되었다.

이 암(李嵒)

군수(郡守)가 되었는데 청렴한 정사를 하였다.

이언중

목사(牧使)가 되었다.

박 위

홍무 기묘년에 군으로 와서 여러 번 군공이 있었으며 분산성기(盆山城記)를 전념(專念)하여 읽었다. 홍무 기묘년은 1399년이다.

안 순

조선조에 판관(判官)이 되었다. 판관은 조선시대 때 종5품 벼슬이다.

김 치207
윤기견
이맹현
하경리
김숭해
김의형

이상의 여섯 사람은 다 부사가 되었는데 정사를 행함에 청렴하고 간소하였다.

손중돈

정사를 행하는데 청렴하고 공평하여 관리들은 두려워하고 백성들은 흠모하였다.208

---

207 김 치(金 峙)는 고려 우왕 14년(1388년) 문과에 급제하여 벼슬은 조선 세종 초기에 사간원 사간, 김해부사 등을 역임했다. 김해부사를 끝으로 정계에서 물러난 김 치는 고향인 선산(구미) 영봉리에 돌아와 후진 양성에 전념하였으며 효성이 극진하여 정려를 내렸다.(「성리학의 본향 구미의 역사와 인물 하」, 2008, 구미문화원, p.57; 「선산(일선)김씨 대종회보」 2019, (사)고려역사선양회 고려통일대전, p.6)

208 청백리 손중돈 김해부사와 관련하여 「중종실록」에서는 다음과 같이 기록하고 있다. —경상도 관찰사 장순손(張順孫)이 치계(馳啓)하기를, "(중략)상주목사(尙州牧使) 손중돈(孫仲暾)과 청도군수(淸道郡守) 안구(安覯)는 본직에 부임한 지 오래지 않았지만, 전의 임직인 김해 부사(金海府使)와 개령 현감(開寧縣監) 때는 백성들이 은혜를 입어서 송덕비(頌德碑)가 있었습니다."(중략) 하니, '전례를 상고하여 아뢰라.' 전교하였다.(「중종실록」 중종 2년(1507년) 3월 28일, 국사편찬위원회.)

이태영(李泰英)209

청덕비가 있다.

김수문

양 휘

하진보

이상의 세 사람은 명종조에 함께 본부(本府)로 왔으며 선정비가 있다.

서예원

임진왜란으로 성(김해성)이 함락되자 진주로 갔으며 또 성이 함락되자(제2차 진주성 전투 때의 진주성 함락) 사절(死節)하였다.

정기룡

청덕비210가 있다.

이상경

인조조에 본부(本府)로 왔으며 선정으로 청덕비가 있다.

박명한

효종조에 본부로 왔으며 선정으로 청덕비가 있다.

---

209 「조선환여승람(김해)」,청백(淸白) 조에 나와 있는 인물들은 통일신라시대 때부터 순차적으로 기록되어 있는 것으로 볼 수 있다. 그렇다면 여기에서 나타나는 이태영(李泰英) 부사는 연산군 때 김해부사로 재임했던 인물일 것이다. 「김해인물지」에서는 재임기간이 기록되지 않았고, 연산군 때 김해부사 이태영(李泰英)으로만 기록되어 있다. 한편, 이태영(李泰英) 부사와 한자도 똑 같은 동명이인의 김해부사가 있다. 그는 현종 때 김해부사로 재임한 이태영(李泰英) 부사이다. 이 이태영(李泰英) 부사에 대하여는 10장에서 후술될 것이다.
210 김해읍성 구남문(旧南門)에 있었다고 한다.

신 유

현종조에 관(官)으로 와서 삼재(三載) 동안 정성(政聲)이 있었으며 승자(陞資)
되어 좌수사(左水使)를 배명(拜命)하였다. 삼재(三載)는 삼년(三年)을 말한다.

홍여한

자(字)는 도가(道可)이고 호(號)는 모담(慕潭)이며 홍만복의 아들이다. 본부
(本府)로 와서 정적(政績)이 있으며 승자(陞資)되어 가선(嘉善)이 되었고 관청
(官廳)에서 사망하였다.

김 성

양로연(養老宴)을 베풀었으며 선정비가 있다.

홍국한

숙종조에 관(官)으로 왔으며 선정비가 있다.

신경윤

승자(陞資)되어 제목(濟牧)을 배명하였으며 선정비가 있다. 제목(濟牧)은 제주
목사를 말한다.

박 지
이행익
이 홍
황 호
민원중211

이상의 다섯 사람은 함께 관(官)으로 와서 청렴한 정사로 비(碑)가 세워져 있다.

---

211 민원중 부사(재임기간: 1713년 10월~1715년 8월)는 숙종 때 김해부사로 재임했는데 보
민창(補民倉)을 창설하였으며, 송덕수철비(頌德水鐵碑)가 세워졌다. 보민창은 보민고
(補民庫)의 이전 이름이다. "조선 후기에 각 지방에서 전세(田稅) 이외의 잡역 및 기
타 관청의 비용을 조달하기 위하여 설치된 민고(民庫)라는 재정기구가 있었는데, 보민
고, 대동고(大同庫), 고마고(雇馬庫) 등으로 불려졌다."(최학삼, 2019, "민고(民庫)에서
징수한 부가세에 관한 연구", 「문화기술의 융합」, 제 5권 제3호, p.26.)

송징래

영조조에 관(官)으로 왔으며 선정으로 비가 세워져 있다.[212]

자(字)는 계이(繼而)이고 호(號)는 설계(雪溪)이며 광주인(廣州人)이고 사간공 안성의 후손이다. 순조조에 문과에 급제하고 관(官)으로 와서 삼재(三載) 동안 정성(政聲)이 있었고 승자(陞資)되어 승지(承旨)를 배명하였다.

정숙조

고종 병자년에 관(官)으로 와서 구제(救濟)하고 활인(活人)함이 매우 많았다.[213] 또한 명적(名績)이 많았다.

---

212 「김해인물지」 역대지방관록에는 위원대(威遠臺) 중수, 임기만료, 청덕수철비(淸德水鐵碑)가 세워졌다로 기록되어 있다.

213 「국역 김해읍지」 환적(宦績) 조와 「김해인물지」 역대지방관록에 1876년 겨울에서 1877년 봄까지 마음과 힘을 다해 진휼을 베풀어 구제하였으며 목숨이 살아난 백성(府民)이 많았다로 기록되어 있다. 정숙조 부사는 후에 청주목사 재임 중에는 자신의 녹봉 8,000여 냥을 희사하여 무너진 관청과 낡고 손상된 무기를 수리하기도 하였다. 하지만 그는 1894년 전라도 금산(錦山)에서 동학농민운동에 참여한 동학도에게 살해되었다. (「고종실록」 고종 31년(1894년) 12월 27일, 국사편찬위원회)

제9장

「조선환여승람(김해)」에 기록되어 있는 충신

김해부사 이야기

다음은 「조선환여승람(김해)」 충신(忠臣) 조에 기록되어 있는 김해의 충신에 관한 내용이다.

충신(忠臣)

권 탁

자(字)는 사원(思遠)이고 안동인(安東人)이며 예천군(醴泉君) 권계용의 후손이다. 선조 임역(壬役)에 순절하였다. 증직(贈職)으로 판결사(判決事)이고 현충사에 제향되었으며 옆에는 어서각이 있다. 임역은 임진년의 싸움이란 뜻이다. 즉 임진왜란을 말한다.

송 빈

자(字)는 사신(士信)이고 청주인(淸州人)이며 대사성 송승은의 후손이다. 강하고 굳세었으며 대절(大節)을 지니고 있었다. 임란 때 창의(倡義)하여 순절하였으며 공조참의에 증직되었다. 후에 이조참판에 증직되었고 표충사(表忠祠)에 제향되었다.

이대형

자(字)는 태래(泰來)이고 호(號)는 관천(觀川)이며 이경유의 아들이다. 임역(壬役)에 분성진(盆城鎭)에서 순절하였으며 판결사에 증직되고 표충사에 제향되었다. 순조조에 정랑 건우(虔愚) 이치(李致)에게 명하여 표충사에서 제사를 지내게 하였다.

김득기

자(字)는 구오(具五)이고 김거익의 후손이다. 친제(親瘠)에 단지(斷指)의 효도를 하였고 임역(壬役)에 출발(出發)할 때 옷 한 벌과 머리 한 줌을 아들 김간에게 주면서 말하기를 "이것을 어머니와 같이 합장(合葬)하여라."라고 하였다. 송 빈, 이대형과 함께 육력(戮力)하여 함께 싸웠으니 힘이 다하여 순절하였다. 호조참판에 증직되고 송담사에 제향되었다. 친제는 부모의 병환, 육력은 힘을 합함을 말한다.

유 식

자(字)는 낙서(樂棲)이고 호(號)는 낙오(樂吾)이며 유 용의 손자이다. 효도와 우애가 있었고 지조와 절개를 지녔으며 임진년에 창의하여 성을 지키다가 적들이 우물길을 끊어버리자 객사 계단 아래로 나아가 땅을 파 샘을 얻었다. 성이 함락되기에 이르러 순절하였다. 병조참의에 증직되고 또 이조참판에 증직되었으며 사충단에 제향되었다.

이 령

자(字)는 여윤(汝允)이고 호(號)는 충순당(忠順堂)이며 성산인(星山인)이고 정무공 이호성의 후손이다. 임진년에 백의(白衣)로 창의하여 본읍(本邑)²¹⁴으로 나아가 동문에서 진(陳)을 지키다가 성이 함락되기에 이르러 피 묻은 저고리를 아들에게 주고 돌아가서 장사(葬事) 지내라고 하고는 힘껏 싸우다가 순절하였다. 이조참의에 증직되고 복호(復戶)²¹⁵되었으며 세덕사(世德祠)에 제향되었다.

안 민

자(字)는 사심(士心)이고 호(號)는 모헌(茅軒)이며 순흥인(順興人)이고 문성공 안유의 후손이다. 관직이 감찰(監察)에 이르렀으며 임진년에 순절하였다. 김해의 입석강의 가에 묘갈(墓碣)이 있고 함안 두릉사(杜陵祠)에 제향되었다. ²¹⁶

---

214 김해읍성을 말한다.
215 조선시대 때 충신과 효자에게 조세와 부역을 면하여 주던 일을 말한다.
216 「김해지리지(국역판)」에서는 임진왜란 직전에 안 민(安慜)이 지금의 김해시 상동면 감

이진인

자(字)는 의보(義甫)이고 임란에 순절하여 사절(死節)한 곳에 정문(旌門)을 세우라고 명(命)하였으며 삼강록(三剛錄)에 기재되어 있다.

성정국

자(字)는 중임(重任)이고 창녕인(昌寧人)이며 정절공 성사제의 후손이다. 임진년에 망우당 곽재우와 함께 창녕으로 들어가 화왕산성에서 같이 고생하다가 순절하였다. 동고록(同苦錄)에 기재되어 있다.

강보손

진주인(晉州人)이며 정유년에 집안 아이들을 이끌고 적에 항거하다가 형세가 어려워지자 갓끈으로 목을 매어 순절하였다. 이로 인(因)하여 그 산의 이름을 관항산(冠項山)이라고 하게 되었다. 정유년 정유재란이 있었던 1597년을 말한다.

윤 붕

주부(主簿)이며 임진년의 전투에서 순절하였다. 주부는 조선시대 때 문관의 종6품 벼슬을 말한다.

강수란

앞서 기술한 강보손의 증손이며 병자년에 어가(御駕)를 호종하였다가 호(胡)에게 잡혀서 항거하다가 절사(節死)하였다. 충렬사(忠烈祠)에 제향되었다.

로사에서 선조인 안 향의 시판(詩板)을 간행 준비하다가 난이 일어나자 승군을 이끌고 김해성으로 향하던 중 입석강(立石江, 지금의 불암동)에서 전사했다고 기록되어 있다.

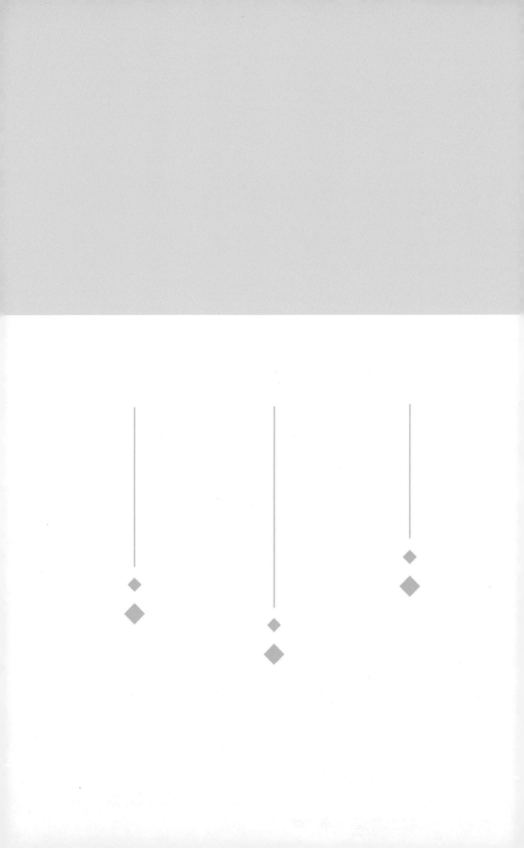

제10장

불미스러운 일로 파직 및 처벌받은 김해부사

김해부사 이야기

본 장에서는 직무 시 과실로 인하여 주로 순찰사, 암행어사, 순무
사 등에게 발각되어 그들이 장계를 올려서 파직당하거나 처벌받은 김해
부사에 대하여 검토해 보고자 한다.

1) 전사리 부사

재임기간: 태종 시기

전사리 부사는 세종 1년(1419년)에 장형을 맞은 기록이 있다. 이와
관련하여 「세종실록」에서는 다음과 같이 기록하고 있다.

심 온과 통했던 전사리와 그를 해임하라는 상왕의 밀지를 누설한 장
윤화를 죄주다

전 김해도호부사(金海都護府使) 전사리(田思理)를 곤장 1백 대를 때림과 동시
에 그 가산을 적몰하여, 보성(寶城) 관노(官奴)를 만들고, 병조 참의 장윤화
(張允和)의 직첩을 회수함과 동시에 속장(贖杖) 일백 대에 고성(固城)에 정배
하였다. 처음 상왕은 전사리가 심 온과 상통한다 하여, 현직을 해임시키라고
밀지를 내렸는데, 장윤화는 바로 전사리와 동서로 본시 좋은 사이는 아니나,
인친인 관계로 상왕의 밀지를 전사리에게 누설하였던 것이다. (중략) 상왕은
의금부에 명하여 심문케 한 바, "전사리는 지존(至尊)을 비방한 죄에 해당하
니, 마땅히 능지처참해야 하고, 장윤화도 기밀을 누설하였으니, 당연히 죽여
야 한다."고 하므로, 상왕이 각각 보다 경한 형을 시행케 하라고 명하였
다.[217]

---

217 「세종실록」 세종 1년(1419년) 4월 9일, 국사편찬위원회.

위의 기록에서 전사리 부사가 태종 때 김해부사로 재임 중에 심온과 내통하여 상왕을 비방한 죄를 지어 세종 1년에 곤장(장형) 1백 대를 맞고 관노(官奴)가 되었다는 내용을 알 수 있다.

2) 왕종신 부사

재임기간: 1474년 6월~

왕종신 부사는 1476년(성종 7년) 6월 12일에 파직하라는 기록이 있다. 이와 관련하여 「성종실록」에서는 다음과 같이 기록하고 있다.

제도 관찰사에게 하서하여 형벌에 신중할 것을 당부하다

제도 관찰사(諸道觀察使)에게 하서(下書)하기를,

"(전략) 지난번에 경상도(慶尙道) 울산군(蔚山郡)의 고자(庫子) 불생(佛生)·보견(甫見) 등 10명이 맡고 있는 창고의 곡식을 도둑질한 것에 연좌되었는데, 계장(計贓)하여 보니, 죽이는 데에 해당되었다. 그 정장(正贓)을 범한 바를 추문(推問)하니, 조미(糙米) 10두(斗)였고, 그 발각된 원인을 가려 보니, 원한을 품은 사람인 영노(營奴) 쇠똥이(牛屎)가 고한 것이었다. 그런데 그 조미 10두는 실은 도둑질한 것이 아니고 왜노(倭奴)들에게 나누어 줄 때의 낙정미(落庭米)였다. (중략) 그리고 석수(石數)와 전후에 맡고 있던 창고의 미곡을 도둑질한 것이 혹은 1백여 석이라고도 하고, 혹은 50석이라고도 하여 각각 사람마다 한결같은 말로 그 허물을 자복(自服)하니, 이로써 성안(成案)되었으며, 장물죄(贓物罪)로 참살(斬殺)된 자가 10명이나 되었다. (중략) 또 10두 외에 자복한 석수(石數)는 모두 같은 종류의 쌀이 아닌데, 어떻게 이것을 근거로 체포하고, 또한 장물죄로 논하였는가? 각각 사람들이 전후 범한 바가 실로 한두 번이 아니라고 하지만, 세월이 오래 되었는데 어떻게 이를 기억해 내며, 공초(供招)한 말 가운데 날짜가 각각 사람들마다 한결같이 명백하고 차이가 없으니, 이는 장형(杖刑)으로 얻은 것이지 어찌 실상이겠는가? 의정부(議政府)에서 발각되어 드러난 것이 있지 아니하다면 내가 무고한 10인을 잃었을 것인데, 생각건대 이에 이르렀으니, 자못 측연(惻然)하다. (중략) 이에 처음에 추문하여 고핵(考覈)한 관리 언양현감(彦陽縣監) 김치리(金致利)·경주판관(慶州判官) 조달생(趙達生)·동래현령(東萊縣令) 이근효(李根孝)·김해부사(金海府使) 왕종신(王宗信)을 모두 파직(罷職)하여 삼가지 아니한 죄를 징계한다. 경은 마땅히 나의 깊이 품은 뜻을 본받아 옥사를 삼가하여 밝히고, 수령들을 통솔 권려(勸勵)하여 그 마음을 다함으로써 죽은 자로 하여금 원통함이 없고, 산 자로 하여금 원망이 없도록 하여, 내가 만물(萬物)을 기르는 인(仁)을 키우고, 백성들을 인수(仁壽)의 경지에 들게 하라."하였다.[218]

위의 내용에서는 왕종신 김해부사의 파직 이유를 창고에서 도난된 쌀과 관련하여 장물죄로 참살된 자가 10명이나 되었는데 형벌이 과하다고 하여 처음에 추문하여 고핵한 관리 언양현감 김치리·경주판관 조달생·동래현령 이근효·김해부사 왕종신을 모두 파직하여 삼가지 아니한 죄를 징계한다로 기록하고 있다.

3) 최 준 부사
재임기간: 1484년 8월~

「김해인물지」 역대지방관록에 음주(飮酒)를 일삼아 민사(民事)를 다스리지 않았다고 기록되어 있고 교체, 파직 등의 기록은 없다.

4) 박민제 부사
재임기간: 1555년

을묘왜변 때 강진에 출정하였다가 도망했으므로 장류(杖流)[219]되었다. 다음은 「명종실록」에서의 관련 기록이다.

전 김해 부사 박민제를 장 일백과 유 삼천리로 결단하다

전 김해부사(金海府使) 박민제(朴敏齊)를 장 일백(杖一百) 유 삼천리(流三千里)로 결단하였다. (이희손(李希孫)을 따라 강진을 지키다가 마침내 밤에 함께 달아났기 때문이었다.)[220]

---

218 「성종실록」 성종 7년(1476년) 6월 12일, 국사편찬위원회.
219 장형(杖刑)과 유형(流刑)을 합해서 이르는 말이다.

5) 박세현 부사

재임기간: 명종 시기

박세현 부사는 「국역 김해읍지」 환적 조에는 성명만 기록되어 있고, 「김해인물지」 역대지방관록에서는 명종 때 부임 후 침학(侵虐)을 일삼으니 체직(遞職)[221]되었다로 기록되어 있다. 그런데 「선조실록」 선조 14년(1581년) 6월 21일의 기록에는 김해부사 박세현을 파직하라는 내용이 나온다. 선조 14년(1581년) 6월 당시의 김해부사는 신응기(辛應基) 부사[222]이었다. 명종 때 박세현 김해부사의 정확한 재임기간은 알 수 없으나 다음의 내용을 검토해 보면 예전에 있었던 일로 파직하라고 하는 상황은 아닌 것 같다.

헌부가 김해 부사 박세현, 고령 현감 권 난 등의 체차를 청하다

사헌부가 아뢰기를,

"심뇌의 일은 전일에 아뢰었습니다. 김해부사(金海府使) 박세현(朴世賢)은 늙고 혼미한 사람으로 앞길을 헤아리지 않고 부임한 뒤에 오직 백성에게 침해와 포학만을 일삼고 또 정원 이외의 군관(軍官)을 많이 거느리고 갖은 폐단을 지어 온 경내의 백성이 그 고통을 견디지 못하고 있습니다. 고령 현감(高靈縣監) 권 난(權鸞)은 관의 직무를 오로지 하리(下吏)에게만 맡겨 처리하는가 하면 또 탐비(貪鄙)한 일이 많아 사용하는 모든 물품을 민간에서 징수해 내고 있습니다. 이와 같은 사람은 하루도 관직에 있게 할 수 없으니 파직하라 명하소서. 기장(機張)은 바닷가의 잔읍(殘邑)으로 피폐함이 더욱 심한데 예전부터 문관으로 차견한 것은 그 뜻이 있어서였습니다. 신임 현감 황정록(黃廷祿)은 사람됨이 경망한 데다가 술까지 좋아하니 잔읍을 소생시킬 책임을 결코 감당해낼 사람이 아닙니다. 체차하라 명하소서."하니, 답하기를, "박세현·권난·황정록의 일은 아뢴 대로 하라."하였다.[223]

---

220 「명종실록」 명종 10년(1555년) 8월 28일, 국사편찬위원회.
221 체직은 벼슬이 갈리는(바뀌는) 것을 말한다. 체임(遞任)과 같은 의미이다.
222 신응기 부사(재임기간: 1580년~1581년)는 김해부사 재임 후에 좌수사(左水使), 즉 경상좌수사가 되었다.
223 「선조실록」 선조 14년(1581년) 6월 21일, 국사편찬위원회.

6) 백사림 부사

재임기간: 1593년 7월~1597년

백사림 부사는 정유재란 때 황석산성 전투에서 도망하였다. 「김해
인물지」에서는 참형으로 기록되어 있으나 후에 선조 임금의 사면령으로
풀려났다. 백사림 부사에 대하여는 2장에서 검토하였다.

7) 이정신(李廷臣) 부사

재임기간: 1623년 6월~1624년 12월

재녀(財女)를 탈취하니 사판삭거(仕版削去)되었다. 다음은 「인조실록」
에서의 관련 기사이다.

간원이 전 부사 이정신을 사판에서 삭제할 것을 건의하다

간원이 아뢰기를,

"전 부사 이정신(李廷臣)은 김해부사(金海府使)로 있을 때 언양(彦陽)에 사는
신 전(辛 䒠)의 딸을 억지로 빼앗아 아내로 삼았습니다. 신 전은 본래부터
세족(世族)으로서 재물이 많은 부자였는데, 이정신이 그의 딸을 기필코 차지
하려고 하므로 신 전이 나이가 많다고 굳게 거절하고 들어주지 않았습니다.
그러자 이정신이 혼인을 주관한 사람을 결박해 놓고 욕을 하였는데, 뇌물을
쓰며 속임수로 유혹한 행적과 거짓 서신을 만들어 협박한 실상이 염치도 없
고 기탄도 없는 것이어서 해괴하고 놀라우므로, 사람들이 모두 성난 눈으로
보고 이를 갈며 말하고 있습니다. 이와 같이 패려한 사람은 사대부의 반열에
끼게 하여 명기(名器)를 욕되게 할 수 없습니다. 이정신을 사판(仕版)에서 삭
제하여 간사한 짓을 하여 의리를 해치는 자들의 경계가 되게 하소서."하니,
그대로 따랐다.[224]

8) 황경중 부사

재임기간: 1625년 5월~1627년 1월

---

224 「인조실록」 인조 3년(1625년) 3월 20일, 국사편찬위원회.

황경중 부사는 「국역 김해읍지」 환적 조에서 동서무(東西廡)와 남루(南樓)를 건조하였고, 정묘호란 때 적이 의주를 침범했을 때 군기미급(軍期未及)으로 우병사가 장계를 올려 파직 당하였다. 또한, 부민납미백석(府民納米白石)으로 신면(伸免)하였고, 원주목사로 나갔다고 기록되어 있다.

9) 박돈복 부사

재임기간: 1645년 1월~1645년 4월

봉수(烽燧)를 잘 경계하지 않아 통제사가 장계를 올려 파직 당하였다.

10) 민 연 부사

재임기간: 1645년 6월~1646년 4월

민 연 부사는 춘조(春操), 즉 남녀 간의 문제가 있어 통제사가 장계를 올려 파직 당하였다.

11) 김운해 부사

재임기간: 1646년 5월~1646년 6월

김운해 부사는 관청을 더 건축하고 형옥(감옥)도 다시 창건했으나 근무태만으로 순찰사가 장계를 올려 파직 당하였다.

12) 조광우 부사

재임기간: 1649년 5월~1649년 9월

조광우 부사는 재상(災傷)[225] 때문에 파직되었다.

---

225 자연재해가 발생하여 농사가 피해를 입는 것을 말한다. 이러한 재상(災傷)으로 지방관을 파직한 이유는 재해로 인한 피해를 최소한으로 줄이기 위해 평소에 방비를 소홀히 했다는 책임을 묻는 것이다.

13) 이 연 부사

재임기간: 1654년 4월~1654년 11월

이 연 부사는 근무태만으로 파직 당하였다.

14) 이태영(李泰英) 부사

재임기간: 1673년 8월~1675년 5월

이태영 부사는 현종 때 김해부사로 재임하다가 순찰사가 근무태만으로 장계를 올려 파직 당하였으며, 또한 선정비가 있다고 「김해인물지」 역대지방관록에 기록되어 있다. 앞서 8장에서 전술한 연산군 때의 이태영 부사 또한 「조선환여승람(김해)」 청백 조에서 청덕비가 세워졌다고 했는데 이 한자도 똑같은 동명이인 모두 청덕비가 세워진 것일까? 그럴 수도 있을 것이다. 아니면 동명이인의 김해부사에 대해 「김해인물지」와 「조선환여승람(김해)」의 기록에 혼동이 있었을 가능성도 있다.

15) 박신조 부사

재임기간: 1680년 9월~1681년 3월

박신조 부사는 어사의 복명으로 나문(拿問)[226]하여 살인죄로 폄(貶)[227] 되었다.

16) 우필한 부사

재임기간: 1684년 5월~1686년 11월

우필한 부사는 숙안공주[228]방(淑安公主房) 전답을 탈급하여 추고(推考)[229]되었다.

---

226 나문(拿問)은 죄인을 잡아다가 심문하는 것을 말한다.
227 폄(貶)은 벌하다. 내치다. 귀양 보내다 등의 의미가 있다.
228 숙안공주(1636년~1697년)는 효종과 인선왕후 장씨의 차녀이다.

17) 권 순 부사

재임기간: 1706년 2월~1706년 3월

권 순 부사는 전라병사로 나갔다. 교체 시에 원호(怨呼) 실언(失言)
으로 나문정죄(拿問定罪)되었다.

18) 유 준 부사

재임기간: 1719년 10월~1721년 7월

유 준 부사는 「김해인물지」역대지방관록에 누복(漏卜)[230] 때문에
어사에게 파직 당하였다로 기록되어 있다. 또한 유 준 부사는 여주목사
가 되어갔으나 김해에서 재결팔백석 착복으로 파직되었다고 한다. 다음
은 「경종실록」에서의 유 준 부사의 파직 관련 기사이다.

정언 조진희가 여주목사 유 준의 파직을 청하다

간원(諫院)에서 정언(正言) 조진희(趙鎭禧)가 전계(前啓)를 거듭 아뢰고, 또
아뢰기를,

"여주목사(驪州牧使) 유 준(柳濬)은 사람됨이 욕심이 많고 비루한데다가 수단
이 또 교활(狡猾)하여 일찍이 김해부사(金海府使)로 있을 때에 재해를 받은
논밭 8백결로 사복(私腹)을 채운 일이 작년에 수의(繡衣)[231]의 서계(書啓) 속
에 들어 있었으며, 현착(現捉)한 문서(文書)에는 간교한 장물(贓物)이 낭자하
였습니다. 그를 상대해서 논의하기에 미쳐 마침 사전(赦典)을 만났으므로, 비
록 그 일을 끝까지 캐어 밝힐 수는 없었으나, 남도(南道) 사람들의 원망과
비방이 지금까지 그치지 않고 있으니, 다시 흉년에 수령의 임무를 맡겨 거듭
생민(生民)에게 해를 끼칠 수 없습니다. 청컨대 파직(罷職)하소서 요사이 양
사(兩司)의 많은 관원이 갑자기 병고(病故)를 핑계하여 계사(啓辭)를 빠뜨리

---

229 추고(推考)는 버슬아치의 허물을 추문(推問)하여 고찰하는 것을 말한다.
230 양안(量案)에 논밭의 결복(結卜)을 올리지 아니하고 누락시키는 것을 말한다. 또는
   그 누락된 결복을 말한다.
231 수의(繡衣)는 암행어사(暗行御史)의 이칭(異稱)이다.

게 되는 일이 많으니, 한심(寒心)함이 이보다 심할 수가 없습니다. 청컨대 양사의 많은 관리(官吏)로서 공고(公故) 밖에 계사를 빠뜨리는 인원(人員)은 모두 명하여 체차(遞差)하소서." 하였으나, 모두 따르지 않고 말단(末端)의 일만 그대로 따랐으며, 현고(現告)한 정언(正言) 구명규(具命奎), 지평(持平) 이보욱(李普昱)을 체차(遞差)하였다.[232]

19) 구봉창 부사

재임기간: 1721년 7월~1722년 4월

구봉창 부사는 전임지 금산(錦山)에서의 일로 어사가 장계를 올려 파직 당하였다.

20) 이민발 부사

재임기간: 1659년 4월~1659년 9월

이민발 부사는 위의 조광우 부사의 경우처럼 재상(災傷) 때문에 파직되었다.

21) 이상성 부사

재임기간: 1725년 11월~1726년 12월

이상성 부사도 조광우, 이민발 부사의 경우처럼 재상(災傷) 때문에 파직되었다.

22) 한 간 부사

재임기간: 1675년 5월~1675년 11월

한 간 부사는 진상(進上)을 흠봉(欠封)[233]하여 파직되었다.

---

232 「경종실록」 경종 2년(1722년) 9월 1일. 국사편찬위원회.
233 진상품을 잘못 봉(포장)하여 파손이나 흠결이 생겼다는 의미로 보인다. 송종복(1998)은 진상품과 관련한 부정으로 언급하였다.

23) 황진문 부사

재임기간: 1677년 5월 1677년 12월

이유는 알 수 없으나 파직 당하였다.

24) 유 하 부사

재임기간: 1715년 8월~1717년 9월 3일

진정부실(賑政不實)[234] 때문에 어사에게 파출(罷黜) 당하였다. 「숙종실록」에서는 유 하 김해부사의 파출에 대하여 다음과 같이 기록하고 있다.

경기우도 암행어사 윤양래가 복명하다

경상우도암행어사(慶尙右道暗行御史) 윤양래(尹陽來)가 조정에 돌아와 복명(復命)하였다. 거제부사(巨濟府使) 이봉징(李鳳徵)·함안군수(咸安郡守) 이지빈(李之彬)·웅천현감(熊川縣監) 김명대(金鳴大)는 불법을 저질렀기 때문에 나문(拿問)하였고, 김해부사(金海府使) 유 하(柳濶)는 진휼(賑恤)한 곡식이 부실(不實)하였기 때문에 파출(罷黜)시켰고, 상주목사(尙州牧使) 정사효(鄭思孝)는 진휼(賑恤)을 잘하였기 때문에 포상(褒賞)을 가하였다.[235]

25) 이관하 부사

재임기간: 1766년

영조 42년(1766년) 9월 노비추쇄미비 때문에 거제도에 유배되었다.

26) 윤면동 부사

재임기간: 1768년

영조 44년(1768년) 9월 남살(濫殺)[236] 때문에 선파후나(先罷後拿)되었다.

---

234 진정부실(賑政不實)은 기민 등을 구휼하는 일을 잘 하지 못했다는 의미이다.
235 「숙종실록」 숙종 43년(1717년) 7월 1일, 국사편찬위원회.
236 죄가 있고 없고를 가리지 않고 사람을 함부로 죽이는 것을 말한다.

다음은 윤면동 부사의 파직 및 체포와 관련된 「영조실록」의 기사이다.

장령 남언욱이 한광회가 배척 당한 일 등에 대해 상소하다

장령 남언욱(南彦彧)이 상소하여 한광회(韓光會)가 배척을 당한 것을 송사(訟)하면서 송담(宋霻)을 사판(仕版)에서 간삭(刊削)하기를 청하고 또 김해부사(金海府使) 윤면동(尹冕東)의 남살(濫殺)을 논하여 본도(本道)[237]로 하여금 사문(查問)하게 하기를 청하며, 또 영광 군수(靈光郡守) 황간(黃榦)의 탐활(貪猾)과 서천 군수(舒川郡守) 유진열(柳鎭說)의 불법(不法)을 논하여 아울러 파직하기를 청하였는데, 비답하기를,

"중신(重臣)의 일을 그 사람이 대신하여 억울함을 호소하였으니, 또한 과연 대간(臺諫)의 체통이라고 할 수 있겠는가? 윤면동은 먼저 파면한 뒤에 잡아다 국문하고, 황간은 해부(該府)로 하여금 엄하게 처분하게 하며, 유진열은 아뢴 대로 시행하라."하였다.[238]

27) 이철운 부사

재임기간: 1779년

정조 3년(1779년) 6월 포흠(逋欠)[239] 2,200석이므로 어사가 장계를 올려 파직 당하였다.

28) 손상룡 부사

재임기간: 1780년

정조 4년(1780년) 2월 원인은 알 수 없으나 어사가 장계를 올려 파직 당하였다.

---

237 경상도를 말한다.
238 「영조실록」 영조 44년 9월 10일, 국사편찬위원회.
239 포흠(逋欠)은 조세의 미납으로 인한 결손액을 말한다. 또는 관청의 물건을 사사로이 써 버리는 것을 말한다.

29) 이문철 부사

재임기간: 1794년

정조 18년(1794년) 3월 공을 빙자하고 이를 취하여 모두 이용하므로 선천에 유배되었다.

30) 정동신 부사

재임기간: 1794년

정조 18년(1794년) 12월 영남위륜사가 공전사용, 윤음불반으로 장계를 올려 파직 당하였다.

31) 이신경 부사

재임기간: 정조 시기

재임 중 원포(員逋)가 연구(年久)하고 장부를 태운 죄로 순조 원년(1800년) 5월 개천에 유배되었다.

32) 조의존 부사

재임기간: 1841년 3월~1842년 1월

원인은 알 수 없으나 어사가 장계를 올려 파직 당하였다. 「헌종실록」 헌종 8년(1842년) 8월 26일의 기사에 전 김해부사 조의존 등 여러 명에게 죄를 주었다는 기록이 있다.

33) 서증보 부사

재임기간: 1874년 1월~1875년 1월

서증보 부사는 「김해인물지」 역대지방관록에 어사가 전임지 은산(殷山)240에서의 일(사건)을 죄로 장계하여 취리(就理)241함으로 기록되어 있다.

다음의 「고종실록」 기사에서는 서증보 부사의 은산에서의 일(사건)에 대한 기록은 없고 암행어사 홍만식의 장계에 따라 전 은산현감 서증보에게 죄를 준다는 내용이 있다.

평안도 청남 암행어사 홍만식을 소견하다

평안도 청남 암행어사(平安道淸南暗行御史) 홍만식(洪萬植)을 소견(召見)하였다. 서계(書啓)의 내용으로 인하여 순천 전 군수(順川前郡守) 이종의(李鍾懿), 순안 전 현령(順安前縣令) 이원흥(李源興), 중화 부사(中和府使) 유기동(柳冀東), 성천 전 부사(成川前府使) 오덕영(吳德泳), 삼화 전 부사(三和前府使) 유상길(柳相吉), 상원 전 군수(祥原前郡守) 김두희(金斗喜), 은산 전 현감(殷山前縣監) 서증보(徐曾輔), 전전(前前) 병사(兵使) 채동건(蔡東健), 전 병사(兵使) 조태현(趙台顯), 중군(中軍) 신정균(申定均) 등에게 죄를 주고, 평양 전 서윤(平壤前庶尹) 김갑근(金甲根), 안주 전 목사(安州前牧使) 남호원(南鎬元), 개천 전 군수(開川前郡守) 신낙희(申樂熙), 강서 현령(江西縣令) 홍정유(洪鼎裕), 맹산 현감(孟山縣監) 심동근(沈東瑾) 등은 포상하여 승서(陞敍)하였다.[242]

34) 민영은 부사

재임기간: 1892년 6월~1893년 11월

민영은 부사는 재직 중 공금나용(公金挪用)[243]으로 논죄되었다. 「고종실록」에서는 민영은 김해부사의 공금나용과 관련하여 다음과 같이 기록하고 있다.

의정부에서 탐오죄를 범한 민영은의 처벌을 아뢰다

의정부(議政府)에서 아뢰기를,

---

240 평안도 운산군을 말한다.
241 죄를 지은 벼슬아치가 의금부에 나아가 심리를 받던 일을 말한다.
242 「고종실록」 고종 11년(1874년) 11월 18일, 국사편찬위원회.
243 공금유용을 말한다.

"방금 경상 감사(慶尙監司) 조병호(趙秉鎬)의 장본(狀本)을 보니, 전전김해부사(前前金海府使) 민영은(閔泳殷)이 재임할 때에 유용한 공전(公錢)이 7만 5,348냥(兩) 5전(錢) 8분(分)이나 되니, 변상시키는 한 조항을 묘당(廟堂)에서 품처(稟處)하게 해 달라고 하였습니다.

공전을 유용하고 여러 해 동안 바치지 않은 것은 법이나 기강으로 헤아려 볼 때 심히 놀랍고 한탄스러운 일입니다. 법무아문(法務衙門)에서 나수(拿囚)[244] 한 다음 기일을 정해놓고 징수하여 공납(公納)을 채우는 것이 어떻겠습니까?" 하니, 윤허하였다.[245]

35) 조준구 부사

재임기간: 1893년 12월~1894년 3월

조준구 부사는 백성들의 소요(騷擾)에 책임을 물어 원악도(遠惡島)[246]에 유배되었다. 「고종실록」에서는 조준구 부사가 유배되는 과정을 다음과 같이 기록하고 있다.

김해 백성들의 변란에 인장과 부신을 빼앗긴 부사 조준구를 파출하도록 하다

경상 감사(慶尙監司) 이용직(李容直)이 아뢰기를, 김해부사(金海府使) 조준구(趙駿九)는 이미 백성들의 변란에 인장(印章)과 부신(符信)을 빼앗기고 지경 밖으로 들려 나갔으니 법의 뜻으로 헤아려 볼 때 결코 그대로 둘 수 없습니다. 우선 파출(罷黜)하소서. 라고 아뢰었다.[247]

의정부에서 김해부 백성들이 소란을 일으킨 원인인 조준구를 처벌할 것을 청하다

의정부(議政府)에서 아뢰기를,

---

244 죄인을 잡아 가두는 것을 말한다.
245 「고종실록」 고종 31년(1894년) 10월 24일. 국사편차위원회.
246 제주도를 말한다.
247 「고종실록」 고종 31년(1894년) 4월 9일. 국사편찬위원회.

"방금 경상감사(慶尙監司) 이용직(李容直)의 장계(狀啓)를 보니, 김해부(金海府) 백성들의 소요를 조사하는 관원인 창원부사(昌原府使) 홍남주(洪南周)가 올린 첩정(牒呈)을 들어 소란을 일으킨 난민(亂民)들을 조사한 내용을 등문(登聞)하였습니다.

백성들이 떼를 지어 소란을 일으키고 수령을 모욕하거나 남의 집을 부순 그 우둔하고 완악한 버릇에 대해 결코 심상하게 징계할 수 없습니다. 그러나 탐욕스러운 관리들의 침해와 학대를 견뎌낼 수가 없고 가산을 탕진하고 살 길을 잃어 안착하지 못하여 법과 규율을 위반한 것에 대해서는 역시 불쌍하고 딱하게 느껴집니다. 관리로서 백성들에게 탐욕스럽게 재물을 거두어 들여서 백성이 살아갈 수 없게 하고 또 핍박하여 죄를 저지르게 만든 자들의 죄는 소란을 일으킨 백성의 죄보다 더 심합니다.

전(前) 부사(府使) 조준구(趙駿九)는 부임한 석 달 동안 횡령한 돈이 4만 냥(兩)을 넘어서 가난한 사람이나 부유한 사람이나 모두 쪼들리고 백성들의 원한이 쌓이게 하였습니다. 그리하여 결국 전에 없던 변란을 빚어냈으며 결국에 내쫓기는 수모를 당하였습니다. 해당 부(府)에서 잡아다 나문하고 정죄할 것입니다. 횡령한 돈 4만 5,050여 냥에 대해서는 도신(道臣)이 그 가동(家僮)을 가두고 독촉하여 받아내겠다고 이미 아뢰었습니다. 조준구의 집은 영남(嶺南)에 있으니 도신으로 하여금 제 수량대로 독촉하여 받아서 백성들에게 돌려주게 하는 것이 어떻겠습니까"하니, 윤허하였다. 이어 전교하기를,

"백성들을 위하는 일이 곧 나라를 위하는 일인데 만일 나라를 생각하는 마음이 있다면 어찌 백성을 이렇게까지 학대하겠는가? 이것은 심상하게 처리할 수 없다. 경상 감사(慶尙監司) 이용직(李容直)을 지의금부사가설(知義禁府事加設)에 단부(單付)하고 전 김해부사(金海府使) 조준구(趙駿九)를 감영(監營)에 잡아다가 엄하게 형장(刑杖)을 한 차례 치고 원악도(遠惡島)에 정배(定配)하라."하였다.[248]

위에서 차례로 기술된 민영은 부사의 공금유용이나 조준구 부사의 공금횡령이 원인이 되어 김해의 백성들이 소요(김해민란)했다고 할 수 있을 것이다. 그렇다면 탐관오리 조병갑의 폭정으로 인해 일어난 동학농민운동과도 비슷한 시기에 김해에서도 민중의 소요가 일어났으니 조

---

248 「고종실록」 고종 31년(1894년) 6월 2일. 국사편찬위원회.

선시대 말기 전체적인 사회의 어지러움과 백성의 고통이 얼마나 심했을지를 다시 한 번 생각하게 한다.

한편, 조준구 부사는 원악도(제주도)에서 유배생활을 하다가 나중에 풀려나게 된다. 함께 풀려난 사람 중에 조병갑의 이름도 포함되어져 있다. 이와 관련한 「고종실록」의 기사는 다음과 같다.

> **법부에서 6월 27일 조칙에 의하여 민영준 등 19명을 석방하다**
>
> 법부(法部)에서 6월 27일 조칙(詔勅)에 의하여 도형(徒刑)과 유형(流刑)의 죄인들인 민영준(閔泳駿), 조병식(趙秉式), 민영주(閔泳柱), 민형식(閔炯植), 김세기(金世基), 민병석(閔丙奭), 이용태(李容泰), 김문현(金文鉉), 이용직(李容直), 조필영(趙弼永), 조병갑(趙秉甲), 민응식(閔應植), 김창렬(金昌烈), 조만승(曺萬承), 임치재(任穉宰), 서정철(徐廷喆), 심능필(沈能弼), 조준구(趙駿九), 민영순(閔泳純) 외 260명을 방송(放送)하자는 뜻으로 아뢰니, 제칙을 내리기를, "좋다." 하였다.[249]

왜 이런 사람들을 더 큰 중벌로 다스리지 않았을까? 한 술 더 떠서 조병갑은 후에 다시 관직에 나가 고등법원 판사가 되기도 하였다. 예나 지금이나 힘 있는 정치권력에 갖가지 연줄을 동원하여 아첨하거나 뇌물로 매관매직하던 공직사회의 부정부패와 그 것을 근절시키지 못하는 국가의 모습은 변함이 없는 것 같다.

36) 허 철 부사

재임기간: 1894년 4월~1894년 11월

허 철 부사는 백성들이 소요할 때 그 주동자를 체포하는 데 실패하자 장계를 올려 파직당하였다. 그러나 허 철 부사는 정부순영초기(政府巡營草記)로 유임되었다.

---

249 「고종실록」 고종 32년(1895년) 7월 3일, 국사편찬위원회.

37) 이규대 부사(군수)

재임기간: 1894년 12월~1896년 12월

이규대 부사는 1894년 12월 김해부사로 부임했다가 1895년 5월 지방관제 개편으로 김해부가 김해군으로 개칭되었으므로 초대 김해군수가 되었다. 이규대 부사는 진상(進上)에 부정이 있다 하여 암행어사가 장계를 올려 파직 당하였다.

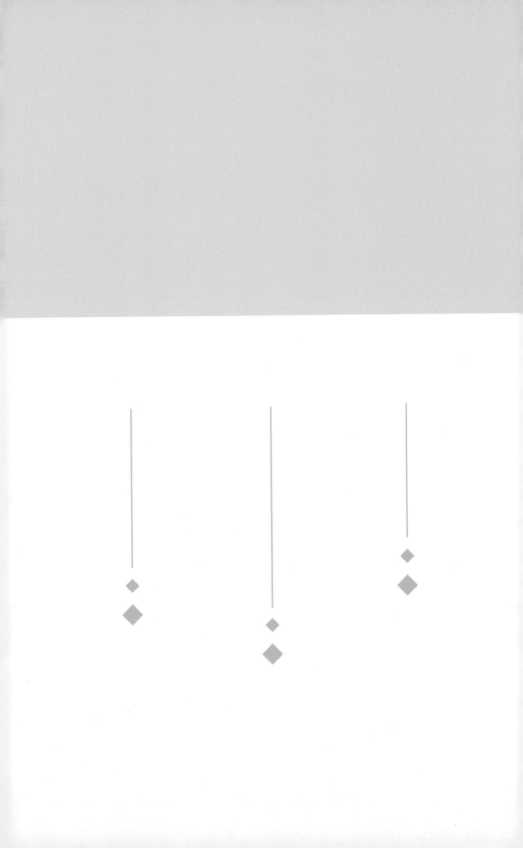

제11장

재임 중 승진한 김해부사

김해부사 이야기

고려시대 및 조선시대에 조정에서 관리를 임명할 때 행수법(行守法)을 사용한 경우가 있다. 즉, 품계가 높은 사람을 낮은 관직에 임명하거나 반대로 품계가 낮은 사람을 높은 관직에 임명하는 경우를 행수법이라고 한다. 품계가 높은 사람을 낮은 관직에 임명하는 계고직비(階高職卑)의 경우를 행(行), 반대로 품계가 낮은 사람을 높은 관직에 임명하는 계비직고(階卑職高)의 경우를 수(守)라 하였다. 예를 들면, 정2품의 자헌대부(資憲大夫) 봉작을 가진 관리가 종2품의 관직인 대사헌(大司憲)에 임명되면 자헌대부행사헌부대사헌(資憲大夫行司憲府大司憲)이라 하였고, 반대로 종2품의 가선대부(嘉善大夫)가 정2품 관직인 이조판서에 임명되면 가선대부수이조판서(嘉善大夫守吏曹判書)라 하였다. 지방관도 마찬가지여서, 정3품의 목사(牧使)에서 종3품의 관직인 도호부사(부사)에 임명되면 행(行)이라 하였고, 반대로 종3품의 부사에서 정3품 관직인 목사에 임명되면 수(守)라 하였다. 본 장에서는 이와 같은 행수법은 고려하지 않고 김해부사(종3품)로 재임하던 중 부사 직(職)보다 더 높은 품계(정3품 이상)의 봉작(封爵)을 받거나 다른 직(職)으로 이동한 인물에 대하여 검토해 보고자 한다.

1) 김 훤 금주방어사

재임기간: 1270년~1271년

2장에서 검토해 본 바와 같이 밀성인들이 삼별초와 호응하려고 했던 반란을 진압한 공으로 금주(金州)는 금녕도호부(金寧都護府)로 승격되었고, 김 훤 금주방어사는 예부낭중 및 금녕도호부사가 되었다.

2) 이 손 부사

재임기간: 1485년

수우(水牛)로 경전(耕田), 성종 22년(1491년)에 관찰사(감사)의 상계(上啓)로 승임되었다.

수우로 경전했다는 것은 물소로 농사를 지었다는 것이고, 승임은 직급을 승진시킨다는 것이다. 먼저, 이 손 김해부사를 승임시킨다는 것과 관련된 「성종실록」의 기사다.

> 동지사(同知事) 이세좌(李世佐)가 아뢰기를,
> "신이 경상도 관찰사(慶尙道觀察使)가 되었을 적에 김해부사(金海府使) 이손(李蓀)·안동 부사(安東府使) 김 질(金礩)·지례 현감(知禮縣監) 김수문(金秀文)은 털끝만큼도 범(犯)하지 않았으니, 참으로 순리(循吏)[250]입니다. 이런 무리는 넉넉하게 포상(褒賞)과 권장(勸獎)을 더하여 후진(後進)을 힘쓰게 하는 것이 타당합니다."
> 하니, 임금이 말하기를,
> "나는 알지 못하였다. 만약 정말 이와 같다면 직급(職級)을 승진시키는 것이 마땅하다."하였다.[251]

다음은 이 손 김해부사의 수우 경전과 관련한 「중종실록」 기사이다.

> 순정(유순정(柳順丁))이 아뢰기를,
> "물소(水牛)를 조종조(祖宗朝) 때부터 각 고을에 나누어 사양하게 하였는데, 각 고을에서 사양하기를 꺼려 그것이 밭가는 데 쓰기에 마땅하지 않다고 칭탁하면서, 섬에 방목(放牧)하기를 청합니다. 물소는 그 성질이 추위를 두려워하기 때문에 만약 섬에 방목한다면 반드시 사상(死傷)이 많을 것이니 매우 좋지 않습니다. 신이 일찍이 물소를 하사 받아 인천(仁川)의 농장에서 밭을 갈게 하였더니, 하루에 일한 것이 보통 소의 두어 날의 일보다 배나 되었습

---

250 순리(循吏)는 법을 잘 지키며 열심히 근무하는 관리를 말한다.
251 「성종실록」 성종 22년(1491년) 2월 20일, 국사편찬위원회.

242

니다. 이 손(李蓀)이 김해부사(金海府使)가 되었을 때에 또한 물소를 부려서 밭을 갈았더니 그 성과가 과연 보통 소보다 배나 되었다고 합니다. 청컨대 방목하지 말고 돌보아 기르게 하소서." 하였다.[252]

3) 이언적 부사

재임기간: 1541년

이언적 부사는 2장에서 검토해 본 바와 같이 간원의 상계로 한성판윤(정2품)이 되었다.

4) 이언화 부사

재임기간: 명종 시기

이언화 부사는 김해부사 재임 중 경상우도병마절제사, 즉 경상우병사(종2품)로 승진하였다.

5) 이호수 부사

재임기간: 선조 시기

이호수 부사는 김해부사 재임 중 통정대부(정3품)에 올랐고 부산첨사로 나갔다.

6) 양사준 부사

재임기간: 1588년~1589년

양사준 부사는 김해부사로 재임 중 경상우도수군절도사, 즉 경상우수사(정3품)로 승진하여 나갔다.

---

252 「중종실록」 중종 5년(1510년) 9월 27일, 국사편찬위원회.

7) 이정표 부사

재임기간: 1604년 2월~1604년 4월

이정표 부사는 김해부사로 재임 중 전라좌도수군절도사, 즉 전라좌수사(정3품)로 승진하여 나갔다.

8) 원사립 부사

재임기간: 1604년 5월~1606년

원사립 부사는 김해부사로 재임 중 통정대부(정3품)에 올라 만포진 첨사로 나갔다.

9) 조계명 부사

재임기간: 1615년 5월~1618년 9월

조계명 부사는 김해부사로 재임 중 통정대부(정3품)에 올랐다.

10) 황경중 부사

재임기간: 1625년 5월~1627년 1월

황경중 부사는 10장에서 검토해 본 바와 같이 정묘호란 때 적이 의주를 침범했을 때 군기미급(軍期未及)으로 우병사가 장계를 올려 파직당하였다. 하지만 부민납미백석(府民納米白石)으로 신면(伸免)했다. 원주목사(정3품)로 승진하여 나갔다.

11) 이의배 부사

재임기간: 1631년 3월~1632년 2월

이의배 부사는 김해부사로 재임 중 전라도병마절도사, 즉 전라병사(종2품)로 승진하여 나갔다.

12) 유승서 부사

재임기간: 1633년 2월~1635년 7월

유승서 부사는 김해부사 재임 중 경상우도병마절도사, 즉 경상우 병사(종2품)로 승진하여 나갔다.

13) 박성오 부사

재임기간: 1637년 4월~1639년 8월

박성오 부사는 김해부사 재임 중 통정대부(정3품)에 올랐다.

14) 김준용 부사

재임기간: 1640년 1월~1641년 2월

김준용 부사는 김해부사 재임 중 경상우병사(종2품)로 승진하여 나 갔다.

15) 박명한 부사

재임기간: 1657년 8월~1659년 4월

박명한 부사는 김해부사 재임 중 경상좌수사(정3품)로 승진하여 나 갔다.

16) 신 유 부사

재임기간: 1659년 11월~1661년 2월

신 유 부사는 김해부사 재임 중 경상좌수사(정3품)로 승진하여 나 갔다.

17) 홍여한 부사

재임기간: 1661년 4월~1662년 2월

홍여한 부사는 김해부사 재임 중 가선대부(嘉善大夫, 종2품)에 올랐다.

18) 변국한 부사

재임기간: 1676년 3월~1677년 5월

변국한 부사는 김해부사 재임 중 경상좌수사(정3품)로 승진하여 나 갔다.

19) 유덕옥 부사

재임기간: 1700년 8월~1702년 2월

유덕옥 부사는 김해부사 재임 중 사복시정(정3품)으로 승진하여 나 갔다.

20) 권 순 부사

재임기간: 1706년 2월~1706년 3월

권 순 부사는 10장에서 검토해 본 바와 같이 전라병사(종2품)로 승 진되어 나갔으나 교체 시에 원호(怨呼) 실언(失言)으로 나문정죄(拿問定罪) 되었다.

21) 이봉상 부사

재임기간: 1708년 3월~1709년 2월

이봉상 부사는 김해부사 재임 중 전라좌수사(정3품)로 승진하여 나 갔다.

22) 유정장 부사

재임기간: 1719년 2월~1719년 10월

유정장 부사는 김해부사 재임 중 황해수사(정3품)으로 승진되어 나갔다.

23) 유 준 부사

재임기간: 1719년 10월~1721년 7월

유 준 부사는 10장에서 검토한 바와 같이 누복(漏卜) 때문에 어사에게 파직 당하기도 했으나 어쩐 일인지 여주목사(정3품)로 승진되어 나갔다. 하지만 김해에서의 재결팔백석 착복 때문에 파직되었다.

24) 원 징 부사

재임기간: 1721년 6월~1721년 12월

원 징 부사는 김해부사 재임 중 평안병사(종2품)으로 승진되어 나갔다.

25) 박동상 부사

재임기간: 1722년 4월~1724년 3월

박동상 부사는 김해부사 재임 중 전라우수사(정3품)로 승진되어 나갔다.

26) 조 집 부사

재임기간: 1781년~1783년

조 집 부사는 김해부사 재임 중 가선대부(종2품)에 올랐다.

27) 권 복 부사

재임기간: 1829년~1831년

권 복 부사는 김해부사 재임 중 대사간(정3품)으로 승진되어 나갔다.

28) 송지양 부사

재임기간: 1842년 1월~1843년 12월

송지양 부사는 김해부사 재임 중 사간원 대사간(정3품)으로 승진되어 나갔다. 이와 관련된 『헌종실록』의 기사는 다음과 같다.

도정을 행하고, 조석형·민치성·송지양·김택기를 각각의 벼슬에 임명하다

도정(都政)[253]을 행하고, 하비(下批)하여 조석형(曹錫亨)을 이조 참의(吏曹參議)로, 민치성(閔致成)을 사헌부 대사헌(司憲府大司憲)으로, 송지양(宋持養)을 사간원 대사간으로, 김택기(金宅基)를 경기 수군 절도사 겸 삼도 통어사 교동 부사(喬桐府使)로 삼았다.[254]

29) 김한익 부사

재임기간: 1845년 2월~1846년 7월

김한익 부사는 김해부사 재임 중 동부승지(정3품)로 승진되어 나갔다.

30) 한계철 부사

재임기간: 1846년 8월~1847년 1월

한계철 부사는 김해부사 재임 중 선천방어사(종2품)로 승진되어 나갔다.

---

253 도목정사(都目政事)의 줄임말이다. 고려시대 및 조선시대에 이조와 병조에서 관원의 치적을 조사하여 출척과 이동을 행하던 인사제도를 말한다.
254 『헌종실록』 헌종 9년(1843년) 12월 26일, 국사편찬위원회.

31) 엄석정 부사

재임기간: 1847년 1월~1848년 10월

엄석정 부사는 김해부사 재임 중 형조참의(정3품)로 승진되어 나갔다.

32) 김건수 부사

재임기간: 1851년 7월~1852년 7월

김건수 부사는 김해부사 재임 중 우부승지(정3품)로 승진되어 나갔다.

33) 이정신(李鼎信) 부사

재임기간: 1855년 4월~1856년 12월

이정신 부사는 김해부사 재임 중 승지(정3품)로 승진되어 나갔다.

34) 허 습 부사

재임기간: 1856년 12월~1857년 11월

허 습 부사는 김해부사 재임 중 파주목사(정3품)로 승진되어 나갔다.

35) 남의원 부사

재임기간: 1870년 1월~1870년 6월

남의원 부사는 김해부사 재임 중 우부승지(정3품)로 승진되어 나갔다.

36) 정현석 부사

재임기간: 1870년 6월~1873년 12월

정현석 부사는 김해부사 재임 중 돈녕부 도정(정3품)으로 승진되어 나갔다.

37) 이용의 부사

재임기간: 1875년 4월~1876년 3월

이용의 부사는 김해부사 재임 중 총관[255]으로 승진되어 나갔다.

38) 허 철 부사

재임기간: 1894년 4월 1894년 11월

허 철 부사는 10장에서 검토해 본 바와 같이 김해 백성들이 소요할 때 그 주동자를 체포하는 데 실패하여 파직당하였다. 그러나 정부순영초기(政府巡營草記)로 유임되었다가 진주목사(정3품)로 승진되어 나갔다.

39) 이근홍 군수

재임기간: 1903년 1월~ 1905년 1월

이근홍 군수는 김해군수로 재임 중 평리원 수반판사(종2품)로 승진되어 나갔다.

---

255 총관(摠管)은 조선시대 오위도총부(五衛都摠府) 도총관(都摠管)과 부총관(副摠管)의 통칭을 말한다. 품계는 도총관 정2품, 부총관 종2품이다.

제12장

잉임된 김해부사

김해부사 이야기

본 장에서는 임기가 만료되었으나 잉임(仍任), 즉 연임된 김해부사에 대하여 검토해 보고자 한다. 조선시대 때 통상적인 지방관의 임기는 관찰사는 1년(후에 2년으로 변경), 그 외 지방관은 5년(1,800일)이었다. 예외적으로 가족을 동반하지 않는 지방관의 임기는 2년 6개월(900일)이었다. 김해부사 재임 중 임기가 만료되었으나 백성의 요구 및 조정의 명령으로 잉임된 김해부사의 내용은 다음과 같다.

1) 홍중형 부사

재임기간: 1669년 5월 27일~1672년 8월 3일

홍중형 부사는 1년을 더 잉임 되었다. 홍중형 부사의 잉임사유는 「조선왕조실록」 등의 사료에서 기록을 찾을 수 없었으나 「국역 김해읍지」 및 「김해인물지」에는 1년 더 잉임한 것으로만 기록되어 있다.

2) 박동상 부사

재임기간: 1722년 4월 8일~1724년 3월 15일

박동상 부사는 실제로 본인이 잉임 되지는 않았으나 2장에서 살펴봤듯이 흉년에 기민(飢民)을 구제하기 위해 설창의 양곡을 풀어 먼저 구휼하였던 인물이다. 박동상 부사의 선정에 감복한 김해 백성들이 그가 전라우수사(정3품)로 승진되어 떠날 때 임금의 명령으로 영전해 가는 길을 막을 수는 없으나 함께 김해로 왔던 종질 통훈대부 창진(昌震)공이라도 김해에 머물게 해 달라고 애원하여 창진공을 김해에 머물러 살게 하였다고 한다.

3) 서배수 부사

재임기간: 1795년

서배수 부사는 정조 19년(1795년) 8월 이조에서 오래 잉임하도록 건의하였다. 다음은 이와 관련된 「정조실록」의 기사이다.

제도의 고을 수령들을 자주 체차시키는 폐단과 관련하여 품처토록 명하다

> 상이 제도(諸道)의 고을 수령들을 자주 체차시키는 데 따른 폐단과 관련하여 전조(銓曹)에게 품처(稟處)토록 명하니, 이조가 묘당에 나아가 의논한 뒤 광주 부윤(廣州府尹) 서미수(徐美修), 파주 목사(坡州牧使) 서영보(徐英輔), 양주 목사(楊州牧使) 한광근(韓光近), 장단 부사(長湍府使) 신광로(申光輅), 통진 부사(通津府使) 황인영(黃仁煐), 직산 현감(稷山縣監) 조중진(趙重鎭), 전주 판관(全州判官) 윤광수(尹光垂), 함평 현감(咸平縣監) 김기헌(金箕憲), 고창 현감(高敞縣監) 남이범(南履範), 안동 부사(安東府使) 이집두(李集斗), 김해 부사(金海府使) 서배수(徐配修), 신천 군수(信川郡守) 조후진(趙厚鎭)은 그 지역 수령으로 잉임(仍任)시키고 오래 근무하게 하라는 내용으로 아뢰었다.[256]

4) 정현석 부사

재임기간: 1870년 6월 8일~1873년 12월 27일

정현석 부사는 순영장청(巡營狀請), 즉 순영(감영)에서 장계를 올려 잉임 되었다. 정현석 김해부사는 재임 중 수많은 치적이 있었으며, 교육, 농잠(農蠶), 광무(鑛務) 등을 위한 인재의 등용과 그 장려책을 조정에 건의하였다. 또한, 권농전 일천 냥을 연급(捐給)[257]하기도 하였다. 김해 백성들의 요구도 있었을 것이고 감영에서도 조정에 장계를 올려 그를 잉임하게 한 것이다.

---

256 「정조실록」 정조 19년(1795년) 8월 5일, 국사편찬위원회.
257 기부(寄附)를 말한다.

제13장

권농(勸農)에 힘썼던 김해부사

김해부사 이야기

본 장에서는 농업에 필요한 중요 자원인 물을 관리하고, 농업발전을 위해 권농전(勸農錢)을 기부하는 등 권농(勸農)에 힘썼던 김해부사에 대하여 검토해 보고자 한다.

1) 정광제 부사

재임기간: 1752년

정광제 부사는 2장에서 살펴봤듯이 영조 때 권농정책에 따라 현재의 김해시 신문동 들판에 물을 공급하기 위한 보(洑)를 완성하여 농수(農水)를 관리하였다. 정광제 부사는 이러한 선정으로 인해 현재의 김해 신문동(장유중학교 교내)에 선정비가 세워져 있다. 선정비가 세워진 보(洑)라 해서 보의 이름도 비보(碑洑)라고 하였다.

이와 같은 정광제 부사와 관련된 비보를 검토해 보는 과정에서 생각나는 인물이 있다. 바로 조병갑 부사이다. 그는 김해부사와 영동현령을 거쳐 고부군수로 재임하던 중 기존의 만석보가 있음에도 불구하고 만석보를 다시 수축하였다. 또 만석보의 물을 사용하는 백성들에게 물세(水稅)를 강제로 징수하기도 하였다. 이러한 만석보와 관련된 일은 그의 수많은 악정(惡政) 중 하나에 불과하였으며 결국에는 동학농민운동까지 일어나게 했던 것이다. 정광제 김해부사의 비보와 조병갑 전 김해부사의 만석보를 비교해 보면 보를 완성하는데 동원된 백성들의 고통에도 차이가 있었을 것이다. 부역에 나와서 일하는 백성들도 그들에게 도움이 되는 부역에는 즐거운 마음으로 임했을 것이며 마지못해 참여하는 부역에는 그 고통이 가중되었을 것이기 때문이다. 또한, 만석보의 경우에는 강제로 물세까지 징수했다고 하니 보의 물을 이용하는 백성들의 고통은 더 가중되었을 것이다.

2) 이우현 부사

재임기간: 1789년

이우현 부사는 정조 13년(1789년) 남지(南池)라는 못을 팠다. 이 못은 읍기(邑基)에 도움이 되고, 부민(府民)에 유리하다고 하여 새로 팠다[258]고 한다. 옛 남지(南池) 터에는 현재 김해시 부원동의 김해세무서가 위치하고 있다.

신지(新池)[259]

신못이라 하였으며, 옛날에는 여기까지 해수가 올라왔고 뒤에 늪(소)이 되어 있었는데 저수지로 쓰기 위해 확장했다[260]고 한다. 신지(新池)는 못을 파고 관리한 김해부사를 확인하지는 못했으나 현재의 김해시 내외동 연지(蓮池)공원을 이루고 있는 바로 그 연지(蓮池)다.

3) 권 복 부사

재임기간: 1829년~1831년

권 복 부사는 직천(直川)을 곡천(曲川)으로 고치는 공사를 시행하여 읍기(邑基)를 되살리고 백성들의 농경이나 어업에 큰 도움을 주었다. 곡

---

258 이병태, 2002, 「김해지리지(국역판)」, 김해문화원, p.79.
259 신지(新池)에 대한 내용은 이병태(2002)의 「김해지리지(국역판)」를 참고하였다. 한은정 등(2017)은 신지를 정조 13년(1789년) 이우현 부사가 새로 판 남지(南池)로 지칭하고 있으며, 또한, 그들은 현재의 연지공원을 이루고 있는 연지(蓮池)를 순지(蓴池)로 지칭하고 있다. 그들의 해석이 맞다면 이병태(2002)의 「김해지리지(국역판)」 83page에 기록되어 있는 신지(新池)의 신(新) 한자는 오자(誤字)일 것이다. 1820년경 제작된 김해부내지도(金海府內地圖)에도 신지(新池)가 남지(南池) 위치에 있으며, 순지(蓴池)도 연지(蓮池) 위치에 나와 있다.
260 이병태, 2002, 「김해지리지(국역판)」, 김해문화원, p.83.

천의 이름을 만세천(萬世川)이라고도 했다. 만세천의 의미는 곡천 공사를 시행하여 백성들에게 도움을 준 권 복 부사의 선정(善政)에 대한 고마움과 쇠락한 읍기를 회복하여 만세 동안 영원히 읍이 지속되기 위한 염원을 담은 것이다.261 「김해지리지(국역판)」에서는 이와 관련하여 '호계의 남쪽은 강창포에 이르고, 세월이 오래되어 모래가 쌓였으므로 정조 14년(1790년) 내를 곧게 만들었다(직천(直川))가 순조 31년(1831년) 직천은 읍기에 해롭다고 부사 권 복(權馥)이 또 다시 곡천(曲川)으로 고쳤다고 한다.'262로 기록하고 있다.

한편, 육민수(2015)에 의하면 권 복 부사는 이민포(吏民逋), 즉 이서층이 조세 수취의 과정에서 포흠(逋欠)한 이포와, 면리임(面里任)이나 동임(洞任)과 같은 요호부민이 조세 수취의 과정에서 포흠한 민포, 이 둘을 합한 이민포 문제를 해결하였다263고 하였다. 이 내용 또한 백성들의 고달픔을 덜어주는 권 복 부사의 선정이었다.

4) 정현석 부사

재임기간: 1870년 6월~1873년 12월

정현석 부사는 앞서 12장에서 살펴봤듯이 권농전 일천 냥을 연급, 즉 기부하였다. 농잠(農蠶) 장려 등 사재를 털어서까지 농업발전을 염원했던 것이다.

261 육민수, 2015, "〈金陸別曲〉의 善政 구현 양상과 서술 특성", 「반교어문연구」 제41집, pp.380-384.
262 이병태, 2002, 「김해지리지(국역판)」, 김해문화원, pp. 81-82.
263 육민수, 2015, "〈金陸別曲〉의 善政 구현 양상과 서술 특성", 「반교어문연구」 제41집, pp.375-377.

※ 김해에 진 린 장군의 묘가 있다?

현재의 김해시 진영읍 하계리의 오척산에는 전(傳) 진 린 장군묘가 있다고 한다. 진 린은 임진왜란 때 명나라 수군 도독으로 참전하여 이순신 장군과 함께 싸웠던 사람이다. 진 린은 임진왜란이 끝나고 나서 명나라로 돌아갔는데 이곳에 진 린 장군의 묘가 있다는 것은 그 신빙성에 문제가 있을 수도 있다. 말 그대로 진 린 장군의 묘라고 전해지기만 하는 것일 수도 있다. 이와 관련하여 「김해지리지(국역판)」에서는 "오척산에 명나라의 진 린 장군묘라고 전하는 분묘가 있다. 그러나 진린은 우리의 이순신과 함께 왜 수군과 싸운 명나라의 도독인데, 배를 버리고 이곳에서 육전을 했다는 기록은 없다. 또 이순신이 전사한 뒤에도 기해년(1599년) 정월 유정, 마귀, 동일원과 함께 영문을 철거하고 한양에 올라가서 얼마동안 머물다가 경자년(1600년) 9월에는 명군 모두가 본국에 돌아갔다고 함으로, 진장군이 이곳에서 홀로 전사했다고 볼 수는 없을 것이다. 묘비는 선무일등공신 진장군묘 배부부인 경주이씨 중북본산리 경오상순립(宣武一等功臣 陳將軍墓 配府夫人 慶州李氏 中北本山里庚午上旬立)으로 되어 있다"로 기록하고 있다.

진 린 장군의 묘가 김해 오척산에 있다는 것은 믿을 수 없는 일이나 한 가지 흥미로운 일이 있다. 바로 진 린의 손자인 진영소라는 인물이 명나라가 청나라에 멸망하자 관직에서 물러난 후 조선에 와서 살았다는 것이다. 진영소는 진 린과 이순신의 수군이 함께 주둔했던 곳, 즉 임진왜란 최후의 삼도수군통제영이 있었던 완도 부근의 고금도에 와서 살았다. 그 이후에는 다시 해남현 내해리에 정착하여 광동 진씨의 뿌리를 내렸다고 한다. 현재의 광동 진씨 세거지는 해남군 산이면 덕송리 황조마을이며 60여 가구가 집성촌을 이루고 있다.

참고문헌

(국역)「고려사」, 국사편찬위원회.

(국역)「고려사절요」, 국사편찬위원회.

(국역)「신증동국여지승람」, 한국고전번역원.

(국역)「조선왕조실록」, 국사편찬위원회.

김해군(조선) 편,「경상남도김해군읍지」, 1899, 규장각 한국학연구원.

(신편국역)「신증동국여지승람」, 2007, 민족문화추진회.

김강식, 2019, "임진왜란기 忠順堂 李伶의 의병 활동과 기억화",「역사와 경계」
110: 113-154.

김철범, 1997, "性齋 許傳의 生涯와 學問淵源",「문화전통논집」제5집: 1-60.

민긍기, 2005,「金海의 地名」, 김해문화원.

_____, 2014,「역주 김해읍지」, 누리.

민덕기, 2017, "정유재란기 황석산성 전투와 김해부사 백사림",「한일관계사연구」
통권57호: 3-42.

박영식, 2020, "김해 장군차의 사적(史蹟)에 관한 연구",「한국차학회지」제26권
제1호: 8-19.

박영익, 2020,「불길 순례」, 행복에너지.

박종익 · 권순강 · 안성현 · 나동욱 · 홍성우 · 안홍좌, 2014,「경남의 성곽과 봉수」,
선인.

박해근, 2016, "김해 신문동 1094번지 국비지원 문화재 지표조사 보고서", (재)두
류문화연구원.

성해준, 2020, "유가사상에서 말하는 군자의 모습",「김해문화」제35호: 67-72.

손영식, 2011,「한국의 성곽」, 주류성.

송종복, 1998, "金海府使의 交遞 . 治積에 관한 考察",「역사와 세계」제22집:
211-246.

송춘복, 2020, "남명사상과 김해사족의 영향"「제2회 김해남명문화제학술대회발표
논문집」: 45-59.

송희복, 2020, "남명 조식의 시문에 나타난 김해의 지역적 성격, 「제2회 김해남명 문화제학술대회발표논문집」: 5-21.

신경직·김기수, 2017, "봉수대 복원의 문제점 연구", 「대한건축학회 추계학술발표 대회논문집」 제37권 제2호(통권 제68집): 389-392.

육민수, 2015, "〈金陵別曲〉의 善政 구현 양상과 서술 특성", 「반교어문연구」 제41 집: 365-395.

이민웅, 2020, "다대포첨사 윤흥신의 임란(壬亂) 사절(死節) 경위와 조선후기의 현 창", 「항도부산」 제40호: 143-168.

이병태, 2001, 「국역 김해읍지」, 김해문화원.

_____, 2002, 「김해인물지」, 김해문화원.

_____, 2002, 「김해지리지(국역판)」, 김해문화원.

이홍숙, 2008, 「김해의 지명전설」, 김해문화원.

장한식, 2018, 「바다 지킨 용(龍)의 도시 삼도수군통제영」, 산수야.

정경득 원저·신해진 역주, 2015, 「호산만사록」, 보고사.

정경주·김철범, 2013, 「성재 허전, 조선말 근기실학의 종장」, 경인문화사.

정만진, 2017, 「경북 서부 북부 임진왜란 유적」, 국토.

_____, 2017, 「부산 김해 임진왜란 유적」, 국토.

_____, 2017, 「충청북도 임진왜란 유적」, 국토.

정현석 편저·성무경 역주, 2002, 「교방가요」, 보고사.

조병로·김주홍·최진연, 2003, 「한국의 봉수」, 눈빛.

최학삼, 2016, "이순신의 둔전경영과 해로통행첩 시행에 관한 연구", 「조세사학연 구」 제2호: 107-139.

_____, 2017, "경세가(輕世家) 이순신의 통제영 경영에 관한 연구", 「김해대학교 논문집」 제5호: 126-145.

_____, 2019, "민고(民庫)에서 징수한 부가세에 관한 연구", 「문화기술의 융합」, 제 5권 제3호: 25-31.

_____, 2020, 「조선을 이끈 경세가들」, 박영사.

한상규, 2020, "김해정신문화의 종사 남명 유풍", 「김해문화」 제35호: 47-52.

한은정·김기혁, 2017, "「金海府內地圖」의 군현지도 발달사적 의의 연구", 「韓國古 地圖研究」 제9권 제2호: 79-108.

「고성군 문화유적 지표조사 보고서」, 2004, 국립창원문화재연구소.

「고성군지」, 2015, 고성군지 편찬위원회.

「김해의 옛지도」, 2017, 김해문화원.

「선산(일선)김씨 대종회보」 2019, (사)고려역사선양회 고려통일대전.

「성리학의 본향 구미의 역사와 인물 하」, 2008, 구미문화원.

「송담서원지」, 2018, 김해사충단표충회.

「송담서원약지」, 2016, 김해사충단표충회.

「역사스페셜 6 전술과 전략 그리고 전쟁, 베일을 벗다」, 2011, 효형출판.

「우리 고장 김해를 지킨 사충신 이야기」, 2017, 김해시.

「잊힌 왕국 가야」, 2018, 경남매일.

「조선환여승람(김해)」, 2005, 김해문화원 · 가야문화연구회.

「천년 고을 진주 목사 이야기」, 2019, 진주문화원.

「취정재지」, 2010, 취정재.

김해뉴스, 2015, 「김해인물열전」, 2015, 해성.

다음 웹문서, 김해부사 박동상 행록.

두산백과.

한국민속대백과사전, 국립민속박물관.

한국민족문화대백과사전, 한국학중앙연구원.

한국향토문화전자대전, 한국학중앙연구원.

김해뉴스 기사.

김해일보 기사.

연합뉴스 기사.

중부매일 기사.

인명색인

264

266

부록

다음의 부록 김해부사(관직명은 시기에 따라 다름) 성명·재임기간·
주요내용은 이병태(2002)의 「김해인물지」의 역대지방관록을 참고로 하여
수정 및 보완, 추가한 것이다. 특히, 선정비가 세워진 김해부사 중에서
김해시 구산동에 있던 선정비는 김해문화원 바로 옆 나비공원의 비림으
로 옮겨져 있으므로 소재지를 구산동에서 김해문화원으로 변경하였다.

부록에서는 김해를 다스렸던 지방관의 관직명이 시기에 따라 달랐
으나 기록에서 찾을 수 있는 통일신라시대 진례성제군사부터 현재의 대
한민국 김해시장까지 모두 포함시켜 기록하였다.

시대	왕위	관직명	성명	재임기간	주요내용	참고문헌
통일신라	진성여왕	진례성제군사	김율희			창원 봉림사지 진경대사탑비
통일신라	나 말	진례성제군사	김인광			창원 봉림사지 진경대사탑비
통일신라	나 말	금관성주장군	충 지			창원 봉림사지 진경대사탑비
통일신라	경순왕	금주사마	이언모	천성2년(927)	가간교우산상사(可簡校右散常侍).	후당서
고려	태조	김해부사	소율감			광조사 진철대사탑비
고려	문종	지금주사	김양감	임인(1062)	능침(陵寢)을 보수. 사사(祀事)를 갖춤. 비문(碑文)을 친(撰)함.	송선전 중건신도비
고려	인종	금주방어판관	허 순	병오(1126)		고려사절요
고려	신종	금주방어부사	이적유	경신(1200)	잡족인(雜族人)의 난을 평정.	고려사
고려	고종	금주방어별감	노 차	정해(1227)		고려사
고려	고종	금주현령	송언기		위정(爲政)이 염명(廉明)하거니 간호(奸豪)가 자취를 감춤.	고려사/읍지/승람
고려	고종	금주방어사	이 주		삼별초(三別抄)가 반반(反叛)하자 두려워 달려와 담아냄.	고려사

고려	고종	금주방어사	한 강		폐둔전(廢屯田)을 이용 이천여석을 얻으니 예부 낭중이 됨.	고려사지열요/음지/승람
고려	고종	금주방어사	최득평		백성이 그 은혜를 생각함.	음지/승람
고려	고종	금주방어사	이 우		유애(遺愛)가 있음.	음지/승람
고려	원종	금주방어사	김 훤	1270	밀성민란(密城民亂)을 평정하니 일도(一道)가 힘입다.	고려사/음지/승람
고려	원종	금녕도호부사	김 훤	1271	기공(其功)으로 본부(本府)가 금녕도호부(金寧都護府)가 됨.	고려사/역옹패설
고려	충렬왕	금주목사	이언충			음지/승람
고려	충선왕	김해부사	전 신		민(民)이 오래 생각함.	음지/승람
고려	충선왕	김해장서기	윤선좌			고려사/음지/승람
고려	충선왕	김해부사	이 암			음지/승람
고려	충숙왕	김해사록	안 축			고려사/음지/승람
고려	공민왕	김해사록	문익점	1360		태조실록
고려	공민왕	김해부사	정국경			익재난고
고려	우왕	김해부사	박 위	1375	분산성 축성(築城), 기(拒)왜구.	고려사/음지/태조실록

구분	왕	관직	이름	연도	비고	출처
고려	우왕	김해부사	성효생			태조실록
고려	여말	김해부사	장충앙		7대손 현광적록(顯光摭錄).	인동장씨보
조선	정종	김해부사	전 리	1399		정종실록
조선	태종	김해판관	안 순		시사(侍史)에서 부임.	승람/불훼루기
조선	태종	김해부사	김 지			태종실록/읍지/승람
조선	태종	김해부사	현맹인		금강사 불훼루(金剛寺 不毀樓)를 썼음.	불훼루기
조선	태종	김해부사	권 정	1409	주소(住所)에서 졸(卒)하니 치부(致賻).	태종실록
조선	태종	김해부사	우 균	1414	왜사(倭使)가 목행.	태종실록/승람/경상도속찬지리지
조선	태종	김해부사	이 수	1416	전부사가 왕성우를 생포함을 상서(上書).	태종실록
조선	태종	김해부사	전사리		세종 원년 장흥(杖興).	세종실록
조선	태종	김해부사	김 장			경상도지리지
조선	세종	김해부사	하경리	1432		세종실록/읍지/승람/경상도속찬지리지
조선	세종	김해부사	임인신	1437	안동부사가 되어 다시 환임(還任).	세종실록/경상도속찬지리지

나라	왕	직책	이름	연도	비고	출처
조선	세종	김해부사	오신교			경상도속찬지리지
조선	세종	김해부사	박눌생		아사(동헌) 실화로 재건(1443), 객관 중건.	경상도속찬지리지
조선	세조	김해부사	변 포	1459	양녕대군을 위해 무사 사적(射的)을 시켜 도조함.	세조실록
조선	세조	김해부사	윤기련			읍지/승람
조선	예종	김해부사	이명현	1469	지리지 편찬 참여.	읍지/경상도속찬지리지
조선	성종	김해부사	박사정	1471.12~		성종실록
조선	성종	김해부사	왕종신	1474.06~	파직됨.	성종실록
조선	성종	김해부사	이정앙	1478.07~		성종실록
조선	성종	김해부사	홍영아	1481.01		성종실록
조선	성종	김해부사	김승해	1483.09~	동래현령에서 옴.	성종실록/읍지
조선	성종	김해부사	최 준	1484.08~	읍주를 일삼아 민사를 다스리지 않음.	성종실록
조선	성종	김해부사	이 손	1485	수우(水牛)로서 경전(耕田). 22년 감사 상계(上啓)로 승음(陞住).	성종실록
조선	성종	김해부사	우현손	1491~		성종실록
조선	성종	김해부사	설순조	1493.07~	67세이므로 곧 취소.	성종실록
조선	성종	김해부사	정석견	1493.07~	사간(司諫)에서 좌천되어 옴.	성종실록

조선	성종	김해부사	최윤신	1497	함허정(涵虛亭)을 창건.	함허정기
조선	연산군	김해부사	김승해			읍지
조선	연산군	김해부사	김의형			읍지/승람/회로당기
조선	연산군	김해부사	손중돈		위정(爲政)이 염료(廉料)하니 이외민회(吏畏民懷)함.	읍지/승람/중종실록
조선	연산군	김해부사	이태영			읍지
조선	연산군	김해부사	황 관	~1506	흥청낙보인(風淸樂保人)을 불급(不給)하므로 죄인 됨.	연산군일기
조선	중종	김해부사	하 정	~1509	변장(邊將)으로 불급하므로 택차(擇差)됨.	중종실록
조선	중종	김해부사	성수재	1510	삼포왜란(三浦倭亂)에 영병(領兵)하여 웅천을 구함.	중종실록
조선	중종	김해부사	이성언	1512	모병(母病)으로 교사.	중종실록
조선	중종	김해부사	하 정	1518	칠원현감에서 옴. 김수의 옥연좌(獄連坐).	중종실록
조선	중종	김해부사	박 영	1520~1521	안치겸의 옥사에 연좌(連坐).	중종실록/기제잡기
조선	중종	김해부사	이광식	1528		중종실록
조선	중종	김해부사	이 림	1538	염평공사(廉平公恕)하고 위정(爲政)이 관간(寬簡)하니 가자(加資)됨.	중종실록

조선	중종	김해부사	이순정	1539		중종실록
조선	중종	김해부사	이언적	1541	간원(諫院) 상계로 곧 한성판윤이 됨.	중종실록
조선	중종	김해부사	김경석	1542.01~1543.06		중종실록
조선	중종	김해부사	권복수	1543.06	풍병으로 사직.	중종실록
조선	중종	김해부사	정세웅	1543.08	헌부(憲府)에서 체직(遞職).	중종실록
조선	중종	김해부사	김 진	1544	무재(武才)는 있으나 대처(大處)에 불합함으로 체(遞).	중종실록
조선	중종	김해부사	권 겸	1544		중종실록
조선	명종	김해부사	남언순			음지
조선	명종	김해부사	김 순			음지
조선	명종	김해부사	임세창		관(官)에서 죽(사망).	음지
조선	명종	김해부사	김수문	1547~1548	동래현령에서 옴. 함허정(涵虛亭) 중건. 선치(善治)로 포상 목과정(木瓜亭)에 선정비	음지/명종실록
조선	명종	김해부사	오 겸	1550.2~	금양군. 7일 만에 담양부사로 감.	명종실록
조선	명종	김해부사	박민제	1555	을묘왜변(乙卯倭變)에 강진에 출정하여 도망하므로 장유(杖流)됨.	명종실록
조선	명종	김해부사	이양진			음지
조선	명종	김해부사	한홍제			음지

조선	명종	김해부사	박세현		부임 후 침학(侵虐)을 일삼으니 체직(遞職).	읍지/선조실록
조선	명종	김해부사	이흥례		부산 첨사(僉使)로 감.	읍지/선조실록
조선	명종	김해부사	윤선철		모성(母喪)을 만나 체직(遞職).	읍지
조선	명종	김해부사	양헌		불법으로 체직(遞職). 남산하에 선정비.	읍지
조선	명종	김해부사	유효인		희인 또는 희헌이라고도 함.	읍지
조선	명종	김해부사	하진보		사간으로 나감. 남산하에 선정비.	읍지
조선	명종	김해부사	이언화		효자, 우병마절제사로 승진.	읍지
조선	선조	김해부사	전순필		문과.	읍지
조선	선조	김해부사	한근			읍지
조선	선조	김해부사	변응지			읍지
조선	선조	김해부사	이효수		통정대부, 부산 첨사(僉使)로 나감.	읍지
조선	선조	김해부사	신응기	1580~1581	좌수사로 나감.	읍지
조선	선조	김해부사	이인조	1581동(冬)~1582추(秋)	남해현령에서 옴.	읍지
조선	선조	김해부사	이경원	1582~1583추(秋)	미조항 첨사(僉使)에서 옴.	읍지
조선	선조	김해부사	임백영	1584~1585	문과.	읍지
조선	선조	김해부사	김찬	1586~1587		읍지
조선	선조	김해부사	이경록	1587동(冬)~1588		읍지/선조실록

					우수사로 나감.	읍지
조선	선조	김해부사	양사준	1588~1589	우수사로 나감.	읍지
조선	선조	김해부사	신상절	1589~1590		읍지
조선	선조	김해부사	이려민	1591동(冬)	모성(母喪)을 만나 곧 체귀(遞歸).	읍지
조선	선조	김해부사	조수홍	1591동(冬)~1592		읍지
조선	선조	김해부사	서예원	1592.01	4.13왜란 일어나 18일 적물암정 전래박(敵佛巖倉 前來沿) 19일 종일 접전. 주왕진주(升往晉州) 20일 함성(陷城).	읍지/선조실록
조선	선조	김해부사	김경로	1592.06		선조실록
조선	선조	김해부사	김준민	1592.06	거제현령 겸임.	선조실록
조선	선조	김해부사	이종인	1593.04~1593.06.29	웅천현감에서 옴. 진주성 입수(入守) 전사.	읍지/실록
조선	선조	김해부사	백사림	1593.07~1597	이령의 우병사진(右兵使陳)에 도임(到任). 정유재란 때 황석산성 별장으로 지키다 도망, 참형.	읍지/실록
조선	선조	김해부사	이여금	1597.09.15.~1598.07.6	병사진에 도임(到任).	읍지
조선	선조	김해부사	정기남	1598.09.15.~1599.04	성주의 병사진에 도임(到任).11.19 왜군 철거, 비로소 본부에 들어옴.	읍지
조선	선조	김해부사	홍 건	1599.윤(閏)4~1599.09.29		읍지

조선	왕	직	이름	기간	사적	출처
조선	선조	김해부사	신중일	1599.10.19.~1600.05.16	사치(辭遞).	읍지
조선	선조	김해부사	김성헌	1600.07.11.~1602.02.23	서천군수에서 옴.	읍지
조선	선조	김해부사	정기룡	1602.03.20.~1604.01.23	방어사 겸임. 향교대성전, 아사(衙舍) 지음 밀양부사로 나감. 구.남문에 선정비.	읍지
조선	선조	김해부사	이정표	1604.02.28.~1604.04.21	통정대부에 올라 전라좌수사로 나감.	읍지
조선	선조	김해부사	원사립	1604.05.13.~1606	군기방 창건(1604), 통정대부에 올라 만포진 첨사(僉使)로 나감.	읍지
조선	선조	김해부사	박봉수	1606.06.26.~1607.05.29		읍지/선조실록
조선	선조	김해부사	이경호	1607.07.04.~1608.06	관청을 지음.	읍지/선조실록
조선	광해군	김해부사	김진선	1608.07.11.~1610.12.23	신산서원(新山書院) 창건.	읍지
조선	광해군	김해부사	박 상	1611.02.08.~1613.07.05	객사성방대청(客舍上房大廳)을 지음.	읍지

조선	광해군	김해부사	헌극	1613.08.11.~1614.03.28		음지
조선	광해군	김해부사	홍걸	1614.05.15.~1615.05	사판(仕板)을 청삭(請削)하나 불윤(不允). 대동청 창건.	음지/광해군일기
조선	광해군	김해부사	조계명	1615.05.20.~1618.09.17	함허정(涵虛亭) 중창, 연당(蓮堂) 지음. 통정대부에 오름.	음지
조선	광해군	김해부사	조양전	1618.12.11.~1619.04.24	모상(母喪)을 만나 체귀(遞歸).	음지
조선	광해군	김해부사	이대득	1619.06.14.~1620.12.15	왜관(倭館)에 무은 質銀)하여 논계(論啓)됨.	음지/광해군일기
조선	광해군	김해부사	염중간	1621.04.08.~1623.04.29	아사(衙舍) 지음.	음지
조선	인조	김해부사	이정신	1623.06.09.~1624.12.21	재녀(才女)를 탈취하니 사판삭거(仕板削去) 됨..	음지/ 인조실록
조선	인조	김해부사	양간	1625.04.14.~1625.04.26		음지
조선	인조	김해부사	황경중	1625.05.04.~1627.01	동서무(東西廡)와 남부 건조, 정묘 호적(胡賊) 이주 침범 때 군기(軍期) 미급으로 부민납미(府民納米)으로 신면(伸免)함. 원주목사로 나감.	음지

조선	인조	김해부사	조 즙	1627.03.02.~ 1629.10	동서무(東西廡) 완공. 군기고, 관청 서고 건조.	읍지
조선	인조	김해부사	안몽윤	1629.10.16.~ 1630.06	순양군. 금주지(金州誌) 수정.	읍지
조선	인조	김해부사	전상달	1630.08.16.~ 1630.12	(안성달은 오기)	읍지
조선	인조	김해부사	이의배	1631.03.06.~ 1632.02.03	전라병사로 나감.	읍지
조선	인조	김해부사	이승연	1632.03.03.~ 1632.12		읍지
조선	인조	김해부사	유승서	1633.02.15.~ 1635.07.08	군기 죄기청 건조. 남문루 중건. 경상우병사로 나감.	읍지
조선	인조	김해부사	황이중	1635.08.07.~ 1637.02.25	전라수사에서 옴. 전임시 군모 남징으로 체직(遞職).	읍지/인조실록
조선	인조	김해부사	박성오	1637.04.04.~ 1639.08	통정대부에 올라 임기만료.	읍지
조선	인조	김해부사	유사무	1639.10.14.~ 1639.12	폄체됨(貶遞).	읍지
조선	인조	김해부사	이 정	1639.12	이글 난 때 부적지설(附賊之說)로 체차(遞差).	인조실록

280

조선	왕	직	이름	재임기간	비고	전거
조선	인조	김해부사	김준용	1640.01.19.~1641.02.04	우병사로 나감.	읍지
조선	인조	김해부사	이익원	1641.03.07.~1641.06.13		읍지
조선	인조	김해부사	허동립	1641.07.08.~1643.06.	대성전 중건, 영능문 건조, 폄파(貶罷).	읍지
조선	인조	김해부사	김 감	1643.08.17.~1644.10.16	어사 불치(不治)를 계(啓)하여 나거(拿去)되됨.	읍지/인조실록
조선	인조	김해부사	박두복	1645.02.02.~1645.04	문과급제. 봉수불근(烽燧不謹)으로 통제사가 계파(啓罷).	읍지
조선	인조	김해부사	민 연	1645.06.28.~1646.04	춘조(春操) 때문에 통제사가 계파(啓罷).	읍지
조선	인조	김해부사	김문해	1646.05.18.~1646.06	관정 가건, 향옥 창건, 순찰사가 계파(啓罷).	읍지
조선	인조	김해부사	이상경	1646.11.18.~1649.04.17	대변청, 수창, 청리각 창건, 객관 중창. 과만(瓜滿), 임기만료. 청덕비(현재 김해세무서 내).	읍지
조선	효종	김해부사	조광우	1649.05.11.~1649.09	재상 때문에 파직(遞職).	읍지

조선	효종	김해부사	박경지	1649.11.16.~1651.03.20	해창. 군기방 동서고 창건. 전함 비치. 선정비(불암. 현재 설창리).	읍지
조선	효종	김해부사	전존성	1651.05.02.~1652.06.09	향목 담쌓고 기와 잇기 함. 폄파(貶罷)됨.	읍지
조선	효종	김해부사	정한기	1652.08.19.~1654.02.20	감사가 지적을 상계하여 사의. 부상(父喪)을 만나 돌아감.	읍지
조선	효종	김해부사	이 건	1654.04.16.~1654.11	형조정랑에서 초수(超授). 곧 계파(啓罷).	읍지/효종실록
조선	효종	김해부사	이사정	1655.03.03.~1657.06.06	폄직(貶職)됨.	읍지
조선	효종	김해부사	박명한	1657.08.27.~1659.04.06	좌수사로 나감.	읍지
조선	효종	김해부사	이민발	1659.04.18.~1659.09	재상(災傷) 때문에 견파(見罷).	읍지
조선	현종	김해부사	신 유	1659.11.25.~1661.02.21	좌수사로 나감.	읍지
조선	현종	김해부사	홍여한	1661.04.03.~1662.02.04	관에서 돌(사망)함.	읍지

조선	현종	김해부사	안 경	1662.03.28.~ 1663.01.23	폄거(貶去).	읍지
조선	현종	김해부사	박지웅	1663.02.22.~ 1665.10.09	조만(임기만료)되어 감.	읍지
조선	현종	김해부사	이휘악	1665.10.13.~ 1666.09.05	동, 서, 북문을 중건 폄파(貶罷)됨.	읍지
조선	현종	김해부사	김 성	1666.09.09.~ 1669.01.07	해창 설치. 연담 중건. 객관 윤색. 양노연 베품. 선정비	읍지
조선	현종	김해부사	임성유	1669.01.08.~ 1669.04.08	관에서 물(사망)함.	읍지
조선	현종	김해부사	홍중형	1669.05.27.~ 1672.08.03	1년을 더 잉임(仍任)함.	읍지
조선	현종	김해부사	경일회	1672.08.04.~ 1673.06.20	부상(父喪)을 만나 떠남.	읍지
조선	현종	김해부사	이태영	1673.08.27.~ 1675.05	순찰사가 계파(啓罷). 선정비	읍지
조선	숙종	김해부사	한 간	1675.윤(閏)05.4~ 1676.11.23	진상을 흠봉(欠封)하여 파직	읍지

조선	숙종	김해부사	변국한	1676.03.16.~1677.05.16	연자루 중건. 위원대 건립. 의국 건립. 객관 익랑 건조, 운색. 선정비. 좌수사로 나감.	읍지
조선	숙종	김해부사	황진문	1677.05.17.~1677.12	파직	읍지
조선	숙종	김해부사	이중길	1678.01.18.~1679.03	관에서 죽(사망)함.	읍지
조선	숙종	김해부사	성윤동	1679.05.07.~1680.03.21	전함을 잘못 만들어 변수(邊戍)로 나감.	읍지/숙종실록
조선	숙종	김해부사	박신조	1680.09.21.~1681.03.28	어사 복명으로 나문(拿問). 삼인죄로 폄파(貶罷)	읍지/숙종실록
조선	숙종	김해부사	신경이	1681.03.29.~1681.10.19	문과. 제주목사로 나감. 선정비	읍지
조선	숙종	김해부사	박 진	1681.11.19.~1683.12.20	문과. 임기만료. 선정비	읍지
조선	숙종	김해부사	김세정	1683.12.30.~1684.04.30	문과. 병으로 체(遞)	읍지
조선	숙종	김해부사	우필한	1684.05.01.~1686.11.22	숙안공주방 전답을 탈금하여 추고(推考)	읍지/실록

조선	숙종	김해부사	이행익	1686.12.22.~ 1688.11.01	남문루 연지루 중건 성전 서무 이건	읍지
조선	숙종	김해부사	한익세	1689.05.02.~ 1691윤(閏)07.22	사거(辭去)	읍지
조선	숙종	김해부사	이하정	1691.윤(閏)07.2~ 1693.07.24	금파당 건조, 신재(新材)로 남루 와조(瓦造) 구재(舊材)로 영풍당 건립	읍지
조선	숙종	김해부사	이 홍	1693.07.24.~ 1695.11.15	왕릉의 문원(文垣) 수리, 위현대 중수 선정비(김해문화원)	읍지
조선	숙종	김해부사	윤성삼	1695.12.15~ 1698.03.15	임기만료	읍지
조선	숙종	김해부사	허 재	1698.03.17.~ 1700.08.24	아사, 외장대, 연당 중수, 왕릉재사 건조, 문원 일신. 시조 공하비, 회로당 위전(會老堂位田) 등.	읍지
조선	숙종	김해부사	유두욱	1700.08.24.~ 1702.02.19	사복시정(司僕寺正)으로 나감.	읍지
조선	숙종	김해부사	황 훈	1703.10.25.~ 1706.02	명륜당 개액(揭額) 현판, 대문건조, 누루(繁樓), 서방당(西方塘), 유애비(김해문화원), 흘군불망비)	읍지
조선	숙종	김해부사	권 순	1706.02.16.~ 1706.03.15	전라병사로 나감. 교체시에 원호(怨呼). 실언으로 나문정죄(拿問定罪).	읍지/실록

조선	숙종	김해부사	남 률	1706.03.15.~ 1708.03.03	사체(辭遞).	읍지
조선	숙종	김해부사	이봉성	1708.03.06.~ 1709.02.22	전라좌수사로 나가다.	읍지
조선	숙종	김해부사	이한규	1709.02.22.~ 1710.07.28	병으로 사장(辭狀) 내어 체귀(遞歸).	읍지
조선	숙종	김해부사	채이장	1710.07.27.~ 1710.11.02	쇠훈(衰昏)하여 폐무(廢務)하므로 병사파출(兵使罷黜).	읍지
조선	숙종	김해부사	이여욱	1711.02.24.~ 1713.10.10	청리각 중창. 양로연 향연을 대설(大設). 임기만료.	읍지
조선	숙종	김해부사	민원중	1713.10.08.~ 1715.08.20	보민창 창설. 송덕수첩비. 폄거.	읍지
조선	숙종	김해부사	유 하	1715.08.20.~ 1717.09.03	진정부실 때문에 어사가 파출(罷黜).	읍지/실록
조선	숙종	김해부사	김종구	1717.09.04.~ 1718.12.13	연자루, 북문, 위원대 중수. 모성(母襄)을 만나 돌아감.	읍지
조선	숙종	김해부사	유정장	1719.02.22.~ 1719.10.17	황해수사로 나감.	읍지

조선						음지/경종실록
조선	숙종	김해부사	유 준	1719.10.21.~1721.07.12	누복(漏卜) 때문에 어사가 파(罷). 여주목사가 되어 갔으나 김해에서 재결팔백석(災結八百石) 죽복으로 파직.	
조선	경종	김해부사	구봉창	1721.07.20.~1722.02.24	금주에서 왔으나 전임지 일(사건)로 어사가 계파(啓罷).	음지
조선	경종	김해부사	박동상	1722.04.08.~1724.03.15	선치선진(善洽善賑)하여 감사가 포계(襃啓). 가선대부로 올라 전정(田政) 때문에 감사 폄파(貶罷). 선정비(선정리)	음지/실록
조선	경종	김해부사	이정빈	1724.03.15.~1725.11.21	폄제(貶題)로 파거(罷去).	음지
조선	경종	김해부사	원 징	1721.06~1721.12.11	평안병사로 나감.	경종실록
조선	영조	김해부사	이성성	1725.11.26.~1726.12.20	재상(災傷) 때문에 파직.	음지
조선	영조	김해부사	신명운	1726.12.20.~1728.03	폄사(貶辭)로 파거(罷去).	음지
조선	영조	김해부사	홍덕망	1728.03.11.~1730.02.08	주사취약고, 진영 좌기청 중건, 어목당 건립. 진문으로 사귀.	음지

조선	영조	김해부사	송징래	1730.02.11.~ 1732.06.13	위원대 중수, 임기만료, 청덕수청비.	읍지
조선	영조	김해부사	이형원	1732.06.17.~ 1733.09	병사가 폄파(貶罷).	읍지
조선	영조	김해부사	한 형	1733.09~ 1736.12	체직.	읍지
조선	영조	김해부사	박태신	1736~	조선소천병(造膳三千炳)한 때문에 체래(遞來).	영조실록/교남지
조선	영조	김해부사	조득중			순조읍지/교남지
조선	영조	김해부사	유동무			순조읍지
조선	영조	김해부사	신사경			순조읍지
조선	영조	김해부사	이정서			순조읍지
조선	영조	김해부사	김 후		20년 8월 용암(庸暗)수뢰로 지평(持平)이 소척(疏斥).	순조읍지/ 영조실록
조선	영조	김해부사	조동함			순조읍지/교남지
조선	영조	김해부사	이사선			교남지
조선	영조	김해부사	이보욱	1747~	31년 3월 윤지의 변에 연좌. 관직 추탈.	순조읍지/ 영조실록
조선	영조	김해부사	조동정	1748~	31년 3월 훈국중군이 되어 대역률로 정법(正法).	교남지/영조실록

조선	영조	김해부사	정광제	1749.05~1751.04	문과. 청덕영뢰비(남산 청유신문 진례)	읍지
조선	영조	김해부사	이태상			읍지
조선	영조	김해부사	김상신		문과.	읍지
조선	영조	김해부사	이형신			읍지
조선	영조	김해부사	신치운	1753~	31년 5월 역률에 연좌, 복법(伏法=伏誅).	교남지/영조실록
조선	영조	김해부사	이한응			읍지
조선	영조	김해부사	이형만		문과급제.	읍지
조선	영조	김해부사	이명운			읍지
조선	영조	김해부사	정순검			읍지
조선	영조	김해부사	박사좌			읍지
조선	영조	김해부사	구정환	~1763	37년 남릉 제각 중수. 39년 4월 거관(居官) 불법으로 어사 논계하여 나처(拿處)됨.	읍지/영조실록
조선	영조	김해부사	심의희			읍지
조선	영조	김해부사	이관하	~1766	42년 9월 노비추쇄미비(奴婢推刷未備) 때문에 거제에 명배(命配).	읍지/실록
조선	영조	김해부사	이주해			읍지

조선	영조	김해부사	윤면동	~1768	문과급제. 44년 9월 남살(濫殺) 때문에 선파후나(先罷後拿).	음지/실록
조선	영조	김해부사	이하술		문과급제.	음지
조선	영조	김해부사	이경춘			음지
조선	영조	김해부사	박필규		문과급제.	음지
조선	영조	김해부사	김영수		선유대를 쌓음(불암).	음지
조선	영조	김해부사	신오정		문과급제.	음지
조선	영조	김해부사	남순철			음지
조선	영조	김해부사	임 흥			음지
조선	정조	김해부사	이동태		문과급제.	음지
조선	정조	김해부사	이정운	~1779	3년6월 포흠(逋欠) 2,200석이므로 어사가 계파(啓罷).	음지/실록
조선	정조	김해부사	임사철		문과급제.	음지
조선	정조	김해부사	손상룡	~1780	4년 2월 어사가 계파(啓罷).	음지/실록
조선	정조	김해부사	윤득의	~1781	감사와 다투고 영장(營將)이 인을 던지고 돌아가니 5년 10월 나거(拿去).	음지/실록
조선	정조	김해부사	조 집	1781~1783	가선대부에 오름. 영세불망비(김해문화원)	음지
조선	정조	김해부사	김이희	1784	문과급제. 8년 4월 진휼이 공으로 사마(賜馬).	음지/실록

조선	정조	김해부사	전광설			읍지
조선	정조	김해부사	유인철			읍지
조선	정조	김해부사	이방영	~1787	문과급제 1811년 5월 어사가 불법을 계(啓), 나문(拿問).	읍지/실록
조선	정조	김해부사	민영철	~1787	11년 9월 어사가 불법을 계, 나문(拿問).	읍지/실록
조선	정조	김해부사	나충좌		문과급제.	읍지
조선	정조	김해부사	이우현	~1789	13년 남지(南池)를 팜.	읍지
조선	정조	김해부사	김사구		문과급제.	읍지
조선	정조	김해부사	이문철	~1794	18년 3월 공금 방자하고 이를 취하여 모두 이용하므로 선전에 유배.	읍지/실록
조선	정조	김해부사	유진숙			읍지
조선	정조	김해부사	정동신	~1794	문과급제, 18년 12월 영남위룬사가 공진사용. 윤음불반(綸音不頒)으로 계피.	읍지/실록
조선	정조	김해부사	김치한			읍지
조선	정조	김해부사	서배수	~1795	문과급제, 19년 8월 이조에서 오래 잉임(仍任하)도록 계함.	
조선	정조	김해부사	이신경		재임 중 원포(員通)가 연구(年久)하고 정부를 태운 죄로 순조 원년 5월 개천에 유배됨.	순조실록

조선	정조	김해부사	심능필	1800	문과급제 24년 양사재(養士齋)를 조창(初創).	읍지
조선	순조	김해부사	서유봉			읍지
조선	순조	김해부사	이진복		문과급제. 양사재에서 흥학(興學)함.	
조선	순조	김해부사	김노암			읍지
조선	순조	김해부사	박서원		문과급제.	읍지
조선	순조	김해부사	권 탁		13년 7월 전부사로 어사가 논죄.	읍지/실록
조선	순조	김해부사	송윤술		문과급제.	읍지
조선	순조	김해부사	신 순	1814~1816	16년 6월 어사가 불치상(不治狀)을 논하고 감처(勘處) 어복당을 중건(1814).	읍지/실록
조선	순조	김해부사	이석하		문과급제.	읍지
조선	순조	김해부사	유상필			읍지
조선	순조	김해부사	유태좌	1821	문과급제. 양사재를 북문 밖에 건립.	읍지
조선	순조	김해부사	이건식			읍지
조선	순조	김해부사	임백희		문과급제.	읍지
조선	순조	김해부사	정택승			읍지
조선	순조	김해부사	조규성		문과급제.	읍지
조선	순조	김해부사	유 엄	~1829	29년 12월 어사가 불치를 논계 감처 휼민비(恤民碑, 김해문화원)	읍지/실록

조선	순조	김해부사	권복	1829~1831	31년 만세천(萬世川)의 국천공사(曲川工事) 시공. 권덕실기(權德實記)를 지음.	읍지
조선	순조	김해부사	심유조	1832	32년 읍지를 속수.	읍지
조선	순조	김해부사	유치목		문과급제.	읍지
조선	순조	김해부사	신재건			읍지
조선	헌종	김해부사	안효술	1835~1837	문과급제.	읍지
조선	헌종	김해부사	심능기	1837~1839	안·심 2명은 연매를 보아 현종대이므로 수정	읍지
조선	헌종	김해부사	조만협	1839.06.07.~ 1841.윤(閏)03.10	병으로 정사(呈辭)하여 체구(遞歸), 거경(居京).	읍지
조선	헌종	김해부사	조의존	1841.윤(閏)3.10~ 1842.01.28	어사가 개파. 거경(居京).	읍지/실록
조선	헌종	김해부사	송지양	1842.01.28.~ 1843.12.26	문과급제. 거경(居京). 11.15 회장권(會葬官)으로 상경 12.26도정(都政) 체직(遞職)	읍지/실록
조선	헌종	김해부사	정취응	1844.01.28.~ 1845.01.08	삭주부사로 나감.	읍지/실록
조선	헌종	김해부사	김한익	1845.02.16.~ 1846.07.11	남문루 개건, 연자루, 함하정, 동, 서, 북문 중수. 통영 경문전 사천어본을 발본. 인리청이 우래재 일천량을 열리청에 획급. 동부승지로 승소됨 거남원. 선정비(김해문화원)	읍지/실록

						읍지/실록
조선	헌종	김해부사	한계철	1846.08.10.~1847.01.09	산정(散政)으로 선전방어사로 나감 거진주.	읍지/실록
조선	헌종	김해부사	여석정	1847.01.09~1848.10.10	14년 10월 형조참의로 나감. 철종 원년 어사가 논죄.	읍지/철종실록
조선	헌종	김해부사	강이오	1848.11.27.~1849.07.27	통진부사와 서로 바꿈.	읍지
조선	철종	김해부사	구준희	1849.08.29.~1851.04	무과급제 07.26 정제수되어 전직인 통진의 일로 취리(就理) 거경(居京).	읍지
조선	철종	김해부사	김건수	1851.07.02.~1852.07.21	문과급제 05.30 제수, 전망으로 우부승지로 승소됨. 거인동. 선정비(구산동)	읍지
조선	철종	김해부사	임익상	1852.09.07.~1954.04.02	남반(南班), 전문차사원(箋文差使員)으로 상경하여 미흔(未還).	읍지
조선	철종	김해부사	김영기	1854.07.28.~1854.12.01	문과급제, 외간(外艱)을 만나 돌아감.	읍지
조선	철종	김해부사	오명선	1855.01.24.~1855.04.02	무과급제, 성훚(省喪)으로 출귀(出歸)함. 거경(居京).	읍지
조선	철종	김해부사	이정신	1855.04.12.~1856.12.11	문과급제, 05.21 도임. 승지의 전망(前望)으로 몽점(蒙點)됨.	읍지

조선	철종	김해부사	허 습	1856.12.11.~1857.11.20	문과급제. 8년 02.04 도임. 파주목사로 나감. 거경. 영세불망비(김해문화원)	읍지
조선	철종	김해부사	최우정	1857.11.20.~1859.02.07	문과급제. 체직되어 옴.	읍지
조선	철종	김해부사	정재웅	1859.02.18.~1861.08.11	남행(南行). 함평군수에서 옴. 본해설(本海雪) 3창 중수 전재소(田制所) 개건. 함허정 보수. 성내 6리 및 인이청(人吏廳)을 구폐(救弊). 은율부사로 나감. 거경(居京).	읍지
조선	철종	김해부사	김백균	1861.08.11	남행(南行). 6.24 대정(大政)으로 원주판관에서 옴. 폄파(貶罷)되어 돌아감.	읍지
조선	철종	김해부사	정두원	1862.07.17.~1864.02.02	무과급제. 7.1 정제수(政除授)되어 7.17 도임. 2.2 친환으로 정사체귀 거정함.	읍지
조선	고종	김해부사	허 전	1864.02.30.~1866.07.15	문과급제. 3년6월 치적 현자한 수령으로 포상. 임기만료. 취정재에서 향사(享祀)	읍지
조선	고종	김해부사	이규린	1866.08.23.~1867.07	무과급제. 폄파(貶罷)되어 감. 거운양	읍지
조선	고종	김해부사	홍재정	1867.08.12.~1869.12.12	문과급제. 임기만료되어 돌아감. 거경(居京).	읍지
조선	고종	김해부사	남의원	1870.01.09.~1870.06.08	남행. 성주목사에서 이임 9년 11월. 우부승지로 나감. 거경(居京).	읍지

조선	고종	김해부사	정현석	1870.06.08.~1873.12.27	남행. 진주목사에서 이임. 고종9년(1872년) 11월 순영장청(巡營狀請)으로 임임(仍任). 부청사, 객사, 각 공해 중수 및 포(砲) 설치. 향교·남루·동헌·연자루·남허정·함허정·권농천 일천 낭 획급. 서층단, 강무정, 봉황대 구축, 권농천 일천 낭 획급. 분산성 쌓아 별장을 두고 향미 삼백석(1899년 편천됨 「김해읍지」에는 향미 이백석) 지비, 둔영부 도정으로 특재됨. 가경(居京). 영세불망비(김해문화원)	읍지
조선	고종	김해부사	서증보	1874.01.30.~1875.01	남행. 15년 5월 어사가 전임 은산에서의 일(사건)로 계좌하여 취리함	읍지
조선	고종	김해부사	이용의	1875.04.19.~1876.03.08	무과급제. 이천부사에서 이배. 내 아사를 신건. 종관 전망으로 몽점(蒙點)됨.	읍지
조선	고종	김해부사	정숙조	1876.05.04.~1878.06.20	남행. 김천군수에서 이배. 연자루 중건. 1876冬 1877춘(春) 설진鼉. 임피현령으로 나감. 선정비(김해문화원)	읍지
조선	고종	김해부사	김석현	1878.06.20.~1878.08.24	남행. 용담현령에서 이배. 특교로 옥천군수와 상환함.	읍지
조선	고종	김해부사	김익성	1878.10.19.~1881.04.02	남행. 무주부사에서 11.14 도임(到任). 서천군수로 나감.	읍지

조선	고종	김해부사	이응우	1881.04.~1883.12.10	남행, 능주목사에서 5월 도임(到任). 대구판관으로 나감.	음지
조선	고종	김해부사	박세병	1883.12.29.~1885.04.19	남행. 도정으로 영천군수에서 옴. 울산부사원 서헌됨. 거경(居京).	음지
조선	고종	김해부사	정기상	1885.04.19.~1885.12	문과급제. 울산부사에서 옴. 폄파(貶罷). 거안의(居安義)	음지
조선	고종	김해부사	유지영	1886.01.28.~1887.06.16	문과급제. 1886.03.09. 도임(到任). 24년 정월 토호 직벌이 최심(最甚). 폄파(貶罷)	음지/실록
조선	고종	김해부사	조병갑	1887.06.18.~1889.02.10	남행. 함안군수에서1887.08.06. 도임 .영동현령으로 나감. 영세불망비(생림면행정복지센터)	음지
조선	고종	김해부사	이유식	1889.03~1892.03.20	무과급제. 함안군수에서 옴 1889.04.07. 도임. 부산 첨사로 나감.	음지
조선	고종	김해부사	민영은	1892.03.20.~1893.11.05	무과급제. 1892.06.23. 도임(익년 재작중 곰금나옴으로 논좌됨.	음지/실록
조선	고종	김해부사	조준구	1893.11.20.~1894.03	남행. 흥양현감에서 1893.12.12. 도임(到任). 갑오 2월 민요(民擾)로 난민이 경외(境外)에 여출(舁出) 원악도(遠惡島)에 유배. 가상주(居尙州).	음지/실록
조선	고종	김해부사	허 철	1894.04.10.~1894.11	무과급제 1894.04.23. 도임(到任). 1894.07.03.민요(民擾)조인실포(犭捕)로 계파. 정부순영조기(政府巡營箚記)로 유임. 진주목사로 나감. 거경(居京).	음지

조선	고종	김해군수	이규대	1894.11.23.~ 1896.12.12	무과급제. 1895.12.16.도임 1895.윤(閏)5.01 군수가 되었고, 1896.12 어사가 계파(啓罷)	읍지/실록
조선	고종	김해군수	이수룡	1897.03.29.~ 1899.06.22	문과급제(읍지의 개군수시는 착오임)1899.06.22. 체리	읍지
조선	고종	김해군수	이용교	1899.07.03.~ 1903.01.19	무과급제. 청원군수에서 옴. 진주군수로 나감. 거금산. 영세불망비(김해문화원)	읍지
조선	고종	김해군수	이근홍	1903.01.29.~ 1905.01.16	순창군수에서 옴. 평리원(平理院) 수반판사로 나감. 거경(居京).	읍지
조선	고종	김해군수	이장선	1905.02.04.~ 1906.06.02	평리원(平理院) 검사에서 옴. 관찰사의 폄하로 체귀(遞歸). 거경.	읍지
조선	고종	김해군수	양흥묵	1906.08.02.~ 1907.02.30	의정부 참서관에서 옴. 청도군수로 나감. 거경(居京).	읍지
조선	순종	김해군수	정일용	1908.02.05.~ 1908.08.12	사귀(辭歸). 거경(居京).	읍지
조선	순종	김해군수	이사철	1908.12.03.~ 1909.08	체귀(遞歸). 거밀양(居密陽)	
조선	순종	김해군수	김인현	1910.03~ 1910.9	조계군수에서 옴.	읍지

일제강점기	김해군수	조제환	1910.09~1911.10		읍지
일제강점기	김해군수	이현호	1911.10~1918.05	거제군수에서 옮(토지수용령).	읍지
일제강점기	김해군수	신태무	1918.05~1921.12	밀양군수에서 옮(섬임운동).	읍지
일제강점기	김해군수	이정희	1921.12~1923.12	합천군수에서 옮.	읍지
일제강점기	김해군수	민인호	1923.12~1928.12	밀양군수에서 옮(「김해읍지」 속간).	읍지
일제강점기	김해군수	김성한	1928.12~1932	거창군수에서 옮.	읍지
일제강점기	김해군수	황덕순	1932~1934	(낙동강~용식공사, 구포교)	교남지
일제강점기	김해군수	김의용	1934~1938	(녹산, 하동수문)	교남지
일제강점기	김해군수	오두환	1938~1940		
일제강점기	김해군수	윤종화	1940~1943		

	김해군수	윤 권	1943~1945		경상남도지 도지사
일제강점기	김해군수	김정희	1945.03.31.~1945.10.24	창녕군수로 나감.	1945.10.24.~1946.06.14
일제강점기	김해군수	한봉섭	1945.09.30.~1946.10.01	거창군수에서 옴. 산청군수로 나감.	1945.05.14.~1948.06.04
미군정	김해군수	신랑재	1946.10.01.~1948.03.06	사천군수에서 옴.	1948.06.04.~1950.05.06
미군정	김해군수	박재관	1948.03.06.~1950.05.06	함양군수에서 옴. 울산군수로 나감.	1950.05.06.~1951.10.05
대한민국	김해군수	황남임	1950.05.06.~1951.10.05	하동군수에서 옴. 양정과장으로	1951.10.05.~1953.01.0619
대한민국	김해군수	손천조	1951.10.05.~1952.12.04	양산군수에서 옴. 회계과장으로 나감	1953.01.06.~1954.03.06
대한민국	김해군수	이성태	1952.12.04.~1953.10.06	통영군수에서 옴. 사회과장으로 나감.	1954.03.06.~1954.11.02
대한민국	김해군수	이경호	1953.10.06.~1954.11.02	사천군수에서 옴. 농무과장으로 나감.	

대한민국		김해군수	이백순	1954.11.02.~1958.12.31	울산군수에서 옴. 밀양군수로 나감.	1954.11.02.~1958.03.15
대한민국		김해군수	최수경	1958.12.31.~1960.05.25	진양군수에서 옴.	1958.03.15.~1960.05.25
대한민국		김해군수	김영곤	1960.05.25.~1960.11.27	문정과장에서 옴.	1960.05.25.~1960.11.29
대한민국		김해군수	박동선	1960.11.27.~1961.06.18	통영군수에서 옴. 진양군수로 나감.	
대한민국		김해군수	정영헌	1961.06.18.~1961.07.30	서리	1061.06.18.~1961.07.20
대한민국		김해군수	정명철	1961.07.31.~1962.10.26		1961.07.20.~1961.10.25
대한민국		김해군수	하용욱	1962.10.26.~1963.06.07	서리	1961.10.25.~1963.06.07
대한민국		김해군수	서정화	1963.06.07.~1764.01.17	사회과장에서 옴. 내무부 행정과장으로 나감.	
대한민국		김해군수	김현규	1964.01.17.~1964.11.10	울산군수에서 옴. 건설부에 나감.	

대한민국	김해군수	김철년	1964.11.10.~1968.05.01	거창군수에서 옮. 삼천포시장으로 나감.	
대한민국	김해군수	노이식	1968.05.01.~1970.04.25	밀양군수에서 옮. 서울특별시로 나감	
대한민국	김해군수	박용범	1970.06.05.~1971.08.21	밀양군수에서 옮. 도에 나감.	
대한민국	김해군수	강상희	1971.08.21.~1973.06.30	함안군수에서 옮. 도에 나감	김해군 통계연보
대한민국	김해군수	김영완	1973.07.01.~1974.07.31	산청군수에서 옮. 퇴임.	김해군 통계연보
대한민국	김해군수	윤희윤	1974.08.01.~1975.10.12	거창군수에서 옮. 보건사회국장으로 나감.	김해군 통계연보
대한민국	김해군수	홍대영	1975.10.13.~1977.02.10	진양군수에서 옮. 총무시장으로 나감.	김해군 통계연보
대한민국	김해군수	진병출	1977.02.11.~1980.03.17	창녕군수에서 옮. 함천군수로 나감.	김해군 통계연보
대한민국	김해군수	문 백	1980.03.17.~1981.06.30	밀양군수에서 옮. 김해시장으로 나감.	김해군 통계연보

대한민국		김해시장	문백	1981.07.01.~ 1983.11.26	김해군수에서 옮. 연수원 입소.	김해시 공공데이터 플랫폼
대한민국		김해군수	김창수	1981.07.01.~ 1983.04.10	고성군수에서 옮. 총무시장으로 나감.	김해시 공공데이터 플랫폼
대한민국		김해군수	윤병열	1983.04.11.~ 1986.03.07	연수원 수료. 의령군수로 나감.	김해시 공공데이터 플랫폼
대한민국		김해시장	유병탁	1983.11.26.~ 1986.03.08	농림국장에서 옮. 연수원 입소.	김해시 공공데이터 플랫폼
대한민국		김해시장	최재현	1986.03.08.~ 1987.09.03	연수원 수료. 사임.	김해시 공공데이터 플랫폼
대한민국		김해군수	이광열	1986.03.08.~ 1986.12.24	의령군수에서 옮. 상공운수국장으로 나감.	김해시 공공데이터 플랫폼
대한민국		김해군수	박찬구	1986.12.24.~ 1988.06.11	고성군수에서 옮. 보건사회국장으로 나감.	김해시 공공데이터 플랫폼

대한민국	김해시장	여주환	1987.09.03.~ 1988.02.05	내무국장에서 옴. 연수원 입소.	김해시 공공데이터 플랫폼
대한민국	김해시장	이원민	1988.02.05.~ 1988.06.11	연수원 수료, 퇴임.	김해시 공공데이터 플랫폼
대한민국	김해시장	안강식	1988.06.11.~ 1989.09.27	내무국장에서 옴. 연수원 입소.	김해시 공공데이터 플랫폼
대한민국	김해군수	박지근	1988.06.11.~ 1990.06.20	울주군수에서 옴. 의창군수로 나감.	김해시 공공데이터 플랫폼
대한민국	김해시장	송은복	1989.09.27.~ 1992.05.19	부산시 감사실장에서 옴. 도기획관리실장으로 나감.	김해시 공공데이터 플랫폼
대한민국	김해군수	노재은	1990.06.20.~ 1991.10.21	함천군수에서 옴. 수뢰로 직위해제.	김해시 공공데이터 플랫폼
대한민국	김해군수	하주열	1991.10.21.~ 1993.01.18	함천군수에서 옴. 청와대행정비서관으로 나감.	김해시 공공데이터 플랫폼

	직책	이름	기간	비고	비고2
대한민국	김해시장	백승두	1992.05.19.~ 1994.04.26	내무부 교부세 과장에서 옴. 진주시장으로 나감.	김해시 공공데이터 플랫폼
대한민국	김해군수	이덕영	1993.01.18.~ 1994.02.07	의령군수.	김해시 공공데이터 플랫폼
대한민국	김해군수	김태웅	1994.02.07.~ 1995.06.30	사천군수에서 옴. 도 공영개발 사업단장으로 나감.	김해시 공공데이터 플랫폼
대한민국	통합시장		1995.05.08		김해시 공공데이터 플랫폼
대한민국	김해시장	안두환	1994.04.26.~ 1995.03.31	도의회사무처장에서 옴. 울산시장으로 나감.	김해시 공공데이터 플랫폼
대한민국	김해시장	박양기	1995.04.30.~ 1995.06.30	김해부시장에서 옴.	김해시 공공데이터 플랫폼
대한민국	민선시장	송은복	1995.07.01.~ 2006.02.26	내무부지역경제국장에서 옴. 민선1, 2, 3기	김해시 공공데이터 플랫폼
대한민국	민선시장	김종간	2006.07.01.~ 2010.06.30	민선 4기	김해시 공공데이터 플랫폼

대한민국		민선시장	김맹곤	2010.07.01.~ 2015.11.27	민선 5 · 6기	김해시 공공데이터 플랫폼
대한민국		민선시장	허성곤	2016.04.14.~ 현재	민선7 · 8기(현재)	김해시 공공데이터 플랫폼

최학삼

현, 김해대학교 한국사(교양과목) 강의
현, 김해대학교 사회복지상담과 교수
현, 김해문화원 향토사연구소 연구위원
현, (사)한국조세사학회 정회원
현, 김해대학교 교학부처장
현, 김해세무서 납세자보호위원회 및 공적심의회 위원
현, (사)한국회계학회 영구회원
현, (사)한국세무학회 영구회원
현, (사)한국조세연구포럼 영구회원
현, (사)한국국제회계학회 상임이사, 영구회원
김해대학교 세무회계과 교수(前)
김해세무서 국세심사위원회 심사위원(前)
부산지방국세청 국세심사위원회 심사위원(前)
(사)한국국제회계학회 사무국장 역임(前)
경북대학교 대학원 회계학과 졸업(경영학석사)
경북대학교 대학원 회계학과 졸업(경영학박사)

저서 및 주요논문
조선을 이끈 경세가들, 2020, 박영사
고려시대 전세체계 및 임시목적세 징수에 관한 연구, 2018, (사)한국세무학회
이순신의 둔전경영과 해로통행첩 시행에 관한 연구, 2016, (사)한국조세사학회
이순신의 수군재건과 특별조세 징수에 관한 연구, 2018, (사)국제문화기술진흥원
경세가(輕世家) 이순신의 통제영 경영에 관한 연구, 2017, 김해대학교
율곡 이이의 조세개혁정책과 대공수미법 시행 제안에 관한 연구, 2016, (사)한국조세연구포럼
서애 유성룡의 경세(經世)사상과 조세개혁정책 시행에 관한 연구, 2016, (사)한국조세연구포럼
왕의 즉위와 대동법 시행에 관한 연구, 2019, (사)국제문화기술진흥원
정만석의 응지상소(應旨上疏) 중 삼폐(蔘弊)에 관한 연구, 2018, (사)한국조세연구포럼
갑오개혁과 동학농민운동의 조세제도개혁 관련성에 관한 연구, 2017, (사)한국조세연구포럼
민고(民庫)에서 징수한 부가세에 관한 연구, 2019, (사)국제문화기술진흥원
조선시대 별도세, 목적세, 부가세에 관한 연구, 2016, (사)한국조세연구포럼
조선시대 훈련도감과 기타 중앙군영 및 장용영의 재정조달에 관한 연구, 2016, (사)한국조세연구포럼

부가가치세 실무, 2017, 유원북스
핵심 소득세법, 2016, 탑21북스
핵심 국세기본법 및 부가가치세 정리, 2015, 탑21북스
재무적자비율과 재무흑자비율 및 잉여현금흐름이 조세회피에 미치는 영향, 경북대학교
경영학박사학위논문

김우락

현, 김해문화원 부원장
현, 김해문화원 향토사 연구소장
현, 김해시시사편찬위원
현, 김해시지명위원회 위원
현, 인제대학교 융복합센터 선임연구원
가야대학교 외래교수(前)
김해대학교 외래교수(前)
창원문성대학교 외래교수(前)
인제대학교 사회복지대학원 사회복지학과 졸업(사회복지학석사)
인제대학교 경영대학원 경영학과 졸업(경영학석사)

저서
유리건판으로 보는 근대 김해(총괄, 2019, 김해문화원)
김해의 옛 지도2(공동 편저자, 2018, 김해문화원)
금바다 자연마을 이야기-장유편/진영읍편-(필자, 2017, 김해문화원)
김해의 옛 지도(공동필자, 2017, 김해문화원)

학술연구용역 수행 경력
김해마을 기초자료 조사 수집 학술연구용역 수행(2019년, 발주처: 김해시청)

김해부사 이야기

초판발행	2021년 3월 19일
지은이	최학삼·김우락
펴낸이	안종만·안상준
편 집	정수정
기획/마케팅	정성혁
표지디자인	BEN STORY
제 작	고철민·조영환
펴낸곳	(주) **박영시**
	서울특별시 금천구 가산디지털2로 53, 210호(가산동, 한라시그마밸리)
	등록 1959. 3. 11. 제300-1959-1호(倫)
전 화	02)733-6771
f a x	02)736-4818
e-mail	pys@pybook.co.kr
homepage	www.pybook.co.kr
ISBN	979-11-303-1230-9 93300

정 가   15,000원